우리, 미인합시다!

미래교육 인사이트

미래교육 인사이트

초판 1쇄 발행 2019년 7월 15일
2쇄 발행 2019년 12월 2일

지은이 윤성혜, 장지은, 임현진, 임지영
삽화 장지은, 박연조
디자인 최지희
편집 이현, 최지희
교정 김연화
마케팅 고은빛

펴낸곳 지식과감성#
출판등록 제2012-000081호

발행인 바이플러그(주)
주소 서울특별시 은평구 증산동 161-1 3층
전화 (02)070-4414-7980
이메일 edubi@biplug.co.kr
홈페이지 http://www.biplug.co.kr

ISBN 979-11-6275-702-4(03370)
값 15,000원

ⓒ 윤성혜, 장지은, 임현진, 임지영 2019 Printed in Korea

잘못된 책은 구입하신 곳에서 바꾸어 드립니다.
이 책의 전부 또는 일부 내용을 재사용하려면 사전에 저작권자와 펴낸곳의 동의를 받아야 합니다.

이 도서의 국립중앙도서관 출판예정도서목록(CIP)은 서지정보유통지원시스템
홈페이지(http://seoji.nl.go.kr)와 국가자료공동목록시스템(http://www.nl.go.kr/kolisnet)에서
이용하실 수 있습니다. (CIP제어번호 : CIP2019026034)

홈페이지 바로가기

변화하는 미래를 위한 **새로운 교육, 어떻게, 무엇을** 해야 할까?

우리, 미인 합시다!

미래교육 인사이트

윤성혜 · 장지은 · 임현진 · 임지영

내일을 만들어 나가기 위해
오늘 우리는 무엇을 해야 하는가?
4차 산업혁명 시대, 우리 모두의 미래교육

미래교육 인사이트는 진행형!
톡톡 튀는 교육공학 전문가들이 전하는 미래교육 이야기

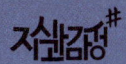

추천사

〈미래교육 인사이트〉, 〈미인〉은 교육공학을 전공한 각 분야의 전문가들이 미래사회가 어떠한 방향으로 변화해 갈지, 이렇게 변화된 사회에서 교육은 어떻게 바뀌고 테크놀로지는 어떻게 적용이 될 것인지, 그리고 무엇을 가르쳐야 할지 폭넓은 주제를 쉽게 이해할 수 있도록 안내하고 있다. 마치 유쾌했던 지난 팟캐스트 방송을 다시 듣는 것처럼 읽을 수 있어 친근하면서도 한편 각 주제마다 진지하게 다루고, 또 한 가지 관점에서가 아닌 다각적인 관점에서 문제를 바라보려고 한 점이 이 책의 큰 장점이라고 할 수 있다. 네 명의 전문가가 서로 긴장과 협력의 관계를 유지하면서 내놓는 깊이 있는 통찰은 페이지마다 멈추고 여러 가지 생각을 할 수 있게 한다.

21세기를 맞이하기 전부터 바뀌게 될 인재상이나 그들이 갖추어야 할 역량에 대한 연구가 전 세계적으로 활발하게 진행되었고, 벌써 그렇게 미래처럼 생각했던 21세기가 5분의 1이 지나가는 시점이라는 것을 상기해보면, 우리가 생각했던 미래는 훨씬 더 가깝고 빠른 속도로 오늘이 되어가고 있기도 하다. '21세기 학습은 어떠해야 하는 것인가'와 더불어 '테크놀로지가 사회와 교육을 얼마나 바꾸고 영향을 줄 것인가'는 교육공학자뿐 아니라 교육의 주체인 학생과 교사에도 함께 아이디어를 나누고 관련된 문제를 해결해야 하는 아젠다로 주어졌다.

그러나 실제 교육현장은 아직 20세기에 머무르고 있는 면이 있고 입시제도라는 굴레에서 혁신이 시도되기 어려운 한계가 여전히 존재한다. 〈미인〉은 우리가 처한 현실 속에서 미래를 고민하고 이슈를 끌어온다는 점이 큰 장점이고,

테크놀로지에 대한 기대를 넘어 우려도 다루고 있다는 점에서 독자들에게 문제의식을 갖게 해준다. 또한 혁신적인 교육방법이나 테크놀로지를 단순히 무엇인지 설명하는 데 그치지 않고 구체적인 사례를 제공하고 있어 실제로 적용하는 데 도움을 줄 수 있도록 하고 있어 유용하다.

이 책은 무엇보다 미래교육의 핵심 주체인 학생이나 교사들에게 유용한 정보를 제공해 줄 것으로 기대된다. 더 나아가 교육의 주요 주체인 학부모도 자기 자신의 남은 커리어에 대해 조망해보고, 자녀들을 교육하는 데 있어 어떤 변화와 노력이 필요한지 생각할 수 있는 기회를 가지게 될 것으로 기대한다. 또 교육환경을 설계하고 개발하는 영역에서 일하는 많은 전문가들이 미래교육에 대한 큰 그림을 그려보고 자신들의 업무에 반영하는 데에도 도움이 될 것이다. 교육학 관련 전공생들에게는 미래교육에 대한 논의를 시작할 수 있는 그 첫 걸음으로 많은 시사점을 얻을 수 있을 것이다. 사실 누구든 미래를 살아가고 준비해야 할 사람이라면 이 책에서는 반드시 하나 이상의 아이디어를 얻을 것으로 기대한다.

책의 내용과는 별개로 어느 한 영역의 전문가가 되고 자신의 커리어를 설계하는 것이 어떤 방향이어야 하는가라는 측면에서도 네 분의 활동은 그 자체가 시사점이 많다. 우리가 흔히 졸업 후 전문연구원이나 교수라는 직업명으로 커리어를 제한했던 것에 비해 사회적 활동을 포함한 다양한 가능성을 제시해준다. 평소 존경하는 네 분의 작업을 다른 분들보다 먼저 읽을 수 있고 감히 추천사를 쓸 자격을 얻게 되어 큰 영광이다. 네 분의 방송, 앞으로의 활발한 연구 활동에 무한한 지지를 보내며, 이분들이 실제로도 모두 '미인'이라는 점은 따로 밝혀두어야 할 것 같다.

한양사이버대학교 교육공학과 교수
한승연

프롤로그

교육계의 최신 트렌드를 스피디하게 알려 드리는
<미래교육 인사이트>
우리, <미인> 합시다.

윤성혜: 안녕하세요? 저는 교육공학계의 차기 셀럽, 윤성혜입니다.

장지은: 안녕하세요? 저는 교육공학계의 크리에이터, 장지은입니다.

임현진: 안녕하세요? 저는 교육공학계의 핵인싸, 임현진입니다.

임지영: 안녕하세요? 저는 교육공학계의 요정, 임지영입니다.

안녕하세요. 교육공학계의 차기 셀럽*, 윤성혜입니다.
저는 LET's Lab (Leading Educational Technologists' Lab) 대표, 대학 외래교수, 바이플러그(주) 자문교수 등 교육공학이 필요한 여러 영역에서 다양한 역할을 하고 있습니다. 누구나 아는 기업이나 학교에 소속되어 안정적인 월급을 받으며 일하는 것이 아닌 긱 노동자(gig worker)*의 삶이지요. 스스로 일을 찾고 만들어 내야 하기 때문에 늘 제가 무슨 일을 하는지 열심히 알려야 합니다. 그래서 더 많은 사람들과 소통할 수 있기를 바라는 뜻으로 '차기 셀럽'이라고 저를 표현했어요. 그리고 '셀럽파이브'의 일원인 개그우먼 송은이님처럼 빠르게 변화하는 세상에서 스스로 기회를 만드는 사람이 되고 싶다는 의미도 있습니다.

* 셀러브리티celebrity의 줄임말. 인지도가 높은 유명 인사
* 조직에 속하지 않고 단기 계약으로 일하는 사람

안녕하세요. 교육공학계의 크리에이터, 장지은입니다.
저는 미래교육 콘텐츠를 개발하고 교육 공간을 설계하는 일을 주로 하고 있습니다. 또한, 대학, 기업, 단체 등에서 객원, 자문, 외래교수로 활동하고 있습니다. 저는 새로운 가능성에 도전하고 만드는 것을 사랑합니다. 그래서 〈미래교육 인사이트〉에서 '크리에이터'를 담당하게 되었습니다. 안타깝게도 아직 유튜브가 없는 크리에이터입니다. 저는 특별히 교육, 뉴미디어, 예술을 융합하는 분야에 관심이 많습니다. 새로운 디지털 기술과 예술을 통합하여 놀이와 학습을 촉진하는 방법을 연구하는 교육공학자입니다. 〈미래교육 인사이트〉를 통해 더욱 다양하고 새로운 미래교육 콘텐츠를 제작하여 공유하겠습니다.

안녕하세요. 교육공학계의 핵인싸, 임현진입니다.

저는 이화여대 교육공학과에 입학하면서 박사까지 쉼 없이 달려왔습니다. 오랜 학교생활로 교육공학 전공은 물론, 분야를 넘나들며 학계에서 다양한 사람들을 알게 되었고, 박사 졸업 후에는 교육컨설팅 회사에 입사하며 저의 영역을 확대하고 있습니다. 요즘 말로 사람들과 잘 어울려 지낸다는 뜻의 '핵인싸'라는 표현에서 착안하여 〈미래교육 인사이트〉에서 다양한 분야의 전문가와 비전문가를 연결하는 소통의 채널이 되고, 핵심 인사이트를 전달해 드리고 싶은 바람을 담아 핵인싸로 저를 설명해 보려고 합니다.

안녕하세요. 교육공학계의 요정, 임지영입니다.

저는 심리학 전공으로 학사, 석사를 마치고 현재는 교육공학 전공으로 박사 과정 중에 있습니다. 그 사이에는 입시교육 회사, 대학교 교수학습센터에서 일하며 사교육 현장과 대학 교육 현장을 넘나들기도 했는데요. 호기심이 많아 다양한 분야를 날아다니고 있어 '요정'이라고 저를 설명해 보았습니다. 보다 행복하고 의미 있는 학습이란 무엇인가에 대한 답을 찾아다닌 지난 여정, 지금 새롭게 찾아가고 있는 답안들을 함께 나누고자 합니다. 그리고 언젠가 독자 여러분을 직접 만날 기회가 생긴다면 여기서는 밝히지 못한 제 닉네임 탄생의 비하인드 스토리도 전격 공개하고 싶습니다.

〈미래교육 인사이트〉의 시작
: 교육공학과 에듀테크

    저희 4명의 저자는 모두 교육공학을 전공했습니다. 교육공학은 영문명으로 '에듀케이셔널 테크놀로지(Educational Technology)'라고 하는데, 해외 대학들은 이를 짧게 줄여 '에듀테크(Edu-Tech)' 또는 '에드테크(Ed-Tech)'로 부르기도 합니다. 교육공학 분야에서 가장 저명한 학회인 교육공학회 AECT(Association for Educational Communications and Technology)에서는 교육공학의 공식적인 정의를 발표하고 있습니다. 가장 최근의 정의는 2018년에 발표한 것으로, 교육공학이란 '학습과 교수 과정, 자원의 전략적 설계, 관리, 실행을 통해 지식을 발전시키고 학습과 성과를 매개 및 향상시키기 위한 이론, 연구, 우수 사례에 대한 연구와 윤리적 실천'이라고 설명합니다.[1] 다소 복잡하게 들리지만 간략하게 말하자면 교육공학은 '어떻게 하면 학습을 잘할 수 있을까'를 고민하고 처방을 내려 주는 학문이라고 볼 수 있습니다.

    최근 산업계에서는 에듀테크라는 용어가 굉장한 화두로 떠오르고 있습니다. 4차 산업혁명 시대의 유망 산업 분야로 꼽히기도 합니다. 교육공학이라는 학문이 다소 생소하더라도 에듀테크라는 용어는 한 번쯤 들어보셨을 독자들도 있을 것입니다. 그렇다면 교육공학과 에듀테크는 같은 개

교육공학의 정의 (AECT, 2018)

Educational Technology is the study and ethical application of theory, research, and best practices to advance knowledge as well as mediate and improve learning and performance through the strategic design, management and implementation of learning and instructional processes and resources.

념일까요? 최근 산업계에서 이야기하는 에듀테크는 전통적인 교육공학의 의미와는 조금 다르게 교육과 테크놀로지가 접목된 산업 전반을 지칭하고 있습니다. 광의로는 4차 산업혁명으로 인해 더욱더 관심을 받게 된 교육 시장이나 산업의 의미로 쓰입니다. 산업 분야에서 말하는 에듀테크가 주로 인공지능, 로봇, 빅데이터 같은 최신 테크놀로지를 교육적으로 활용하려고 하는 분야라면, 교육공학에서 테크놀로지는 방법론을 총괄하는 보다 큰 개념이라고 볼 수 있을 것입니다. 교육공학의 정의는 시대의 변화에 따라 지속해서 변화하고 있습니다. 그래서 더 매력적인 학문이기도 합니다.

〈미래교육 인사이트〉는 진행형

팟캐스트와 못다 한 이야기

　미래교육을 이야기하는 책에서 왜 교육공학과 에듀테크를 이야기하는지 의아해하시겠지만 바로 이것이 지금의 〈미래교육 인사이트〉를 시작하게 한 촉매제였습니다. 교육공학을 연구하는 신진 학자들인 저희는 현장과 학계의 온도 차가 존재한다는 것을 깨닫고 전공 분야에 대한 스터디를 하기 위해 정기적으로 모이기 시작했습니다. 저희 스터디 모임에서 꽤 흥미로운 인사이트가 나오기 시작하였고, 이 내용을 다른 사람들과 공유하고 싶은 마음이 커졌습니다. 바로 그 첫 시작이 팟캐스트 방송이었습니다. 2018년 9월 5일을 시작으로 매주 한 편씩 약 30~40분 분량의 에피소드를 성실히 업로드하고 있으며 글을 쓰는 지금까지 약 30여 편이 업로드되어 있습니다. 이제는 조금 더 활발한 소통을 위해 다양한 시도를 하고 있습니다. 지금까지 팟캐스트를 통해 쌓아 온 콘텐츠를 재구조화하고, 다듬고 덧붙여 책으로 재구성하게 되었습니다.

이 책은 크게 네 개의 장으로 구성되어 있습니다.

1. 미래사회, 어떻게 변할까?

1장에서는 4차 산업혁명 시대를 맞이해 변화하고 있는 사회와 그에 따라 새롭게 교육에 요청되고 있는 변화의 바람을 정리했습니다. 더불어 이러한 상황에서 새로운 대안으로 제시되고 있는 대학 중 하나인 미네르바 스쿨에 대해서도 소개했습니다.

2. 미래교육, 어떻게 해야 할까?

2장에서는 주로 새로운 교육 방법에 대해서 논의했습니다. VR과 AR, 디지털교과서, 플립러닝, 온라인 공개강좌 등 새로운 테크놀로지를 기반으로 시도되고 있는 교육 방법들에 대한 경험을 나누고, 에듀테크 기반의 미래학교들을 소개했습니다.

3. 미래교육, 무엇을 해야 할까?

　3장에서는 미래교육이 지향해야 하는 방향성을 제안했습니다. 미래교육은 단지 첨단 테크놀로지를 교육에 활용하는 것을 넘어서 교육이 본질적으로 어떤 역량과 가치를 추구해야 하는가를 포함하는 담론이라고 생각했기 때문입니다. 따라서 본 장에서는 세계시민교육, 디지털시민교육, 기업가정신교육, 소프트웨어교육, 메이커교육 등을 다루었습니다.

4. <미인>이 전하는 메시지, 미래교육 인사이트

　마지막 4장에서는 미래교육을 어떻게 해야 하는지와 무엇을 해야 하는지에 대해 돌아보고, 우리가 추구해야 할 몇 가지 핵심 가치들을 도출하여 정리했습니다. 더불어 미래를 함께 만들어 갈 저희와 독자들이 더욱 힘을 모아야 할 방향을 제안했습니다.

이 책은 팟캐스트 〈미래교육 인사이트〉(이하 〈미인〉)의 이야기를 그대로 살려 대화체로 구성하였습니다. 저희 〈미인〉의 취지가 비전문가도 쉽게 이해할 수 있도록 최신 교육 정보를 꼭꼭 소화시켜 전달하는 것이었기 때문입니다. 친숙한 대화체를 통해 부담 없이 읽어 보실 수 있으면 좋겠습니다. 또 제한된 시간으로 인해 미처 방송에서 이야기하지 못했던 부분이나 시각 자료, 녹음 이후 추가로 업데이트된 정보들을 덧붙여, 방송보다 풍성한 지식과 인사이트를 얻으실 수 있도록 구성했습니다. 책으로 옮기는 내내 새로운 소식이 업데이트되는 것을 발견했습니다. 책이 출판되는 시점에도, 독자 여러분이 읽는 순간에도 변화가 있을 것입니다. 이것이 미래교육이라는 생각을 하며 새로운 소식은 최대한 업데이트하였습니다. 미처 반영되지 못한 부분은 SNS 등 다양한 채널을 통해 공유하겠습니다. 앞으로도 저희는 팟캐스트로, 책으로, 또는 어느 강연장에서 여러분들과 소통하며 미래교육에 대한 의미 있는 담론을 형성해 나가겠습니다. 독자 여러분의 애정 어린 시선과 조언을 부탁드립니다.

> "교육계의 최신 트렌드를 스피디하게 알려 드리는
> 〈미래교육 인사이트〉.
> 우리 〈미인〉 합시다."

추천사 | 4
프롤로그 | 6

Chapter 01

미래사회, 어떻게 변할까?

01. 미래인재 역량 | 18
02. 미래직업의 변화 | 39
03. 미래대학의 모습: 미네르바 스쿨 | 55

Chapter 02

미래교육, 어떻게 해야 할까?

01. VR & AR | 74
02. 디지털교과서 | 100
03. 플립러닝 | 110
04. MOOC | 123
05. K-12 에듀테크 사례 | 143

Chapter 03

미래교육, 무엇을 해야 할까?

01. 세계시민교육 | 158
02. 디지털시민교육 | 176
03. 기업가정신교육 | 190
04. 소프트웨어 교육 | 208
05. 메이커교육 | 227
06. K-12 미래학교 사례 | 249

Chapter 04

<미인>이 전하는 메시지, 미래교육 인사이트

01. <미인>이 전하는 메시지, 미래교육 인사이트 | 262
02. <미인>의 한마디 | 279

참고 자료 및 출처 | 282

Chapter 01

미래사회, 어떻게 변할까?

01. 미래인재 역량
02. 미래직업의 변화
03. 미래대학의 모습: 미네르바 스쿨

01 미래인재 역량

4차 산업혁명 시대, 교육의 미래는?
#미래역량 #4Cs #6Cs #역량중심교육

4차 산업혁명이란?

윤성혜   저희가 첫 번째로 이야기할 주제는 〈미래교육 인사이트〉라는 제목의 가장 핵심적인 부분으로, 요즘 정말 많은 관심을 받으며 언급되고 있는 '4차 산업혁명 시대의 미래교육은 어떠해야 하는가'입니다. 처음에는 아무래도 4차 산업혁명 시대가 어떤 특성이 있는지부터 이야기를 풀어 보면 좋을 것 같습니다. 어떤가요? 4차 산업혁명 시대의 변화들을 체감하시나요?

임현진   저는 4차 산업혁명이라는 용어가 익숙하지만 그 실체에 대해서 자신 있게 설명할 수 있다고 답하기는 어렵습니다. 대신 롤랜드 버거(Roland Berger)라는 유럽의 컨설팅 기업에서 발표한 내용을 담은 『4차 산업혁명 이미 와있는 미래』[2]라는 책에서 그 실마리를 찾아보았어요. 3차 산업혁명의 핵심이 인터넷의 발전으로 인한 정보화라면, 4차 산업혁명은 지능화를 지향한다는 것이 제일 큰 차별점으로 여겨집니다. 기존의 산업과는 다르게 인공지능(Artificial Intelligence, AI)이나 빅데이터를 활용해서, 더 스마트하게 변한다는 것이 4차 산업혁명이 제일 강조하고 있는 부분이죠.

윤성혜 먼저 현재와 미래에 필요한 교육을 이야기할 때 시대적인 특성을 이해하는 게 필요하겠다는 생각이 들어요. 아무래도 이 시대를 표현할 때 많이 쓰고 있는 단어가 4차 산업혁명이기 때문에 같이 이야기를 해 보려고 하는 거고요. 저는 최근에 읽은 책 중에 무척 인상 깊었던 책이 있었어요. 『늦어서 고마워』[3)]라는 제목의 책입니다. 책 내용 중에 인상 깊었던 것은 기술이 정말 빠르게 발전하고 있고 기술의 변화 속도는 거의 기하급수적으로 증가하는 반면에 인간의 적응력은 그에 못 미친다는 거였어요. 그래서 현재와 미래의 시대는 기술의 변화 속도가 인간의 적응력을 능가하는 시대라고 설명하더라고요. 저는 그 부분이 상당히 와 닿았고, 그래서 교육계에서도 4차 산업혁명 이야기를 계속하게 된다고 생각합니다. 우리 인간의 적응력이 뒤처진다면, 우리가 어떻게 대처해야 하는지 앞으로 굉장히 큰 화두가 될 것 같습니다.

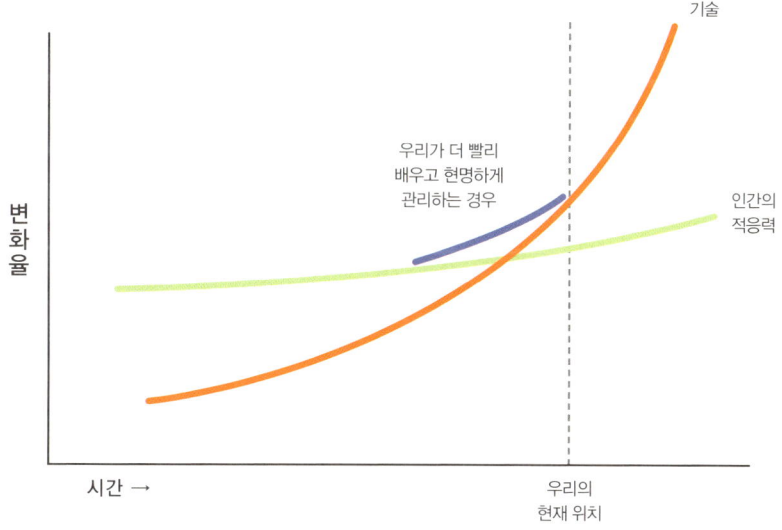

기술 변화의 속도와 인간의 적응력

장지은   4차 산업혁명이라는 용어가 처음으로 거론된 것이 다보스포럼이었어요. 다보스포럼은 세계경제포럼(World Economic Forum)으로, 전문가들이 모여 미래의 세계 경제에 대해서 논의하는 회의예요. 그런데 다보스 포럼에서 4차 산업혁명을 기반으로 새롭게 대두되는 다양한 기술을 논의한 끝에 결론에 다다른 것이 바로 '사람'이었다고 해요. 사실은 4차 산업혁명 시대에 많은 쟁점들이 기술이 아닌 '사람', 즉 인간에 중점을 둔다는 거죠. 모두가 AI, 딥러닝, 데이터 분석, 로봇 등의 새로운 기술들을 이야기하기 바쁘지만, 사실 진짜 이 시대의 관심은 '그렇다면 인간은?'이라는 거예요. 그래서 4차 산업혁명의 진짜 핵심적인 화두는 인간이라고 보는 관점이 있어요. 저도 사실 이러한 관점에 매우 동의하고요. 단순하게 새로운 기술을 이해하고 습득하는 것 이상으로 인간의 적응적 자세와 가치에 대해 더욱 깊이 있는 논의가 필요하다고 생각해요.

세계경제포럼[4] World Economic Forum

1971년에 스위스 제네바에 헤드쿼터를 두고 설립된 비영리 기관으로서, 설립자이자 회장인 클라우스 슈밥Klaus Schwab이 발표한 『4차 산업혁명』[5]으로 잘 알려져 있다. 세계경제포럼은 4차 산업혁명의 이해Mastering the 4th Industrial Revolution, 세계 공통의 문제 해결Solving the problems of the Global Commons, 세계 안전에 대한 이슈 제기Addressing global security issues라는 세 가지 영역을 중심으로 매년 네 차례의 정기 회의와 지역별 회의를 주관하고 있으며, 테크놀로지와 과학의 변화가 세계 정치와 경제, 사회, 특히 미래 세대에 어떠한 영향을 미칠 것인가와 관련하여 상시 · 정기 보고서를 온라인으로 발행하고 있다.

윤성혜   맞습니다. 저희가 이 이야기를 〈미인〉에서 하는 이유도 결국 이 시대를 이해하고, 그렇다면 교육을 어떻게 해야 할 것인가에 대해 이야기를 하기 위해서죠.

4차 산업혁명 시대, 왜 교육을 이야기하는가?

윤성혜 지식의 총량은 빠른 속도로 증가하고 있고, 반면에 지식의 수명은 짧아지고 있다는 이야기는 꽤 오래전부터 강조되었어요. 이런 경우 학생들이 학교에서 지식을 학습하고 졸업했을 때, 졸업 후 그 지식이 여전히 유효한 지식일 것인가에 대한 고민이 있었죠. 어떻게 보면 지식의 수명이 짧아지는 현상이 결국 우리가 맞이한 현실이고, 현실 안에서 우리는 무엇을 교육해야 하는지, 어떻게 교육을 해야 하는지를 고민하는 것이 저희의 숙제라는 생각이 듭니다.

장지은 맞아요. 4차 산업혁명 시대에 무엇을 교육해야 하는가에 대한 많은 논의가 있는데요. 몇 가지만 살펴보면 윤리 교육을 비롯한 시민의식 교육을 더욱 강조해야 한다는 논의가 있어요. 또한 4차 산업혁명 시대를 대비하기 위해서는 새로운 기술을 창의적 도구로 활용할 수 있는 능력을 교육해야 한다고 말하죠. 더불어 창의융합 교육을 더욱 확대해야 하고요. 다니엘 핑크(Daniel H. Pink)의 『새로운 미래가 온다』라는 책에서는 창조하고 공감하는 사람들, 패턴을 인식하고 의미를 만들어 내는 사람들이 이 시대의 핵심 인재가 될 것이라고 말하고 있어요. 또한, 예술가, 발명가, 디자이너, 스토리텔러뿐만 아니라 다른 사람을 돌보고 돕는 사람들, 통합하는 사람들이 4차 산업혁명 시대에 진짜로 살아남을 사람들이라고 이야기하고 있고요. 인간과 윤리가 중심이 되는 가치관을 통해 창의적인 핵심 역량을 개발하고, 이를 사회에 활용하는 방향으로 미래교육을 설계하는 것이 좋은 방향성이 될 것 같아요.

Z 세대 이야기

폴더블 스마트폰
(Foldable smartphone)[6]

디스플레이를 접을 수 있는 스마트폰을 의미한다. 휘어지는 디스플레이를 개발하기 위한 플렉서블flexible 기술을 기반으로 만들어진다. 폴더블 스마트폰은 접으면 스마트폰, 펼치면 태블릿 PC로도 사용할 수 있기 때문에 휴대성이 매우 좋다. 뿐만 아니라 디바이스에 충격이 가해져도 파손의 위험이 적다는 장점이 있다.

윤성혜 얼마 전에 유튜브에서 시대 변화를 체감하게 되는 핸드폰 광고의 변천사 영상을 보았어요. 단음 벨소리였던 것이 화음 벨소리가 됐을 때, 흑백 화면이던 것이 컬러 화면이 됐을 때도 놀라웠는데 현재는 폴더블폰이 나올 정도로 엄청난 변화를 겪어 왔잖아요. 몇 년 안에 그 변화를 실제로 겪어 왔다는 것을 한 눈에 보니까 '정말 기술이 빨리 변하고 있구나'라는 것을 체감했습니다.

임지영 제가 대학교 1학년 때 팀 과제를 할 때는 스마트폰이 없어서 미리 몇 시에 온라인 메신저에서 대화하자고 약속을 정한 다음 그 시간에 컴퓨터를 켜고 채팅으로 온라인 회의를 했거든요. 그런데 요즘 학생들은 카카오톡으로 단체 채팅방을 만들고, 걸어가면서 스마트폰으로 팀 과제를 하는 시대가 되었더라고요. 불과 10년 차이인데 이렇게 달라졌구나 하는 생각이 들었어요.

윤성혜 그렇죠. 그러면 우리 자연스럽게 요즘 아이들에 대한 이야기를 좀 해 볼까요? 결국 미래교육의 주요 대상이 2000년대 이후 출생한 아이들이기 때문에, 이 아이들의 특징도 생각을 해 볼 필요가 있을 것 같거든요.

임지영 이 시점에 질문이 하나 있는데, 여기 계신 분들은 검색을 어디에 하세요? 예를 들어서 '나 오늘 너무 속상했어'의 영어 표현이 궁금하다면 어디에 검색하세요?

윤성혜 네이버에 하죠.

임지영 그렇죠? 저도 무조건 네이버나 구글인데, 요즘 아이들은 유튜브부터 찾더라고요. 저는 유튜브가 동영상만 올라오는 곳이라고 생각했는데, 요즘 아이들은 유튜브에서 모든 것을 검색하고 해결하더라고요.

장지은 요즘은 그래서 유튜브를 '갓튜브'라고 부르죠. 신(god)과 유튜브를 합성한 용어라고 해요. 흥미로운 콘텐츠를 소비하는 것과 더불어 모든 질문에 대한 해답을 유튜브에서 찾아요.

윤성혜 그런 말이 있나요? 그런데 지금까지 세대를 부르는 명칭들도 계속 있었잖아요. X세대, Y세대, 밀레니얼(millennial) 세대. 이런 말들이 있었죠. 요즘에는 1994년 이후에 태어난 세대를 Z세대라고 부른다고 합니다. Z세대를 디지털 네이티브(digital native)라고도 하는데 그 이유는 태어날 때부터 디지털 기기들을 일상적으로 사용해 온 세대이기 때문입니다. 아무래도 저희 같은 세대나 그 윗세대와는 굉장히 다른 삶의 형태들을 보이는데요. 아까 말씀하셨던 유튜브에 검색하는 것이 굉장히 대표적인 사례인 것 같아요.

장지은   디지털 네이티브 세대의 유아들은 인공지능의 목소리와 성능도 구분하더라고요. 예를 들자면 국내의 KT사에서 개발된 인공지능 시스템 '기가지니(GiGA Genie)'와 해외의 애플사에서 개발된 인공지능 시스템 '시리(Siri)'가 서로 목소리와 반응이 다르다는 사실도 알아요. 요즘 세대 아이들은 벌써 AI와 친숙하게 친구처럼 자라는 세대로 자라고 있어요. 디지털 이주민(digital immigrant)과는 완전히 다르죠. 실제로 AI와 대화도 아주 잘하고요. 완전히 새로운 세대인 것 같아요.

디지털 네이티브 digital native

2001년에 미국의 교육학자인 마크 프렌스키 Marc Prensky가 1980년 이후 태어난 세대를 일컫는 용어로 명명하면서 처음 등장하였다. 그는 디지털 세대의 원주민, 즉 태어날 때부터 디지털에 둘러싸여 온 디지털 네이티브는 테크놀로지를 일상적으로 사용하는 것을 넘어 새로운 테크놀로지를 사용하는 것에 대해 타고난 자신감을 갖고 있다고 설명하였다.[7] 그는 디지털 네이티브 이전의 세대를 디지털 이주민 digital immigrant으로 표현하면서, 디지털 이주민은 아무리 노력하더라도 '생득적으로' 디지털을 사용하는 디지털 네이티브와는 근본적인 차이가 있다고 보았다. 디지털 네이티브와 유사한 용어로 Net 세대 Net generation[8], 밀레니얼 세대 millennials[9] 등이 있다.

윤성혜   맞아요. 유튜브에서 본 이야기인데요. 요즘 아이들이 태어날 때부터 AI 스피커를 통해서 바로 AI를 경험하는 세대잖아요. 그래서 요즘 아이들은 AI와 대화하는 법을 빨리 익힌다는 거예요. AI 스피커한테 명령을 할 때는 모호하게 명령을 하면 안 되거든요. 예를 들어서 알람을 맞추고 싶다면 "내일 오전 10시에 알람 맞춰 줘" 이런 식으로 해야 하잖아요. 그래서 AI와 소통하는 방식을 어렸을 때부터 배우는 세대라는 것도 공감이 많이 가더라고요.

장지은   맞아요. 그런 의미에서 디지털 네이티브 학습자들은 학습하는 방법을 학습하는 세대라고 해요. 조금 전에 이야기한 것처럼, AI를 잘 활용하기 위해서는 어떠한 방법으로 말을 해야 하는지 교사가 알려 주는 것이 아니라 스스로 커뮤니케이션을 하면서 알아 가는 거죠. 어른들이 어린 학습자들 보다 더 잘 알아서 지도해 주는 시대가 아니라 스스로 몸으로 부딪쳐 보면서, 학습을 해 나가는 시대라는 것이에요. 저는 이 부분도 많이 공감되더라고요. 이제는 부모님이나 동네 이웃을 통해 보고 배우는 시대가 아니고 스스로 이 세상의 새로운 기술들과 의사소통하면서 학습이 일어나는 시대인 거죠. 또한 이러한 과정에서 학습하는 방법에 대해서도 스스로 학습해 나가는 시대라는 거예요.

> **Z세대**
>
> Z세대는 2000년대 초반에 태어난 세대를 일컫는 말로, 유년 시절부터 디지털 테크놀로지를 접해 왔기 때문에 신기술에 민감하고, 소셜 미디어를 적극적으로 활용한다. 정보를 쉽게 정리하는 등 학습 능력이 뛰어나며, 2개 국어 이상을 구사하는 경우가 많다. 개인적이고 독립적인 성격을 가진다.[10] 문자보다는 동영상 중심으로 정보를 수집, 획득, 생산하며 디지털을 통해 사회에 적극적으로 참여한다.[11]

윤성혜   이것이 4차 산업혁명 시대에 많은 분들이 위기감을 갖고 있는 것 중 하나와 연결이 될 것 같아요. "지금의 초등학생들이 나중에 직업을 갖게 될 때에는 현재에 없는 새로운 직업을 갖게 될 것이다"라는 말들을 많이 하잖아요. 세계경제포럼은 현재 초등학생의 65%가 지금 없는 직업을 갖게 될 것이라고 이야기했죠.[12] 그렇기 때문에 우리가 무엇을 해 줄 수 있을까에 대한 고민을 치열하게 해야 하는 시점이 온 것 같습니다.

미래교육, 역량

윤성혜 2015 개정 교육과정이 시행이 되면서 많이 쓰고 있는 용어 중의 하나로 '역량'이라는 말이 있어요. 학습자들에게 어떤 역량을 갖도록 교육해야 할 것인가에 대한 논의들이 중요해지고 있습니다.

임지영 대체 역량이라는 것이 무엇인지 먼저 알아야 할 것 같아요. 요즘 역량이라는 단어를 참 많이 사용하죠. 심지어 취업 시에 쓰는 자기소개서에도 역량을 써야 하는데요. 사실 역량 그 자체에 대해서 정확하게 정의를 내릴 필요가 있다고 생각해요.

윤성혜 역량이라고 하면 저는 먼저 떠오르는 것이 KSA이거든요. K는 지식(knowledge), S는 기술(skills), A는 태도(attitudes). 역량은 KSA를 아우르는 무언가라고 이해를 하고 있었어요.

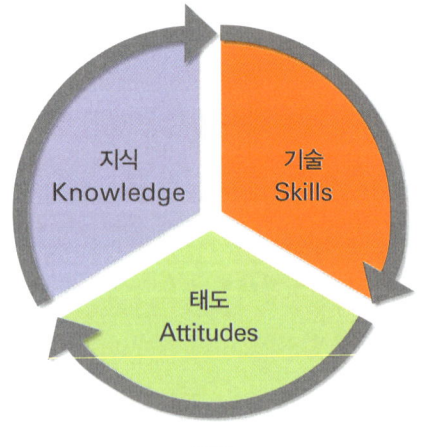

역량

임지영 그렇죠. 역량이 영어로는 competency인데, 말씀하신 그대로 K, S, A 중 하나만으로는 역량으로 볼 수 없어요. 그러니까 K와 S와 A를 모두 '아우른다'는 표현이 정확하죠. 조금 더 구체적으로 역량이 무엇인지 이야기를 하자면, 『HRD 용어사전』에 이렇게 쓰여 있어요. "특정한 상황이나 직무에서 준거에 따른 효과적이고 우수한 수행의 원인이 되는 개인의 내재적인 특성이다."[13] 여기서 특성이라는 것이 중요한 것 같아요. 개인 안에 갖고 있는 능력이라는 것이죠. 책을 읽어서 쌓는 지식만도 아니고, 연습해서 얻는 스킬만도 아니에요. 지식을 쌓을 수 있는 능력, 어떤 기술을 습득할 수 있는 능력, 자기 안에 가지고 있는 것들을 역량이라고 한다는 것이죠. 결론적으로 역량이라는 것이 왜 필요하냐면, 역량이 있으면 K와 S와 A를 다 습득할 수 있는 기본 능력을 갖추게 되는 것이기 때문이에요. 그래서 역량 중심으로 나아가야 한다는 이야기가 나오는 것 같아요.

장지은 그런 역량이 내재되어 있는 것이라면 발전 불가능할 것이라는 오해가 있을 수 있겠어요. 하지만 이러한 역량들은 발전 가능한 것이죠. 그래서 미래교육에서는 미래 사회를 살아가기 위한 핵심 역량들을 계발하고자 하는 것이고요.

임지영 네. 발전 가능하죠. 역량은 분명히 키울 수 있는 것이라고 이야기되고 있어요. 우리가 조금 더 주목할 부분은 역량이라는 것을 단순한 어떤 영역의 지식이나 기술에 한정하지 말아야 한다는 인식인 것 같아요.

임현진 　역량을 어떻게 키우면 좋을지 고민이라고 하셨는데 역량은 단순한 지식이 아니기 때문에 공부를 한다고 해서 습득되는 것이 아니죠. 도전적인 과제들을 성취해 냈을 때, 학습자가 미션을 성공하거나 혹은 실패하면서 거기에서 자신을 성찰하고 또 다시 도전하는 과정 속에서 역량이 습득된다고 할 수 있습니다.

4차 산업혁명 시대, 왜 역량인가?

장지은 　저희가 앞서 4차 산업혁명에 관해서 이야기했잖아요. 4차 산업혁명 시대에 빠지지 않고 거론되는 중요한 문제가 바로 일자리 문제이죠. 앞으로 생겨날 수많은 새로운 직업과 없어질 일자리들이 예측하기 어렵기 때문에 더 많은 사람이 두려워하는 것 같아요. 처음에는 단순하게 반복적으로 하는 일들이 없어질 것으로 예측했어요. 그런데 더 나아가서 이제는 로봇과 기계가 빅데이터 분석을 통해 스스로 학습하고 합리적인 의사결정을 내리는 일까지 겸비하게 되었어요. 예전에는 인간만이 할 수 있다고 생각했던 일들까지도 할 수 있게 되었죠. 그러다 보니 사람들은 자신의 일자리가 사라질까 봐 조급함과 불안함을 느끼게 되었어요. 그래서 최근 사람들이 미래 사회에 대한 불안감, 공포심 등의 감정들을 더욱 많이 공유하는 것 같아요.

　하지만 4차 산업혁명 시대에 대한 막연한 공포심을 느끼기보다 우리에게 다가올 새로운 미래에 대해서 긍정적인 정서를 가지고 학습해 나가는 것이 중요해요. 우리 아이들에게도 그런 긍정 정서를 심어줄 수 있어야 하고요. 하지만 불안한 심리를 조장하고 극대화해서 돈벌이의 수단으로 생각하는 사람들이 많이 생겨나고 있어요. 저는 이것이 매우 올바르지 않다고 생각해요. 주의해서 분별해야 합니다. 우리가 앞서 역량에 대해서 간략하게 이야기했는데요. 그렇다면 다가올 미래 사회에 대해 긍정적인 정서를 가지고 어떤 미래역량들을 키워나가면 되는지 이어서 이야기해 볼까요?

윤성혜 사실 학교 교육에서 역량에 관해 이야기하게 된 것은 앞에서 이야기했던 부분들과 일맥상통하기도 해요. 지식의 수명이 점점 짧아지고 있고, 새로 생기는 지식들은 굉장히 많아지고 있는 반면에, 전통적으로 학교 교육에서는 지식 위주로 가르쳐 온 역사가 깊다는 거죠. 관련해서 많이 쓰이는 표현으로 19세기 교실에서 20세기 교사가 21세기 아이들 가르친다는 것이에요. 그래서 역량이라는 이야기가 나오는 것 같아요. 더 이상 지식이나 정보만을 전달하는 교육을 해서는 안 되겠다, 이 아이들이 배운 것들을 기반으로 해서 무엇인가를 할 수 있는 역량을 키워줄 수 있도록 교육해야 한다는 이야기인 것이죠. 공교육 현장에서는 국가 교육과정을 따라가게 되잖아요. 지금 2015 개정 교육과정이 학교급별로 실시되고 있는데, 2015 개정 교육과정의 굉장히 큰 변화는 역량을 명시하고 역량을 중심으로 하는 교육과정을 제안했다는 점입니다. 2015 개정 교육과정에서 제시하는 역량을 살펴보면, 자기관리역량, 지식정보처리역량, 창의적 사고역량, 심리적 감성역량, 의사소통역량, 공동체역량 이렇게 여섯 가지로 구성되어 있어요.[14] 곧 이야기해 볼 4Cs나 6Cs와 겹치는 부분도 많은데, 결국 우리나라 교육과정도 지식을 많이 아는 사람보다는 지식을 가지고 무엇인가를 할 수 있는 사람을 길러내는 방향으로 가고 있다고 볼 수 있을 것 같습니다.

장지은   그래서 다니엘 핑크(Daniel H. Pink)의 『새로운 미래가 온다』에 나왔던 이야기가 방금 성혜님이 하신 이야기와 직결되는 것 같아요. 창조하고 공감할 수 있는 사람, 패턴을 인식하고 의미를 만들어 내는 사람, 이런 사람들이 그런 역량들을 갖춘 사람들이라고 볼 수 있겠죠. 우리는 교육을 통해서 그러한 역량을 갖춘 미래 인재들을 길러 내야 하는 것이고요. 우리가 앞으로 이 책에서 미래 사회는 어떤 역량을 요구하고, 이러한 역량은 어떻게 육성할 수 있는지 구체적으로 논의해보면 좋겠네요.

미래학습자 역량 모형, 4Cs와 6Cs

윤성혜   예전부터 다양한 역량 모형들이 많이 나오고 있어요. 학습자들이 어떤 역량을 가져야 바람직한가 하는 논의들이 있어 왔거든요. 여러 모형 가운데 가장 대표적인 학습자 역량 모형으로 4Cs가 있어요. 네 개의 C 인거죠. 네 개의 C가 무엇인가요?

장지은   협력, Collaboration이 있고요.

임현진   의사소통, Communication이 있죠.

임지영   그리고 창의성, Creativity가 있습니다.

윤성혜   마지막으로 비판적 사고, Critical thinking이 있죠. 이 네 가지 C, 다른 사람들과 협력하고, 효과적으로 의사소통하고, 창의적이고 비판적으로 생각하는 역량이 필요하다는 것이 가장 대중적인 학습자 역량 모형이라고 볼 수 있을 것 같습니다.

임지영   최근에는 4Cs가 6Cs로 바뀌면서 두 가지가 추가되었죠?

장지은   맞아요. P21(The Partnership for 21st Century Skills)에서 발표한 4Cs에서 자신감 Confidence, 그리고 콘텐츠 Contents가 추가되어 6Cs가 되었어요.

윤성혜   미국의 발달심리학자인 로베르타 골린코프(Roberta M. Golinkoff)와 케시 허시파섹(Kathy Hirsh-Pasek)이 두 개를 추가했죠.[15]

임현진   기존의 표현과 달라진 것도 있어요. 4Cs에서 창의적 사고라고 이야기했던 것을 6Cs에서는 창의적 혁신, Creative innovation이라고 조금 다르게 표현했는데, 이제는 단순히 창의적인 생각의 수준이 아니라 그것이 혁신으로 이어지는 것이 미래교육에서 더 강조되는 것 같습니다.

단계	협력 Collaboration	의사소통 Communication	콘텐츠 Content	비판적 사고 Critical Thinking	창의적 혁신 Creative Innovation	자신감 Confidence
4	함께 만들기	공동의 이야기하기	전문성	증거 찾기	비전 품기	실패할 용기
3	주고받기	대화하기	연관 짓기	견해 갖기	자신만의 목소리 내기	계산된 위험 감수하기
2	나란히	보여주고 말하기	폭넓고 얕은 이해	사실을 비교하기	수단과 목표 갖기	자리 확립하기
1	혼자서	감정 그대로	조기학습과 특정 상황	보는대로 믿는	실험하기	시행착오 겪기

미래 핵심 역량 6Cs 모형[16]

P21The Partnership for 21st Century Skills에서 제안한 우측 네 개 역량의사소통, 협력, 비판적 사고, 창의적 혁신의 모형에 최근 로베르타 골린코프Roberta M. Golinkoff와 캐시 허시파섹Kathy Hirsh-Pasek이 좌측 두 개 역량자신감, 콘텐츠을 추가하면서 미래학습자를 위한 여섯 가지 역량을 가리키는 6Cs 모형이 제안되었다.

자신감 Confidence

윤성혜   4Cs에서 6Cs로 넘어가면서 추가된 두 가지 중에 콘텐츠는 내용지식이라서 전통적으로 많이 강조해 왔던 영역이기도 한 것 같아요. 그런 부분이 현대에도 필요하다는 점에서 콘텐츠를 빠뜨리지 않고 포함시켰다는 생각이 들고요. 그리고 저희가 많이 공감을 했던 것이 자신감이잖아요. 우리나라 문화에서는 겸손이 미덕이지만, 오히려 이렇게 빨리 변하는 시대에서는 자신감이 중요한 역량이라는 생각이 들어서 공감을 많이 했거든요. 어떠셨어요?

임지영   저는 어려운 것을 해낼 수 있다는 생각 이상으로 자신감은 중요하다고 생각해요. 6Cs에서는 창의적 혁신도 강조되고 있죠. 혁신을 이루기 위해서는 실패가 있을 수밖에 없는데, 실패가 일어난 상황에서 멈추거나 포기하지 않고 다시 도전하게 하는 힘이 바로 자신감에 있다고 할 수 있습니다. 그래서 앞으로의 학습자들에게 자신감이 중요하다고 이야기되고 있어요.

장지은   맞아요. 『최고의 교육』이라는 책에서 자신감 챕터를 읽어 보면, 의지와 끈기로 구성된다고 나와 있거든요. 아이들이 도전하고, 실험하고, 생각하고, 질문하는 모든 학습 과정에서 실패를 경험했을 때 의지와 끈기를 통해 자신 있게 임하는 것이 매우 중요하다고 언급되어 있어요. 실패할 용기 또한 자신감에서 나오는 것이죠.

윤성혜   그래서 저도 자신감을 가져야 되겠다고 다짐을 많이 했었거든요. 조심스러운 이야기이지만, 모범생처럼 인생을 살아왔던 사람들은 실패에 대한 두려움들을 버리기 어려운 경우가 많은 것 같아요. 그래서 지금까지 성실하게 공부해서 좋은 점수를 받아 좋은 대학에 온 학생들에게 오히려 실패를 두려워하는 성향이 더 많은 것 같기도 해요. 역동적으로 바뀌고 있는 이 시대에서 살아남기 위해서는 자신감, 실패해도 괜찮다는 생각, 실패해도 다시 일어날 수 있다는 이런 생각들이 더욱 중요하다는 생각이 들어요. 우리나라 학생들에게 더 많이 필요한 역량이 아닐까 생각합니다.

임현진   사실 대한민국 국민들이 정말 뛰어나고 많은 아이디어를 갖고 있는데도 불구하고 창업에서 두드러진 성과를 보이지 못하는 이유는 중 하나는 실패할까 봐 창업에 도전을 안 하기 때문이라고 합니다. 반면에 창업 국가로 성공한 나라들은 창업자들이 일단 무수히 도전하다가 아이템이 하나라도 성공하면 도전의 기회비용이 상쇄되기 때문에 도전을 독려하고 있어요. 학습자뿐 아니라 사회적인 분위기가 자신감을 갖고 도전하는 것이 중요하다고 인식하고 있음을 말씀드리고 싶어요.

협력 Collaboration

임지영   협력은 학습자 역량모형뿐 아니라 여러 나라의 교육과정에서도 강조되고 있을 만큼 중요하죠.[17] 우리나라가 공동체 문화이기 때문에 협력을 잘할 것 같기도 하지만, 다른 사람을 비판하거나 비난하는 것에 대해 불편해하기도 하고, 경쟁이 치열하기 때문에 협력이 어렵기도 한 것 같아요. 물론 협력이 우리나라에서만 어렵다는 것은 아니고 인간 전체의 문제이기도 하죠.

윤성혜   사실 경쟁의 문제가 굉장히 큰 것 같아요. 경쟁에서 남보다 잘해야 된다고 하는 생각들이 만연해 있죠. 그것이 우리나라의 성장 동력이기도 했겠지만 부작용도 정말 많이 나타나고 있는 것 같거든요.

임지영　저는 이 이야기가 나오면 생각나는 유머가 있는데요. SNS에서 보았는데 '그룹 과제를 통해 내가 배워야 했던 것'이라는 제목으로 원 그래프가 있더라고요. 4분의 3 이상을 차지하는 것이 팀워크, 협동심, 책임감, 커뮤니케이션 이런 것이죠. 다음 페이지에는 '사실 그룹 과제가 정말 나에게 가르쳐 준 것'이라는 제목으로 원그래프가 또 나오는데, 90%가 '세상에 믿을 놈 없다'더라고요. (웃음) 이런 걸 보면 협력과 관련해서 참 해결해야 할 부분이 많다는 생각이 듭니다.

윤성혜　맞아요. 저도 강의하면서 보면 학생들이 팀 과제를 굉장히 부담스러워하더라고요. 안타까운 면은 사회 분위기가 너무 줄 세우기를 하고 있다는 것이에요. 지금의 대학생들은 다른 친구들보다 앞서가려 열심히 노력하고 등수를 올려서 대학에 간 경험이 있는 학생들이다 보니, 줄 세우기와 경쟁을 해야 한다는 관점을 바꾸기 어려운 것 같아요. 그래서 몇몇 대학들에서는 절대평가와 같은 여러 시도들을 하고 있기도 해요. 고등학교 입시에서도 절대평가 이야기가 나오고 있잖아요. '내가 다른 아이보다 잘해서 점수를, 등수를 하나 더 높게 받아야 해'가 아니라, 나도 이만큼 성적을 잘 받을 수 있고 친구도 같이 잘할 수 있다는 생각을 갖도록 그런 시도들도 하게 되는 것 같아요. 하지만 사실 경쟁에 대한 압박을 완전히 버리기는 쉽지는 않을 것 같다는 생각도 들기는 합니다.

장지은　저는 성혜님 의견에 정말 공감하는데요. 동료들과 경쟁에 너무 시달리는 학생들을 보면 정말 마음이 아파요. 먼저 나 자신을 잘 들여다보고, 나를 깊게 이해하는 과정이 필요할 것 같아요. 나를 깊게 이해하는 과정은 동료들과 더욱 잘 협력할 수 있도록 도와주죠. 내 주위의 동료들과 경쟁하기보다는 함께 협력하고 만들어나가는 과정에서 훨씬 더 창의적인 일들을 많이 할 수 있어요. 저희 네 명도 지금 이렇게 협력을 하고 있고, 그 과정에서 더 사고가 확장되고, 창의적인 일을 할 수 있었어요.

윤성혜   맞아요. 인생에서 혼자 무엇인가를 해낼 수 있는 사람은 많지 않아요. 성공적으로 프로젝트를 끝낸다거나 산출물을 만들어 낸다거나 할 때 내가 혼자 A부터 Z까지 하겠다는 것은 상당히 어려워요. 그래서 필연적으로 다른 사람들과 힘을 모아야 하고, 그 부분을 연습해야 하죠.

역량중심 교육의 방향

윤성혜   사실 요즘 기사들을 보고 마음 아팠던 부분이, 우리나라 사람들은 너무 공정성을 요구하더라고요. 물론 공정성이 중요한 가치이기는 하지만, 지나치게 공정성만 주장하는 것 같아요. 그래서 '공정하지 못한 평가는 하면 안 돼'라는 의식도 굉장히 강한 것 같아요. 협력이나 창의성 같이 우리가 전통적으로 해 왔던 사지선다형, 단답형 형태로는 평가하지 못하는 영역들이 있을 수 있잖아요. 그런데 대학생들도 똑같이 비전통적인 방식의 평가에 대해서 이게 정말로 공정한 평가냐, 내가 이 점수를 받는 것이 타당한지 등 여러 의문을 제기해요. 사회적으로 불신이 너무 뿌리가 깊어서 공정성이라는 가치만 강조하게 된 것이 아닌가 하는 생각이 들어서 저는 마음이 너무 아프고, 걱정스럽기도 합니다.

임지영 수능 시험 같은 경우 국어, 수학, 영어 같은 것들을 중심으로 이루어지고 있어요. 객관적이고 공정하게 평가할 수 있는 과목들과 시험의 형태인 것이죠. 그래서 수능으로 돌아가자는 의견을 내는 사람들도 있어요. 하지만 그것은 미래학습자 역량이 중요하니까 창의성, 협력과 의사소통, 비판적 사고를 가르치고는 정작 수학, 국어, 영어만 시험을 보는 셈이라고 할까요? 물론 그렇다고 해서 국어, 수학, 영어가 안 중요하다는 것은 아니고요, 수능이 잘못되었다는 것도 아니에요. 다만 수능으로만 답을 찾는 것은 어떤 면에서는 부족하지 않은가 하고 반문할 수 있어야 할 것 같네요.

윤성혜 평가는 학습 목표와 일치해야 하잖아요. 학습을 통해서 '무엇을 성취하고 싶은가'가 학습 목표고, 실제로 학습을 통해서 '목표를 달성했는가'가 평가인데요. 2015 개정 교육과정에서 자기관리역량, 지식정보처리역량, 창의적 사고역량, 심리적 감성역량, 의사소통역량, 공동체역량 이런 것들을 지향하고, 정작 그것을 평가하지 않는다면 문제가 있는 거죠.

장지은 『제3의 물결』의 저자 앨빈 토플러(Alvin Toffler)가 한국 교육에 대해 언급한 말이 아주 유명하죠. "한국 학생들은 하루에 열 시간 이상 미래에 필요하지 않을 지식을, 존재하지도 않을 직업을 위해서 허비하고 있다. 그래서 한국이 세계를 이끌기 위해서는 상상력과 창의력을 키워야 한다." 그 뒤로 우리는 상상력과 창의력을 어떻게 키울 수 있을까에 대해 끊임없이 고민하고 있지만, 공정성을 위해 평가의 형식은 과거의 방식을 채택할 수밖에 없었죠. 하지만 최근에는 평가의 방식도 달리해야 한다는 논의가 있어요. 포트폴리오 평가법, 저널 평가법, 창의성 평가 루브릭 등이 새로운 평가법으로 대두되고 있죠. 그리고 사실은 우리가 계속 이야기했던 6Cs를 주장한 두 명의 저자들은 놀이교육 전문가예요. 실제로 두 저자의 책에서는 놀이를 통한 학습 방법이나 평가 방법을 구체적으로 다루고 있어요.

임현진 맞습니다. 제가 이것과 연결을 지어 『일의 미래』[18]라는 책을 소개해 드리고 싶어요. 이 책의 부제는 '10년 후 나는 어디서 누구와 어떤 일을 하고 있을까'입니다. 유연한 전문가가 되라는 것이 이 책의 주장이고 전문성을 갖추기 위한 방법으로 놀이처럼 일에 접근하라는 솔루션을 주거든요. 그래서 놀이처럼 모든 일에 접근하면, 유연해진 사고 속에서 창의적인 아이디어들을 얻을 수 있을 것 같아요.

02 미래직업의 변화

어떤 직업이 살아남을 것인가? 그리고 사라질 직업은?
#미래일자리 #미래직업 #새로 생겨나는 직업 #사라지는 직업

사회 변화와 일자리 지각 변동

윤성혜 미래직업에 대한 이야기를 해 보려고 합니다. 우리 사회가 빠르게 변화하고 있다는 이야기는 많이 나눠 봤었는데요. '그래서 일자리는?'이라고 하는 문제가 제기되고 있어서 교육과 연계해서 이야기를 해 보려고 합니다. 많은 분들이 '내가 지금 하고 있는 직업이 그대로 유지될 것인가, 없어지진 않을까', 혹은 '내 자녀가 앞으로 일자리를 가져야 되는데, 없어질 일자리가 많다고 하던데 어떻게 해야 되지?'라는 생각을 하실 것 같아요. 먼저 미래직업의 변화들을 이끌고 있는 원인부터 이야기를 나눠 보겠습니다.

임지영 크게 두 가지를 원인으로 이야기하는 것 같아요. 첫 번째는 인구 구조가 변화하고 있다는 것인데요. 고령화 사회, 저출산 사회에 대해 많은 논의가 이루어지고 있어요. 그렇게 되면 일하는 인구의 구조 자체가 변하면서 직업 구조의 큰 변화를 야기한다고 할 수 있고요, 두 번째는 기술력의 변화인 것 같아요.

장지은   기술력의 변화에서 크게 대두되고 있는 기술이 AI 기술이죠. AI 기술의 발전은 사람이 해 오던 많은 일들을 대신할 수 있게 되었어요. AI 기술과 더불어 딥러닝(deep learning) 기술도 기존에 사람이 하던 많은 역할을 대체하는 기술들이죠.

임지영   그리고 2019년 ICT 트렌드로 5G(5세대 이동 통신, 이하 5G)가 있어요. 저도 사실 5G가 대체 뭔가 싶어서 찾아봤어요. 비유하자면 물이 나오는 수도꼭지 자체가 굉장히 커지는 거예요. 그러면 한 번 물을 틀었을 때 그 물이 나오는 양과 속도가 엄청나게 빨라지게 되죠. 그렇게 생각을 하면 5G 기술을 쉽게 이해할 수 있을 것 같은데요. VR과 같은 고화질의 영상 콘텐츠를 다운로드 받을 필요가 없어지고 거대한 양의 데이터를 실시간으로 사용할 수 있게 된다고 합니다. 5G 덕분에 등장할 수 있는 기술이 자율 주행 자동차라고 하더라고요. 자율 주행은 운행을 하는 중에 위치, 도로 상황, 주변물 같이 굉장히 큰 용량의 정보들이 실시간으로 오고 가야 하는데 그런 것들을 모두 가능하게 해 주는 기술이고 이 기술로 인한 변화들이 지금 일어나고 있습니다.

윤성혜   저는 사실 다른 어떤 기술보다도 자율 주행 자동차를 손꼽아 기다리는 사람으로서 자율 주행 기술에 대해 얘기를 더 해 볼게요. 지금도 기술력은 완성도가 높지만 아직까지 상용화되지는 않았죠. 여러 전문가들이 자율 주행 자동차가 상용화되는 시점을 다양하게 예측하고 있어요. 물론 미래 예측은 누가 맞을지는 모르겠지만 제가 읽은 것 중에 하나는 자율 주행 자동차가 전면적으로 상용화되는 시점을 외국 자동차 업계는 2020~2022년, 한국은 2025년으로 보더라고요.[19] 그렇게 되면 이제

1~5년 남은 거죠. 사실 더 빠르게 보고 있는 사람들도 있어요. 자율 주행 자동차가 상용화가 되고 나면 도미노처럼 굉장히 많은 직업들이 달라지거든요. 바로 예측할 수 있는 부분은 운전을 하는 직종들이 사라질 것이라고 해요. 예를 들면 택시 운전사가 있죠. 그리고 드론까지 활성화되면 배달과 관련된 일자리도 많이 달라지겠죠. 그런데 책을 보니 제가 미처 생각지 못했던 부분들까지도 연쇄적으로 영향을 받더라고요. 기술력이 좋아지는 속도는 굉장히 빠르기 때문에 자율 주행 자동차의 기술력이 완벽해지면 차량 사고가 거의 나지 않을 것이라고 합니다. 인간이 운전을 할 때는 실수로 인해서 사고가 날 수 있는데, 자율 주행 기술이 완벽에 가깝게 되면 사고가 거의 나지 않게 되고, 그에 따라서 자동차 보험업들이 달라지거나 없어질 수도 있다고 합니다. 그리고 자동차를 수리하는 일들도 많이 축소될 것이라고 하더라고요.[20] 기술의 발전이 이렇게 여러 직업의 지형도를 바꾸고 있죠.

장지은 전문가들은 두 가지 키워드로 미래 사회의 기술 변화를 정리하는데요. 하나는 자동화이고 또 하나가 초연결성입니다. 지금 말씀하신 부분은 자동화 부분이라고 할 수 있어요. 자동화 기술이 단순 노동을 대체할 것이라는 생각은 대부분의 사람이 이미 하고 있는 것 같아요. 예를 들어 '포장업이나 단순 노동을 하는 직업은 없어지겠다'라고 다들 생각하죠. 하지만 사실 운전은 단순 노동이 아니거든요. 운전을 하는 동안에 인지적으로 여러 가지 능력이 요구됩니다. 지도를 보고, 주변도 살펴야 하고, 무엇보다 운전 기술에 숙련되어야 하죠. 이렇게 복합적인 능력까지 자동화로 대체되는 것이에요. 심지어는 디자인과 같이 창의적인 역량도 자동화 시스템과 빅데이터 분석을 통해 현실화되고 있어요.

최근에 기사를 통해서 AI가 디자인한 티셔츠를 보았는데요.[21] 너무 제 취향이더라고요. 그 외에도 그림이나 작곡 등 다양한 예술 활동을 하는 AI 기술들이 지속적으로 발표되고 있죠.

윤성혜 　맞아요. 그리고 또 4차 산업혁명과 관련된 기술 중에 하나가 3D 프린터(3D printer)죠. 이제 종이로 프린트 된 문서를 주고받는 경우는 굉장히 많이 줄었잖아요. 그냥 이메일에 첨부해서 보내면 필요에 따라 집에서 각자 출력을 하는데요. 더 나아가 3D 프린터가 그 정도 수준으로 상용화가 될 것이라는 거죠. 『2035 일의 미래로 가라』라는 책에서는 킨코스 같은 인쇄 전문 프랜차이즈 업체가 있듯이 3D 출력 업체들이 많아질 것이라고 전망하고 있어요. 무거운 완제품을 멀리서 배송 받을 필요 없이 도면 파일만 받아서 원하는 곳 또는 근처에 있는 3D 출력 업체에서 출력해서 사용하는 상황까지도 예측을 하고 있더라고요.[22]

장지은 　더 나아가서는 3D 프린터를 출력 업체가 아닌 집안에서 출력하는 것을 예측하더라고요. 필요한 물건들을 사이트에서 골라 사는 것이 아니라 자신의 집에 있는 3D 프린터기에서 바로 출력해서 사용하는 거예요. 이 이야기를 하니까 현실화된 기술 중에 생각나는 게 있어요. 최근에 상용화된 기술인데요. 문서를 프린트하는 일반 프린터기에 전도성 잉크를 장착해서 전기 회로를 바로 프린트할 수 있는 기술이에요. 이 기술은 전문가들 사이에서는 굉장히 간단하면서도 혁신적인 아이디어라고 평가받고 있어요. 그동안은 아주 오랜 시간에 걸쳐 고비용으로 제작했던 회로 기판을 간략하게 집에서 프린트해서 테스트해 볼 수 있는 거죠. 이런 관련 기술이 발달하게 되면 이와 관련된 수많은 제조업이 사라지게 되는 것이죠.

임지영 제가 얼마 전에 〈Quarterly Review of Distance Education〉이라는 저널에서 2002년도에 발표된 '20년 후의 교육은 어떻게 될 것인가'라는 주제의 특별편을 봤어요. 거기서 예측했던 많은 것들이 이미 거의 다 실현이 됐거나 아니면 그 이상으로 실현이 됐더라고요. 그 저널을 보면서 지금 제가 예측하고 있는 기술의 발전과 그 다음에 도래할 사회의 발전이 정말 저의 상상을 뛰어넘겠다는 생각이 들었어요.

미래 일자리 전망과 사라지는 직업

윤성혜 그러면 직업이 어떤 식으로 바뀔지에 대해서 이야기해 봅시다.

임현진 2017년 12월 고용정보원에서 발간된 〈4차 산업혁명 미래 일자리 전망〉이라는 리포트에서는 고용 노동계 이슈로 크게 다섯 가지 방향을 꼽았더라고요. 1) 수행직무 중 기술도입에도 그대로 유지되는 경우, 2) 기술도입으로 해당 직무가 기계로 완전히 대체되는 경우, 3) 기술도입으로 일부 역할이 축소되거나 없어지는 대신에 사람의 특수성이 더욱 필요한 업무의 비중이나 중요도가 더 커지는 경우, 4) 수행직무 중 기술도입 이후에 업무 방식과 내용이 변경되는 경우, 5) 기술도입으로 완전히 새로운 직무가 발생하는 경우, 이렇게 총 다섯 개의 경우로 새로운 기술의 변화로 인해서 생기는 일자리의 변화를 정리했어요. 즉, 미래에도 크게 변하지 않을 일자리들이 있을 것이고, 새롭게 생겨나거나, 없어지거나, 아니면 인간의 중요성이 더 커지거나 또는 그 역할이 줄어들거나 하는 식으로 변하게 되는 것 같습니다. 완전히 대체되는 일자리는 어떤 것들이 있을지 생각해 보신 것 있으신가요?

임지영 은행 창구직이 많이 언급되는 것 같아요.

윤성혜 지금도 사실 대면 거래를 많이 안 하지 않나요? 은행에 직접 가서 대면 거래를 한 가장 최근의 기억이 언제인가요?

임지영 저는 환전밖에 없어요.

장지은 대면 거래가 너무 없어져서 은행에서는 요즘 비상이래요. 카카오 뱅크나 토스와 같이 새로운 형태의 온라인 전문 은행이 생기고 있고요. 제 친구 중에 은행에서 일하는 친구가 있는데 이 문제로 대책 회의를 자주 한다고 하더라고요. 디지털 시대에 어떻게 하면 사람들을 은행으로 직접 오게 만들까 고민한다는 게 아이러니하죠.

임현진 저희가 은행 창구를 갈 일은 많이 없지만 가끔 필요할 때가 있잖아요. 그런데 막상 가려고 하면 지점들이 통폐합되면서 수가 줄어들어서 불편할 때가 있더라고요. 이런 현상을 볼 때 은행도 일자리가 대체되는 부분이 많은 것 같고요. 앞서 이야기했듯이 운전기사나 단순 기계 조립 같은 업무는 기술 변화로 인해서 완전히 대체 가능성이 높은 것들이라고 예측되고 있어요. 이런 일자리가 자동화·지능화 기술로 대체될 경우, 장기적으로 일자리 문제를 심화시키고 결국 사회의 큰 문제로 떠오를 것으로 보입니다. 한편, 저는 직업영역 중 인간성이 중요하고 필요한 영역이 교사라고 생각했는데 최근에 본 뉴스에서 AI 교사가 나왔다고 합니다.[23] 완전히 교사를 대체할 수는 없겠지만 교사의 영역이 줄어들 수 있겠다는 생각도 들었어요.

임지영　그리고 맥도날드에 가서 사람한테 주문해 본 기억이 최근에 거의 없는 것 같기도 하고요. 저는 최근에 이마트를 가면 무조건 무인 계산대로 가요. 주류 계산할 때만 사람이 있는 계산대에 가서 얼굴과 신분증을 확인하고 19세 이상이라는 것을 증명해야 하는데 그 외에는 진짜 인간이 필요 없어지는 게 너무 많더라고요.

임현진　그런데 사실 그 부분도 공항에서 쓰는 자동 출입국 시스템을 도입하면 가능한 것 같아요.

장지은　맞아요. 티켓팅과 음식 주문이 요즘 무인으로 많이 바뀌고 있죠.

임현진　제가 얼마 전에 영화관에 갔는데, 직원이 팝콘을 팔다가 알림이 오면 티켓을 발급해 주더라고요. 예전에는 영화관에서 티켓과 팝콘 판매가 분리되었는데 이제 인력이 완전히 줄어들어서 업무를 합치게 된 것이죠. 그리고 제가 2018년 여름에 샌프란시스코 여행을 하면서 재미있는 광경을 봤어요. 어느 건물 안에 로봇이 직접 에스프레소 기계를 내려서 커피를 판매하더라고요. 이제 카페도 다 무인으로 대체될 수 있겠다는 생각이 들었어요. 그런데 그 로봇은 얼음이 든 찬 음료는 못 만들더라고요. 뜨거운 음료만 가능했는데 아직 기술력이 거기까지는 안 왔나 봐요. 그것도 너무 재미있어요.

윤성혜　인간과 상생하기 위해서 할 수 있지만 일부러 안 해 주는 거 아닐까요? (웃음)

미국 최초의 무인 로봇 카페[24]

샌프란시스코에 무인 로봇 카페가 생겨나기 시작했다. 주문은 매장 내 아이패드나 전용 앱으로 가능하며, 앱으로 미리 주문하면 기다릴 필요가 없다. 원두도 취향에 따라 선택이 가능하며 유기농 우유나 시럽 추가도 할 수 있다. 에스프레소부터 플랫 화이트까지 제조가 가능하다. 기기 한 대가 시간당 120잔의 커피를 만들 수 있으며 금액은 2.25달러부터이다.

미래에 생겨날 직업

윤성혜   그래서 이런 변화를 민감하게 받아들이시는 분들은 '대규모 실업이 예고된 것이 아닌가'라고 하는 걱정을 많이들 하고 계시죠. 실제로 실업률이 높아질 것이라는 전망을 많이 하는 것 같아요. 지금처럼 이렇게 세계화되고 기술이 가속화되는 경우에 2020년부터 2050년까지 십 년 단위로 실업률이 어떻게 변화할 것인지 예측치를 살펴봤더니, 2020년은 11%, 2030년은 16%, 2040년은 20%, 2050년은 24% 이런 식으로 계속해서 실업률이 증가할 것이라고 예측합니다.[25] 실업률이 높아진다는 것에 대해서 어떻게 보시나요?

임현진   한편으로는 그만큼 인구 출생률이 줄어들고 있어서 상쇄되지 않을까 싶기도 해요. 신규 고용 창출 비율이 굉장히 많이 줄어들고 있다고 하지만 저출산 또한 급속도로 진행되고 있어서 데이터를 비교해 보면 과거와 큰 차이가 없을 것이라는 얘기도 있더라고요.[26] 어떻게 될지는 모르겠지만 미래의 많은 부분을 기계가 대체할거라는 생각은 드는데 한편으론 그만큼 인간만이 할 수 있는 직업들이 또 새로 창출되지 않을까 하는 생각도 들어요.

윤성혜 맞아요. '실업이 야기되니까 우리가 기술 발전을 늦추자' 이런 식으로 갈 수는 없는 거잖아요. 기술이 단순한 노동들, 그리고 이제 단순하지 않은 것까지도 대체하고 있는 이 흐름을 거스를 수가 없기 때문에, 정말로 기계가 하지 못하는 영역들을 찾고 그러한 영역들을 개발해 나가는 노력을 해야 되는 것 같아요.

장지은 사실은 굉장히 어려운 문제이긴 하죠. 젊은 세대들은 가능할지 모르겠지만, 고연령층은 그런 것들이 굉장히 서툴고 어려우니까요. 이제 와서 새로운 것을 학습하거나 대비해야 한다는 사실에 대해 막연한 두려움이나 어려움 같은 것들이 있어요. 인식이 열리는 것도 쉽지 않고요. 그렇다고 해서 아까 성혜님이 말씀하신 것처럼 기술 발전을 강제로 중단하기는 쉽지 않죠. 기술은 계속 발전하는데 사회가 그것을 받아들이지 못하거나 거부하는 것도 바른 방향은 아니고요. 좋은 대안을 서로 잘 찾아 나가는 것이 필요한데, 사실 무척 어려워요. 전문가들은 사라지는 직업만큼 새로운 직업이 많이 생겨날 거로 예측하죠. 하지만 사라지는 직업은 어느 정도 예측이 되는데, 새로 생겨날 직업들은 예측하기가 조금 더 어려워요. 그리고 그러한 예측도 지식인들이나 고소득 집단 사이에서 훨씬 활발하게 이루어진다는 것이죠. 실제로 기술 발전 등으로 일자리가 대체되면서 직업을 잃게 되는 집단에서는 오히려 그러한 예측이 잘 이루어지지 않고요. 선제 대응이 어려우니 문제를 정확하게 이해하고 해결하는 것이 더 어려워요. 그래서 저는 고연령층 또는 사라질 것으로 예측되는 직업의 종사자들을 위한 다양한 교육이 필요하다고 생각해요. 그런 점에서 평생 교육이 다시 강조되는 시점이고요. 저는 이 부분이 가장 시급한 문제라고 생각해요.

윤성혜 불균형이 굉장히 큰 거죠.

임현진 평생 교육 차원에서 미래 일자리의 변화로 예측이 되는 IT 전문 인력들의 수요를 맞추기 위해 국가적으로 '에꼴 42'와 같은 프로젝트를 통해 전문 인력을 양성한다고 해요.[27] '어떤 직업들이 필요하고 새로 생길까'에 대해 예측하고 준비하는 것이 중요한 시점인데 이와 관련한 기획 기사를 하나 소개해 드리려고 해요. 2018년 9월에 나온 기사인데 제목이 '알아두면 쓸모 있는 신기한 잡(job)', 줄여서 '알쓸신잡'이에요.[28] 직업의 분야를 총 12가지 우주항공, 유통물류, 농업업, 의료, 소프트웨어, 로봇, 자동차, 에너지, AR/VR, 양자암호, 블록체인, 인공지능으로 나누었고, 분야별 기대되는 일자리, 새로 생겨날 일자리들을 예측했어요. 먼저 우주항공 쪽에서는 막연히 상상만 했던 우주여행이 가능할 것이라는 얘기가 구체화되면서 항공 우주선 도킹 도선사가 필요할 것이라는 예측이 나오고 있어요. 지난 평창 올림픽에서 드론 1,000여 대가 하늘을 수놓았을 때 엄청나게 멋있었던 것 기억하시나요? 그런 퍼포먼스를 기획하는 직업들이 확대될 수도 있습니다. 블록체인에 대해서도 관심이 많으실 텐데 암호화폐가 더욱 상용화된다면 그 분야의 애널리스트들이 나올 수도 있고 그 기술에 특화된 자산 감정사도 생겨날 수 있다고 합니다.

에꼴 42 Ecole 42
프랑스 파리의 민간주도 컴퓨터 프로그래밍 교육 기관으로, 2013년에 개교하였다. 교재, 학비, 가르치는 역할을 하는 교수가 없는 3無 학교라는 것이 특징이며 학생들은 동료와 함께 주어진 프로젝트를 완수하면서 학습한다.[29]

윤성혜 지는 그런 예측들을 의미 있다고 생각하면서도 한 가지 경계해야 되겠다고 생각하는 부분이 있어요. 예를 들어서 중학생 자녀를 둔 학부모로 가정해 볼 때, 어떤 일자리가 유망할지를 찾아보고 자녀에게 '이제 블록체인 애널리스트가 되렴', 이런 방식의 진로 지도는 경계했으면 좋겠어요. 왜냐하면 그 중고등학생들이 대학을 졸업할 시점에 '여전히 그 직업이 유망할 것인가?'라고 하면 결코 장담할 수 없다고 봐요. 미래에 대해서 우리가 예상해 보고 대처할 수는 있지만 점쟁이에게 묻듯이 '그래서 우리 아이가 무엇을 하면 될까요?' 이런 식의 접근으로는 가지 않았으면 좋겠어요.

임현진 그런데 어떤 직업이 없어지거나 새로 생겨날 것인가라는 논의와 전혀 다른 차원의 이야기도 나오고 있어요.

윤성혜 네. 실업에 대해서 걱정을 하는 것과 다르게 앞으로는 생계를 유지하기 위해서 일할 필요가 없다고 하는 굉장히 낙관적인 전망도 있어요. 18세기에는 미국 기준으로 97%의 사람들이 농업에 종사를 했대요. 그런데 지금은 2% 정도로 줄었다고 하더라고요. 그러니까 95%만큼의 고용 인구가 농업 인구에서 빠져나간 거죠. 그럼에도 불구하고 먹고 사는 문제를 걱정하진 않잖아요. 불균형은 물론 있지만요. 종사하는 인구는 줄었지만 생산성이 높아진 거죠. 마찬가지로 생산 전체가 생산성이 높아질 것이기 때문에 앞으로는 생계를 위해서 일하는 것이 아니라, 창조성을 발휘하는 것에서 즐거움을 느끼거나 혹은 자아실현을 위해서 일을 하게 될지도 모른다고 하는 전망을 하기도 해요. 『세계 미래 보고서 2030-2050』라는 책에서의 전망은 2040년에 부유한 국가에서 기본 소득이 보장될 것이고, 2050년에는 대부분의 국가에서 기본 소득을 보장하게 될 것이라고 했어요. 왜냐하면 기계로 인해서 인간이 노동하지 않아도 모두가 누릴 수 있을 만큼의 생산성이 된다고 예측하든요. 어떻게 생각하세요?

임지영   저는 그렇게 될 것이라는 데는 동의하는데요. 다만 한 가지 짚고 넘어가고 싶은 부분이 있어요. 미래가 그렇게 될 것이라고 해서 진통이 없을 거라고 생각하는 것은 절대 아니고, 분명히 진통은 엄청 크게 있을 것 같다는 점이에요.

윤성혜   그렇죠. 지금도 느끼고 있어요.

임지영   아까 말씀하셨던 산업 사회, 18세기 사회가 20세기 사회로 변했을 때 겪은 진통보다 더 클 거라고 생각하고 있어요. 다만 그런 미래는 분명히 올 것이고 저는 40년보다 더 일찍 올지도 모른다는 생각도 해요.

윤성혜   그래서 제도가 빨리 따라가 줘야 할 것 같아요. 사실은 그 진통에서 경험하게 되는 대부분의 피해는 자본가가 아닌 사람들이 겪게 되는 거잖아요.

장지은   하지만 아직도 개발도상국에서는 생계유지가 어려워 기아에 시달리고 굶주려 죽는 아이들이 많죠. 이런 심각한 불균형은 4차 산업혁명 시대에 남아 있는 중요한 과제라고 생각해요. 반면 동의하는 부분은 사람들의 의식이 정말 많이 달라졌다는 부분이에요. '어떻게 하면 행복할까?, 어떻게 하면 내가 좋아하는 일을 하면서 살 수 있을까?, 내가 어떤 일을 할 때 가장 만족감을 느끼는가? 어떻게 하면 좋아하는 일을 하면서 돈을 벌 수 있을까?' 등을 고민하기 시작했다는 생각이 들어요. 특히 요즘 대학생들이 이러한 의식이 매우 높아졌어요. 자기 자신을 사랑하는 마음도 돌아볼 줄 알고 스스로 문제가 있다고 느껴지면 심리 치료를 받아야 한다는 의식도 높고요. 그래서 실제로 교양 과목 중에서 마인드셋이나 행복에 관한 강의들은 등록하기가 정말 어렵대요. 실제로 대학생들과 대화해 보면 그런 의식 자체가 굉장히 높아졌다는 생각이 들어요.

윤성혜 저도 그게 정말 중요하다고 생각해요. 저는 사회적 지위를 바라며 입시 경쟁에서 살아남자는 부모의 욕심은 경계해야 된다고 생각하거든요. 미래직업에 대해서 논의하는 것도 마찬가지에요. '미래에 뭐가 유망할 거니까 너 그거 해야 돼' 이런 접근이 아니라, 정말로 나의 내면을 돌아보는, 내가 무엇을 할 때 행복한 사람인가를 돌아보는 것이 중요하다고 생각하고 그것이 앞으로 진로교육의 방향성으로 자리 잡았으면 좋겠습니다.

임현진 여기에 덧붙여서, 기계가 인간이 할 일을 많이 대체하면서 인간의 노동 시간이 단축될 것이라는 예측들이 있어요. 그렇다면 많은 부분의 여가 시간이 남는데 '과연 그 시간을 어떻게 보낼 것인가?'가 새로운 화두가 되더라고요. 앞으로 미래직업을 고민하면서 미래에 여가 시간을 어떻게 하면 행복하고 의미 있게 보낼 것인지 고민하는 것도 중요하다고 생각합니다.

윤성혜 그리고 일하는 방식에 있어서도 행복하게 일하기에 대한 고민들을 같이 하면 좋을 것 같아요. 이제는 직장이 고정되지 않고 여러 가지 프로젝트마다 바뀌면서 일을 하는 경우가 많아질 것이라 예측하죠. 사실 제가 그렇게 일을 하고 있고요. 그래서 최근에 유행하는 것이 '치앙마이 한 달 살기' 같은 것이잖아요. 왜냐하면 물리적인 위치가 바뀌더라도 일을 할 수 있는 사람들이 많아지고 있기 때문입니다. 그런 경우를 디지털 노마드라고 해요. 그런 문화도 최근의 새로운 트렌드라고 할 수 있습니다.

디지털 노마드[30]
업무에 필요한 노트북이나 스마트폰과 같은 각종 디지털 기기, 인터넷, 작업 공간만 있으면 시간과 장소에 구애받지 않고 일할 수 있는 사람을 일컫는 말로 프랑스 경제학자 자크 아탈리가 1997년 『21세기 사전』에서 처음 사용하였다.

임지영 제가 미래직업에 대해서 제조업에 종사하고 있는 친구와 얘기를 해 보니 다른 시대의 사람과 얘기를 하는 기분이 들었어요. 이 친구는 자동차 부품 회사에서 일하는데요. 기계가 인간을 완전히 대체할 것이라는 것에 대해서 완전히 부정하더라고요. 심리적인 거부 수준이 아니라 "그건 불가능해"라고 말하는 거예요. 이 친구의 논리는 기계로 대체하면 공장의 유연성이 없어지기 때문이라는 거죠. 유연성은 사람이 일할 때에만 발휘할 수 있기 때문에 절대로 대체할 수 없다고 생각하더라고요. 예를 들어 갑자기 예측하지 못한 문제가 발생했을 때, 인간은 창의성을 발휘해서 해결할 수 있지만 기계는 정해진 대로만 일하기 때문에 문제를 해결할 수 없다는 것이죠. 하지만 사실 인공지능, 특히 머신 러닝[31]을 이야기하는 사람들은 기계가 오히려 인간이 예측하지 못하는 수많은 변수들을 미리 예측하고 해결하는 시대가 올 것이라고 생각하기도 하죠. 그래서 저는 친구 이야기를 들으면서 사람들이 갖고 있는 미래에 대한 생각, 태도의 차이가 너무 크다는 생각이 들었어요.

> **머신 러닝 (machine learning)[32]**
> 다양한 형태로 끊임없이 생성되는 방대한 데이터, 즉 빅데이터를 수집, 분석해 미래를 예측하는 기술을 의미한다. 컴퓨터가 스스로 데이터를 수집하고 학습하는 것이 핵심적이며, 인공지능의 한 분야이다.

윤성혜 저희는 교육을 업으로 삼는 사람들이니까, 변화하는 사회에 잘 적응하기 위한 교육도 고민을 해야 될 것 같아요. 아이들을 위한 교육 혹은 나이가 많은 사람들을 위한 재교육의 측면에서도 그런 부분을 고민해야 되는 것이 아닌가 싶습니다.

임현진   네. 저도 현재 중요한 직업 교육 쪽으로 얘기를 하고 싶었어요. 젊은 세대들은 앞으로 어떤 변화가 있을지 예측을 하면서 IT 교육도 받고 준비를 하는데, 시니어 대상 일자리 교육은 상대적으로 아직 많이 빈약하더라고요. 그래서 대부분 서비스 업종으로 진로 교육, 재취업 교육을 하고 있지만 이제는 서비스의 많은 부분이 로봇으로 대체가 된다고 해요. 그렇다면 과연 시니어 세대들은 어디로 갈 것인가, 시니어 세대를 위한 일자리는 무엇인가에 대해서 사회적으로 더 많은 논의와 준비가 필요하다는 생각을 합니다.

장지은   저도 너무 동의해요. 시니어를 대상으로 하는 변화된 직업에 대한 교육, 은퇴 후 일자리 교육, 사라질 것으로 예측되는 직업군에 종사하는 사람들을 위한 교육이 아주 중요하고 시급하다고 생각해요. 우리가 뒤에서 새로운 세대의 학생들을 위한 다양한 미래교육에 대해서도 다루겠지만 학생들을 위한 미래교육은 전 세계적으로 빠른 속도로 발전하고 있어요. 글로벌 대기업들이 앞 다투어 투자하고 있고요. 반면 고령자를 위한 교육은 그렇지 않죠. 무인화 티켓 발권과 주문 시스템은 빠르게 확장되고 있지만, 그 앞에서 어떻게 사용하는지 몰라 서성이는 노인들을 쉽게 볼 수 있어요. 고령자를 위한 기본 교육과 더불어 기술의 발전으로 본의 아니게 자격을 박탈당하거나 일자리를 잃게 되는 분들에게 직업 교육을 실시하는 것이 중요하다고 생각해요.

윤성혜   저희는 왜 이렇게 할 일이 많을까요? 왜 이렇게 다 제 어깨 위에 있는 거 같죠? (웃음) 차근차근 이야기를 나눠 봅시다.

03

미래대학의 모습: 미네르바 스쿨

4차 산업혁명 시대, 새로운 대학이 등장한다

#미래학교 #미네르바 스쿨 #캠퍼스 없는 대학

미네르바 스쿨

윤성혜   오늘의 주제는 캠퍼스가 없는 대학, 미네르바 스쿨(Minerva Schools)에 대해서 소개하고 토론하는 시간을 가져 볼까 합니다.

장지은   요즘 뜨거운 화제인데요. 많은 방송사들이 미네르바 스쿨을 주제로 한 방송을 방영하기도 했죠.

윤성혜   맞아요, EBS[33], KBS[34]에서 다큐멘터리를 방송하면서 더욱더 이슈가 되고 있는 대학입니다. 이 대학에 들어가기가 그렇게 어렵다고 하더라고요.

임지영   검색 포털에 미네르바 대학을 검색하면 '하버드나 아이비리그(Ivy League)보다 들어가기 힘든 대학'이라는 기사 제목이 많이 나오더라고요.

장지은   또한 놀라운 것은 이 학교가 2014년에 생겼는데 4~5년 만에 아이비리그와 어깨를 나란히 하는 대학으로 급성장했다는 것이죠.

윤성혜   맞아요. 이 학교가 4년제인데, 심지어 만들어진 지 2년이 된 시점인 2016년 통계에서 합격률이 1.9% 정도밖에 안 된다고 나오더라고요.[35]

장지은   네, 2016년 합격률이 하버드가 5.2%, 예일이 6.2%, 스탠포드가 4.7%였대요. 이렇게 비교해 보면 미네르바 스쿨이 아이비리그 대학들보다 들어가기 훨씬 더 어려운 대학이 되어 버렸어요.

임지영   숫자로 더 강조해 보자면 2016년에 306명을 선발했는데, 그 해에 지원한 인원만 1만 6,000여 명이었어요.

미네르바 스쿨의 특징 1
: 전 세계에 기숙사가 있지만 캠퍼스는 없는 학교

임현진   어떤 분들에게는 들어본 적도 없는 학교일 텐데 이렇게 입학하기 어렵다니, '도대체 왜?'라는 부분이 궁금해지실 것 같아요. 어떻게 미네르바라는 학교가 탄생했고, 왜 세계적으로 인정받고 있는지를 말씀드려야 할 것 같아요.

장지은   기숙사를 옮겨 다니는 것이 미네르바 스쿨의 제일 큰 특징 중 하나죠. 캠퍼스는 없지만, 학생들이 함께 모여 사는 기숙사가 전 세계에 있고, 학생들은 전 세계를 돌아다니는 거예요. 지금은 일곱 개의 도시에 기숙사가 있고, 거기에 우리나라도 함께 포함되어 있죠. 그래서 우리나라가 미네르바 스쿨에 조금 더 관심을 두는 이유인 것 같기도 해요. 실제로 우리나라 학생들도 입학해 있고요.

임현진   기숙사가 있는 일곱 개의 도시는 미국의 샌프란시스코, 독일의 베를린, 아르헨티나의 부에노스아이레스, 한국의 서울, 인도의 하이데라바드, 영국의 런던, 대만의 타이페이라고 합니다.

장지은   그리고 이런 기사도 봤어요. 보통 우리가 흔히 아는 아이비리그 대학에서는 미국인이 아닌 민족, 인종이 20% 정도밖에 안 된대요. 그런데 미네르바 스쿨은 미국인이 아닌 국제 학생의 숫자가 80%가 넘는대요.[36] 다양한 세계의 인재들을 모아 놓은 매력적인 곳이에요.

임지영   미네르바 스쿨의 여러 교육 목표 중에 세계시민 배양이라는 것도 있더라고요.

윤성혜   미네르바 스쿨에 두 명의 창립자가 있는데, 벤 넬슨(Ben Nelson)과 스티븐 코슬린(Stephen M. Kosslyn)이에요. 벤 넬슨은 전 IT 기업 CEO 출신이고, 스티븐 코슬린은 하버드 대학교 학장 출신이에요. 미네르바 스쿨에 대해 다룬 다큐멘터리에서 스티븐 코슬린이 한 이야기가 인상 깊었는데 "우리가 전통적으로 학교에서 가르쳤던 것 중에 학생들한테 필요 없는 게 있다. 바로 시험 보는 능력이다"라는 말이었어요. 지금의 학교들은 시험 보는 능력을 굉장히 잘 훈련시키고 있잖아요. 그런데 시험 보는 능력은 졸업하고 나면 아무 쓸모가 없다는 거예요. 그래서 이런 능력이 아니라 실제 우리가 공동체 안에서 살아가는 데 필요한 역량을 키워 주자고 하는 것이 이 두 분의 생각이었던 것 같아요.

장지은 그래서 기숙사를 옮겨 다니면서 다양한 문화의 실제 세계와 접촉할 수 있도록 하고요. 세계에 존재하는 실제적인 문제들을 찾아 해결해 나가고, 지역 사회와 커뮤니케이션 할 수 있는 프로젝트들을 매 학기 이어 나가고 있다고 하죠.

임현진 한편으로는 대학에 캠퍼스가 없는데 굳이 기숙사는 왜 있어야 하냐고 생각하실 수도 있을 것 같아요. 그런데 이 대학의 가치가 사회와 소통하고 상호작용하는 능력을 배양하는 것이기 때문에 학생들을 전 세계를 돌아다니면서 함께 지내게 함으로써 세계 속에서 타 문화의 가치들을 제대로 이해할 수 있도록 하는 것이 기존 대학과의 차이점이라고 말할 수 있을 것 같습니다.

임지영 저는 다큐멘터리에서 미네르바 스쿨에 다니는 학생의 인터뷰가 굉장히 기억에 남았어요. "세계 각지에서 온 학생들과 함께 새로운 문화 속에서 공부한다는 것이 너무 매력적이다"라고 이야기하더라고요. 그런 매력에 저도 많이 공감했고, 학생들이 왜 미네르바 스쿨에 매력을 느끼는지 알 수 있었습니다.

임현진 미네르바라는 단어 자체가 미네르바 스쿨의 융합이나 세계시민의식의 가치를 잘 말하는 것 같아요. 미네르바는 지혜와 기술을 주관하는 로마의 신으로, 그리스 신화의 아테네 여신이래요. 트로이 전쟁 때 그리스 편에서 섰다가 나중에는 로마의 수호신이 되었다고 해요. 로마와 그리스의 전쟁에서 그리스 편을 들었던 여신인데 로마의 수호신이 되었다는 것이 놀랍죠? 로마는 다른 사람의 지혜와 덕을 자신들도 갖춰야 한다는 생각으로 오히려 미네르바를 수호신으로 삼았다고 합니다. 지혜와 기술이라는 어원을 가진 미네르바가 계속 남을 수 있었던 것은 로마인의 열린 마음 덕분이죠. 이처럼 미네르바가 로마인이 타문화를 받아들여서 그 가치가 계승되었다는 측면에서 세계시민의식을 의미하기도 하고 융합을 중요시하는 미네르바 스쿨의 학풍을 상징하고 있다고 해석할 수 있어요.

미네르바 스쿨의 특징 2
: 실시간으로 온라인에서 이루어지는 수업

임현진 캠퍼스, 즉 교실이 없기 때문에 학생들은 온라인으로 공부를 하게 되죠. 그런데 온라인으로 동영상 강의를 일방적으로 보는 형태가 아니라, 실시간으로 온라인에 접속해서 교수와 동시적으로 상호작용을 하는 형태입니다.

장지은 네. 일반적인 인터넷 강의와 사이버대학과 다른 점이 '실시간'에 있어요. 수업 전에 영상 강의를 미리 듣거나 논문이나 책을 읽고 와서 수업시간에는 토론을 하는 플립러닝 형태로 진행되는데요. 토론이 웹상에서 실시간으로 다 같이 진행되는 거예요. 저는 이렇게 토론하는 모습이 아주 인상 깊었어요. 다른 지역, 다른 나라에 있는 교수자와 학습자들이 모두 웹상에서 서로 얼굴을 보면서 토론을 해요. 누군가가 이야기하고 있으면 그 사람이 말하고 있다는 표시가 되고요. 토의에 참여를 많이 한 학생에게는 교수자가 확인할 수 있는 빨간색 배경이 표시되고, 조금 덜 참여하거나 대화의 수가 적은 학생들은 초록색 배경이 표시돼요. 그래서 교수자는 퍼실리테이터(facilitator, 촉진자)로서 참여가 저조한 학생들을 지목해서 의견을 묻는 방식으로, 적극적으로 토론에 참여할 수 있도록 이끌어 나가는 것이 가능하죠. 이외에도 토론에 적극적으로 참여할 수 있는 다양한 기능이 제공되는데요. 다른 사람 의견에 동의 여부 등의 의사 표현이나 실시간 감정 표현을 할 수도 있어요. 또한 실시간 투표 기능과 그래프 기능, 협력 문서 기능 등의 다양한 실시간 의사소통 기능이 제공되더라고요.

미네르바 스쿨 온라인 플랫폼

실재감(presence)

실재감이란 '어딘가에 존재하는 느낌 또는 지각(sense of being there)'을 의미한다.[37] 실재감은 주관적인 인식이기 때문에 실제로 존재한다는 실재(眞在)와는 차이가 있다. 같은 장소에 있더라도 실재감은 낮을 수도 있다는 것이다. 반대로 가상공간에서 이루어지는 학습의 경우, 비록 물리적으로 다른 장소에 있더라도 실재감이 높도록 설계하는 것이 중요하다.

임지영 '실재감'이라는 것을 온라인 교육에서 많이 이야기하는데요. 학생들의 얼굴을 실제 화면으로 보면서 이루어지는 실시간 의사소통은 단순히 동영상 강의를 보는 것에서 혁신적으로 벗어나 실재감을 느낄 수 있도록 하는 형태라고 생각할 수 있겠네요.

장지은   그리고 미네르바는 협력 오피스 프로그램들을 적극적으로 활용한다고 해요. 토론을 하거나 문서를 만들어 나가는 과정도 실시간 협력으로 이루어질 수 있고요. 온라인 수업을 100% 녹화해서 학생들이 개별적으로 복습할 수도 있어요. 최근에는 교육 트렌드가 '동영상'에서 '실시간'으로 변화하고 있는 것 같아요.

임현진   미네르바 스쿨이 이렇게 실시간으로 교육을 할 수 있었던 이유는 그들의 교육 철학을 바탕으로 커리큘럼과 운영방식이 만들어졌기 때문이에요. 미네르바 교육 철학의 큰 축으로 적극적인 상호작용이 존재하고, 대학을 설립하는 단계부터 상호작용을 위한 교육 플랫폼을 만드는 데 굉장히 많은 노력을 기울였다고 합니다. 그래서 이러한 가치를 근간으로 온라인 상호작용을 지원하는 미네르바 포럼(Minerva Forum^{TM})이라는 교육 플랫폼이 탄생했어요.

장지은   온라인을 기반으로 학습하다 보면 인간 대 인간의 경험이 너무 부족해지는 것이 아닌지에 대한 의문을 제기하는 사람들도 있더라고요. 미네르바 스쿨에서는 그런 점을 보완하기 위해서 기숙사 제도를 운용하는 것이죠. 기숙사에서 학습자들은 서로 면대면 소통을 할 수 있어요. 앞으로는 미네르바 같은 대학이 미래대학의 형태가 될 것으로 예측하죠. 반면 여전히 이러한 형태의 대학은 인간의 면대면 의사소통 능력을 점점 더 부족하게 만들 것이라는 의견도 있어요.

미네르바 스쿨의 특징 3: 비교적 저렴한 학비

장지은   많은 학생이 미네르바 스쿨에 매력을 느끼는 이유가 있을 것 같아요. 잘 만들어진 상호작용 온라인 플랫폼이나 기숙사가 한 학기마다 전 세계를 돌아다니면서 다양한 문화를 학습할 수 있다는 사실이 매력이 있었을 것 같아요. 또 매력적인 점은 우수한 교수진에 비해 학비가 다른 아이비리그의 3분의 2 정도밖에 들지 않는다는 것입니다. 캠퍼스가 없는 것이 학비를 절감할 수 있는 큰 이유가 된 것이죠.

임현진   맞아요. 미국은 학비가 한국에 비해 최소 두세 배 이상이고 아이비리그 같은 명문 사립대는 열 배 정도까지 정말 많이 들어요. 그런데 아이비리그의 절반 정도의 학비로 아이비리그 이상의 교육을 제공해 주니까 미네르바 스쿨에 모이게 되는 것 같아요.

임지영   미네르바 스쿨의 수업료는 2017년 기준으로 1년에 1만 2,500달러, 우리나라 돈으로 1,400만 원 정도 된다고 해요. 교통비, 기숙사비, 교재비 이런 것들을 다 포함해서 2만 9,450달러, 한화로는 1년에 3,300만 원 정도가 들어간다고 합니다.[38]

윤성혜   상대적으로 저렴하다고는 해도 여전히 학비가 부담스러운 사람들이 있잖아요. 특히나 이 미네르바 스쿨은 전 세계에서 학생들이 오다 보니, 세계경제의 국민소득 차이에 따라 어떤 학생들에게는 부담스러운 금액일 수 있는데요. 그런 경우에는 장학금 제도를 활용해 볼 수 있습니다.

임현진 미네르바 스쿨이 큰 투자를 받고 시작된 학교여서 자본력이 있기 때문에 학생들에게 그만큼 투자를 할 수 있는 것 같아요. 그리고 캠퍼스가 없다는 점이 큰 장점인데, 예를 들어 캘리포니아 샌프란시스코에 대학교 건물을 세웠다면 그 지역의 부동산이 워낙 비싸기 때문에 돈이 많이 들어갔겠죠. 그런데 그 비용을 교육의 질을 높이는 데 사용하기 때문에 학비 운영이 효율적이죠.

미네르바 스쿨의 특징 4: 융합적 수업

윤성혜 미네르바 스쿨에는 우리가 흔히 생각하는 전통적인 학문영역에 해당하는 전공은 없다고 하더라고요. 문제를 해결하기 위해서, 관련된 다양한 학문들을 통섭적으로 배울 수 있다고 들었습니다.

임지영 전공 자체가 없는 것은 아니고요. 전공 분야가 다섯 가지이고, 각 전공별로 여섯 가지 세부 코스가 있다고 합니다. 예술/인문, 컴퓨터과학, 자연과학, 사회과학, 경영 이렇게 다섯 가지 분야라고 해요.

장지은 그리고 전공을 3학년 때 정한대요. 지영님께서 말씀해 주신 것처럼 전공이 있긴 하지만 처음에는 통합적으로 공부하고요. 3학년 때 전공을 정하는데 일반 대학의 전공과는 다르게 융합을 기반으로 하는 전공들이라고 해요.

임현진   그리고 1학년 때 필수적으로 들어야 되는 과목들은 과학과 인문학이 융합되어 있는 과목이래요.

임지영   제가 한국교육학술정보원에서 나온 보고서를 하나 봤는데, 거기에 재미있었던 부분을 읽어 드릴게요. "미네르바 스쿨에서는 수학 또는 생물학과 같은 전통적인 과목을 가르치지 않으며 어떠한 내용을 가르치기보다는 비판적 사고력을 기를 수 있는 세미나 코스로 수업을 설계하여 운영한다. 예를 들어 역사학 수업 대신 역사적인 트렌드 분석 클래스를 운영한다." 이렇게 되어 있더라고요.[39)]

임현진   역사 교육이 주로 역사적 사실들을 이해하고 암기하잖아요. 그런데 역사적 사실 그 자체에 집중하는 것이 아니라, 그 안에서 토론하고 분석하는 능력까지 키운다는 것이 굉장히 인상적이네요.

미네르바 스쿨의 특징 5: 교수자의 역할

윤성혜 2017년에 서울에서 열렸던 이러닝 코리아 컨퍼런스(e-Learning Korea 2017)에 미네르바 스쿨 창립자인 벤 넬슨이 왔었는데, 강연 영상이 온라인에 공유되어서 보게 되었어요.[40] 기억에 남는 부분이 미네르바 스쿨에서는 교수에게도 다른 대학과는 다른 역량을 요구한다고 해요. 우리나라에서 교수를 임용할 때는 얼마나 우수한 논문 실적을 가지고 있는지 연구 역량을 위주로 보잖아요. 미네르바 스쿨은 교수를 뽑을 때도 논문 실적이 기준이 되지 않고 잘 가르칠 수 있는 사람인가에 중점을 두고, 채용 이후에는 어떻게 가르쳐야 하는지를 많이 훈련한다고 해요. 예를 들어 교수가 너무 말을 많이 하면 안 되고, 최대한 학생들에게 발언권을 주는 것을 강조한다고 하더라고요.

임지영 우리나라는 교수 평가를 할 때에도 연구 실적이 중요하고, 어떤 경우에는 교수법 세미나 같은 데 참석하면 가산점이 있기도 하거든요. 그런데 미네르바 스쿨에서는 실제 수업이 학생의 성취도를 높이는 데 얼마나 기여했는지가 평가에서 중요한 역할을 한다고 합니다.

장지은 다큐멘터리에 보면 교수진들이 너무 훌륭해서 다른 아이비리그 대학들에 붙었지만 미네르바 스쿨을 선택했다고 인터뷰한 학생들도 있더라고요.

임지영 교수자의 역할이 가르치는 사람이 아니라 촉진자의 역할이라고 합니다. 연구도 교수의 중요한 역할이기는 하지만, 미네르바 스쿨에서는 연구보다는 수업을 하는 데 조금 더 초점을 둔다고 해요.

미네르바 스쿨의 특징 6: 소규모 수업

임현진 학생들이 미리 내용을 공부한 다음 수업에 참여하기 때문에 수업시간에는 상호작용이 중심이에요. 교수자나 다른 학생들과 실시간으로 상호작용해야 하기 때문에 대규모 강의가 없고, 한 클래스에 18명 내외로 운영을 한다고 합니다.

장지은 아무래도 토론과 토의를 중심으로 수업이 진행되니까 학생들이 너무 많으면 힘들 것 같아요. 그래서 18명에서 최대 20명 정도로 제한하는 것 같더라고요.

윤성혜 맞아요. 대학에서 수업의 규모가 커지면 소통하는 것이 거의 불가능해지거든요. 저도 수강생이 180명이 넘는 대형 강의를 해 본 경험이 있는데, 그런 환경에서 토론과 토의를 하기는 매우 어려워요. 그런데 미네르바 스쿨은 아무래도 학생 중심의 활동에 초점을 맞추다 보니, 큰 규모로는 진행할 수가 없죠.

미네르바 스쿨의 특징 7: 입학과 평가

윤성혜   미네르바 스쿨에서는 학생을 뽑는 방식도 다르다고 들었어요. 입학 전형 질문들도 참신해요. 몇 가지 사례를 말씀드리면, "기대 수명이 서른 살이라면 당신은 무엇을 할 것인가?", "왜 지혜로운 노인만 있는가, 젊은이는 지혜로울 수 없는가?" 그리고 "'당신이 누군가를 싫어한다면, 그냥 그렇게 살도록 둬라'는 일본 속담에 대한 생각을 말해 보시오" 같은 질문들이 있었다고 해요.[41]

임현진   네. 이렇게 미네르바는 굉장히 고차원적인 사고를 요하는 질문들로 학생들을 선발하고 있다고 해요. 미네르바 스쿨의 입학 기준점이 미국의 수능과 같은 SAT(Scholastic Aptitude Test) 점수가 아니라 질문에 대한 답으로 학생의 역량을 판단한다고 합니다. 그래서 오히려 SAT 준비를 따로 하지 않아도 기본 역량이 충분하다면 바로 입학에 도전할 수 있기 때문에 더 매력적인 것 같아요. 다만 영어는 필수적이고 입학 절차는 전부 영어로 이루어집니다.

임지영   이렇게 어려운 면접 질문들로 선발한 학생들에 대한 평가는 등급을 주는 기존의 방식도 사용하지 않는다고 해요. 실제로 발표, 과제, 프로젝트를 종합적으로 평가해 점수를 주기도 하고요. 제가 한국교육학술정보원 보고서에서 재밌는 것을 찾았는데, 미네르바에서 입학 전에 CLA+ 성취도 평가라는 걸 실시한대요.[42] 기업에서 필요로 하는 문제 해결 능력, 비판적 사고 능력 같은 것에 대한 성취도 평가를 해서 매년 입학 후에도 그것을 평가합니다. 입학부터 졸업까지 정말 실질적이고 중요한 것에 초점을 맞추어 평가하고 공부한다는 것이죠.

미네르바 스쿨을 나온 학생들은
어떻게 대학원에 갈까?

임지영 저는 대학교 교육도 중요하지만, 개인적으로 대학원 교육도 굉장히 중요하다고 생각하는 사람인데요. 그렇다면 미네르바 스쿨을 다니는 학생은 대학원에 어떻게 진학하는지 궁금하더라고요. 그래서 찾아보니 켁 대학원(Keck Graduate Institute)을 운영한다고 해요.[43]

임현진 켁 대학원은 미네르바 시작부터 파트너십으로 함께한 것으로 알고 있어요. 켁은 한국에 잘 알려지지 않았지만 굉장히 높은 수준의 대학원 과정이라고 합니다. 캘리포니아 쪽에 있는데, 일곱 개의 대학과 연합해서 컨소시엄(consortium, 사업 수행을 위한 협력단) 형태로 학위를 운영 한다고 해요. 일곱 개의 대학에서 듣는 모든 과정들은 다 학점이 인정된다고 합니다. 단과대로 유명한 대학들이지만, 단과대의 단점을 보완하기 위해 컨소시엄 형태로 연합하는 것이 미국에서는 흔한 것 같아요. 덧붙여 미네르바 스쿨의 켁 대학원 프로그램으로는 빅데이터를 중심으로 하는 'Science in decision analysis'가 운영되고 있는데, 이것도 굉장히 융합적인 학문인 것 같아요. 의사결정을 하는 데 있어서 다양한 통계 기법뿐만 아니라 인문학적인 통찰력도 필요하잖아요. 그리고 대학원은 비전일제(파트타임)로 운영을 한대요.

미네르바 스쿨을 통해 보는 미래학교의 변화

장지은   미네르바 스쿨이 생겨나면서 미래 대학의 형태에 관한 다양한 쟁점들이 나오고 있어요. 특히 미네르바 스쿨이 부상하면서 '기존의 대학들이 위기를 겪고 있다'라는 리포트들이 계속 나오고 있어요. 실제로 미래학자 토머스 프레이(Thomas Frey)도 2030년 전에 세계 대학의 절반이 사라질 것으로 예측했었죠. 단순히 지식을 습득하는 교육은 붕괴되고, 4차 산업혁명을 기반으로 하는 미네르바와 같은 대학들이 미래 대학의 형태가 될 것으로 예측하는 학자들도 많이 나오고 있어요. 다들 어떻게 생각하시나요?

임현진   저는 무척 공감해요. 사실 미네르바 스쿨이 지금은 아주 혁신적이지만 앞으로는 대학의 형태가 이런 식으로 계속 변할 것 같아요. 최근 국내 대학들도 벤치마킹을 하는 것 같고요.

임지영   저도 굉장히 동의하는데, 미네르바 스쿨 다큐멘터리에서 기억에 남는 인터뷰가 있었어요. 굉장히 유명한 공대 교수였는데, "어차피 우리는 미래에 무엇이 중요하고, 어떤 기술이 활용될지 모른다. 그런데 모르면서 어떻게 가르치겠느냐, 우리는 학생들이 배우는 방법을 스스로 알도록 해야 한다"는 이야기였어요. 저는 이것이 미래학교, 미래대학의 핵심인 것 같아요. 가르치고 있는 사람들조차 앞으로 무엇이 필요해질지 모르는데 어떻게 가르칠 것인가를 생각해 보면, 앞으로의 대학은 바뀔 수밖에 없는 것 같아요.

윤성혜　제가 최근에 본 기사에서 2018년에 고1이 된 학생 수가 지금 우리나라 대학교 정원의 83%밖에 안 된대요.[44] 이 학생들이 모두 다 대학을 가도 현재 대학 정원이 채워지지 않는 거예요. 혁신 대학들 때문에 대학이 위기라기보다는 대학 자체가 위기인 거죠. 이런 대안적인 방법들이 나오지 않았어도 사실 대학들은 심각하게 이 상황을 고민해야 하는 시점이라고 생각해요. 그런 측면에서 교육의 질을 고민하게 되는데, 이러한 시대에 맞는 교육을 어떻게 해 나갈 것인가에 대한 시도를 미네르바 스쿨에서 보여 주고 있는 것 같아요. 이런 것들을 참고로 우리나라 대학들도 교육 방법을 고민해야 하는 시점인 것 같습니다.

임지영　우리가 전에 역량에 대해서 이야기 했잖아요. 거기서부터 지금까지의 이야기가 쭉 이어지는 것 같아요. 앞으로의 교육은 역량 중심 교육이 되어야 하고 앞으로의 대학도 역량 중심이 되어야지 미래를 책임질 학습자들을 육성할 수 있다고 생각됩니다.

임현진　역량은 결국 실제적인 경험을 바탕으로 쌓이죠. 미네르바 스쿨은 온라인으로 교육을 듣기는 하지만 학생들이 한 곳의 지역에 모여서 기숙사 생활을 하잖아요. 그래서 그 지역의 기업과 연계해 산학 협력을 통해서 한 학기 동안 기업의 실제적인 일들을 체험하도록 한다고 해요.

윤성혜　얼마 전에는 우리나라의 SK엔카와 미네르바 스쿨 학생들이 같이 프로젝트를 했대요. 처음 차를 사려고 하는 사람들의 성향을 분석해서, 어떤 차가 좋은지 제안해 주는 서비스를 개발했다고 합니다.[45]

장지은   저도 최근에 뉴스에서 에누마 한국 지사장의 인터뷰를 봤어요. 지사장은 미네르바 학생들의 안목이 매우 높고 믿을 수 없을 만큼 문제의 핵심을 날카롭게 잘 잡아낸다고 평가하더라고요.[46]

임현진   미네르바 스쿨의 학생들은 점점 미래사회가 원하는 인재로 성장하는 것 같네요.

윤성혜   만약 여러분이 학창 시절로 다시 돌아간다고 하면 미네르바 같은 대학을 선택하실 의향이 있으신가요? 현재 나는 미네르바형 인재인지, 미래 변화에 적응할 수 있을지 한 번 생각해 보시는 것도 의미 있을 것 같습니다.

Chapter 02

미래교육, 어떻게 해야 할까?

01. VR & AR
02. 디지털교과서
03. 플립러닝
04. MOOC
05. K-12 에듀테크 사례

01 VR & AR

현실인 듯 현실 아닌 현실 같은 너, VR&AR 활용 교육

#VR #AR #MR #Virtual Reality #Augmented Reality #Mixed Reality

VR Virtual Reality, AR Augmented Reality, MR Mixed Reality 이란?

장지은   오늘은 VR에 대해 이야기해 보기로 했죠? 요즘은 VR의 정의를 정확히 모른다고 해도, VR 카페, VR 게임방, 오락실 등에서 체험해 본 경험이 있거나 간접적으로 많이 보고 들어서 느낌은 다들 알고 계시는 거 같더라고요.

윤성혜   맞아요. 최근에는 예능 프로그램에서도 VR을 체험하는 장면이 많이 나오더라고요.

장지은   가상현실은 VR(Virtual Reality), 증강현실은 AR(Augmented Reality)이라고 부르죠. 그리고 최근에는 혼합 현실을 MR(Mixed Reality)이라고 불러요.

윤성혜   증강현실이라고 하면 '포켓몬고(Pokemon GO)' 게임을 생각하시면 아실 것 같아요. 그때 정말 핫이슈였잖아요. 증강현실은 디바이스를 통해서 보는 현실 이미지에 디지털의 이미지를 합성시켜서 겹쳐 보는 (overlay) 기술이라고 할 수 있어요.

장지은 가상현실은 우리가 컴퓨터로 모델링한 가상 세계 안으로 들어가거나, 촬영된 360°의 가상의 환경 안으로 완전히 들어가는 거죠. 증강현실이 현실 세계와 디지털의 세계를 함께 보는 것이라면, 가상현실은 내가 온전하게 가상의 세계에 들어가는 것을 이야기하는 거예요. 이런 게 어떻게 가능할까요? 바로 우리의 감각 기관을 속여서 만들어 내는 거예요. 우리의 감각 기관이 시각, 후각, 청각, 미각, 촉각이 있잖아요. 그중에 우리는 눈에서 가장 많은 정보를 받아들인대요. 그래서 눈만 완벽하게 속여도 뇌가 속는 거죠. 그런 이유로 그 동안에 빠르게 발전된 대부분의 가상현실의 콘텐츠가 우리의 감각 기관 중에서도 특별히 눈을 속이는 것들이었죠.

MR은 혼합 현실이라고 부르는데요. 앞서 이야기가 나왔던 것처럼 가상현실은 VR, 증강현실은 AR이라고 부르고, 이를 혼합한 현실이라는 의미로 혼합 현실을 MR이라고 부르고 있어요. 또한 촉각, 후각 등 다양한 감각을 동시에 자극하는 실감 콘텐츠도 MR이라고 불러요. VR이랑 AR까지는 최근 많은 사람들이 알기 시작했는데 MR은 아직 잘 모르시는 분들도 있는 것 같아요. 대표적으로는 홀로그램이 있고요. 실제로 우리의 다양한 오감을 자극하는 콘텐츠가 최근 많이 나오고 있습니다. MR 같은 경우는 실제로 우리의 다양한 감각을 완벽하게 속이는 방식으로 발전을 하고 있고, 거기에 더 나아가서 AR과 VR이 혼합되어서 디바이스를 통해서 가상을 보는 것이 아니라, 진짜 현실 안에서 완벽한 가상이 함께 나타나는 형태까지도 발전해 나가고 있어요.

윤성혜 혼합 현실의 정의를 보면 실제 세상에서의 경험과 디지털의 상호작용이 혼합된 경험을 의미하더라고요. 영화에도 이러한 실감현실 콘텐츠가 많이 다뤄지고 있죠? 〈그녀(Her)〉라고 하는 영화에서도 그런 장면이 나왔고요.

장지은   저는 그 영화 두 번 볼 정도로 정말 재미있게 봤어요.

윤성혜   그리고 또 VR 하면 생각나는 영화가 하나 있어요. 〈레디 플레이어 원(Ready Player One, 2018)〉이라는 영화예요. 스티븐 스필버그(Steven Spielberg)의 작품이고 개봉 당시에 흥행을 했었어요. 모든 사람들이 일상적으로 VR 세계에 들어가서 게임에 참여하는 영화였거든요. 이렇게 영화를 통해서도 VR에 대해서 볼 수가 있었죠.

VR, 양안시차의 원리

윤성혜   VR 핵심 원리는 두 가지 정도로 이야기해 볼 수 있는데, 첫 번째 원리는 양안시차예요. 우리가 평소에 왼쪽 눈과 오른쪽 눈이 서로 다른 것을 보고 있기 때문에 그것을 입체로 인식을 하는데요. VR도 왼쪽과 오른쪽 눈에 서로 다른 영상을 보여 주니까 우리가 입체로 인식할 수 있다는 원리입니다.

장지은   양안시차라는 것을 간단하게 테스트해 볼 수 있는데요. 엄지손가락을 앞쪽에 두고 왼쪽 눈을 감았다가 오른쪽 눈을 감았다가 하면, 엄지손가락의 위치가 이동하는 것을 볼 수 있어요. 우리 눈이 서로 다른 위치에 있어서 왼쪽 눈이 보는 세상과 오른쪽 눈이 보는 세상이 다르거든요. 두 개의 눈에 비친 세상의 이미지를 우리의 뇌가 하나로 합쳐서 입체로 인식하는 역할을 하죠. 조금 더 자세히 말해볼까요? 사람의 두 눈은 서로 6.5cm 정도 떨어져 있어요. 그래서 양쪽 눈에 보이는 이미지가 서로 다른 거예요. 이 두 개의 이미지를 시신경이 우리의 뇌로 전달해서 하나의 이미지로 합치는 거죠. 한 가지 테스트를 더 알려 드릴게요. 눈앞에 물건 하나를 두세요. 예를 들면 물병 같은 거요. 그리고 손가락을 중간에 두고 가까운 손가락에 눈의 초점을 맞추면 먼 곳의 사물이 두 개로 보여요. 이번엔 먼 곳의 사물에 초점을 맞춰 보세요. 어때요? 손가락이 두 개로 보이죠?

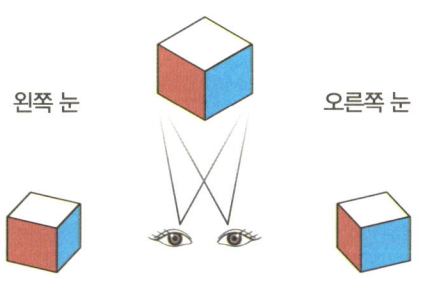

양안시차의 원리

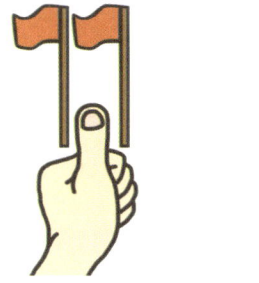 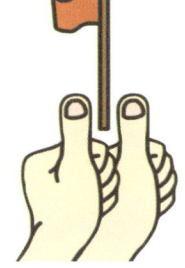

양안시차 실험

장지은 실제로 우리가 디바이스에서 VR 보기를 누르면 화면이 두 개로 나누어지잖아요. 두 개의 화면을 자세히 보면 화면이 서로 조금 다르거든요. 이 두 개의 화면은 양 눈이 보는 위치에 따라서 약간 다르게 되어 있어요. 글씨가 나와 있는 화면을 VR로 보면 명확히 알 수 있는데요. 양쪽 영상에 글자가 잘려져 있는 위치를 보면, 서로 다른 화면이라는 것을 확실히 확인할 수 있어요.

VR, 헤드 트래킹의 원리

윤성혜 두 번째 원리는 헤드 트래킹(head tracking)입니다. VR 기기를 쓰고 고개를 움직일 때 움직이는 방향에 따라 영상이 보이잖아요. 사용자 머리의 움직임을 감지하는 기술을 헤드 트래킹이라고 합니다.

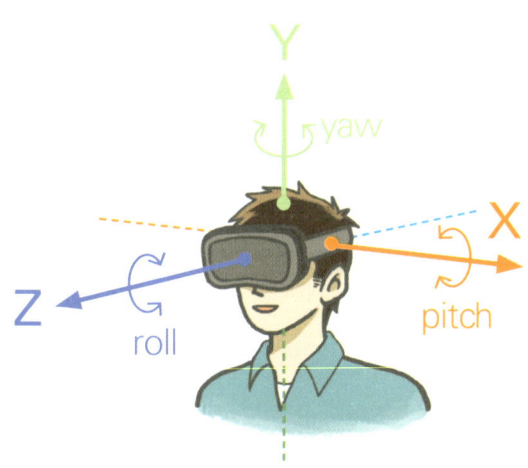

헤드 트래킹 기술

장지은   맞아요. VR 기기의 필수 기능 중의 하나가 머리를 움직이면 화면이 같이 따라오는 헤드 트래킹 기술인데요. 사람이 VR 기기를 쓰고 고개를 움직이면 '자이로 센서'가 x, y, z축으로 얼마나 회전되고 있는지를 감지하고요. 그에 따라서 화면이 이동하게 되어 있어요. 스마트폰에는 이미 자이로 센서가 들어 있고요. 또 최근에는 헤드 트래킹에 더해서 아이 트래킹까지 구현되고 있어요.

자이로 센서(gyro sensor)
방향이 변화하는 것을 감지하는 센서. 기본적으로 회전하는 물체의 운동에 대한 위치와 방향 등을 측정한다.

임현진   VR 카페를 가서 체험을 할 때 보통 고개를 돌려서 방향을 잡아야 하기 때문에 어지러움을 느꼈는데, 아이 트래킹 기술을 통해서 눈으로 방향을 잡을 수 있다면 훨씬 더 편할 것 같다는 생각이 드네요.

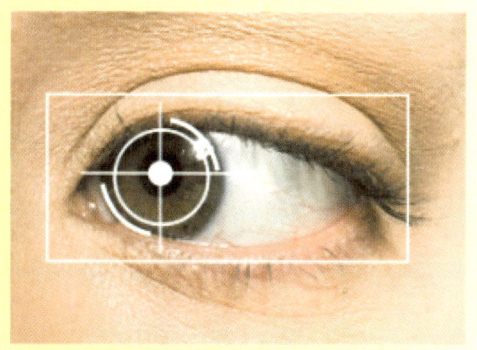

아이 트래킹 기술

아이 트래킹은 눈동자의 위치 또는 시선을 추적하는 기술이다. 응시, 눈의 깜박임 등 특정한 눈 동작을 인식할 수 있다. 이러한 아이 트래킹 기술을 VR에 적용하면 커서 이동과 버튼 선택 등을 자유롭게 조작할 수 있다. 또한, 가상의 캐릭터에 실시간 감정을 반영하는 것이 가능하고, 가상 환경에서 가장 큰 문제인 데이터 처리 방식에 큰 도움을 준다.[47]

VR의 역사

윤성혜 VR 기술이 최근에 많이 상용화되고 있는데, 사실은 예전부터 있었던 기술이라고 들었어요.

장지은 맞아요. 그럼 간략하게 VR의 역사에 관해 이야기를 해 볼까요? VR의 시작은 1956년에 영화 촬영 기사가 개발한 '센소라마'로 거슬러 올라가요. 지금처럼 머리에 쓰는 게 아니고 화면에 머리를 집어넣어서 보는 1인 영화관 같은 것인데요. 이렇게 영화를 3D로 보는 장치가 1956년에 이미 개발되었어요. 그때 벌써 3D 영상은 물론이고 소리랑 진동, 바람 효과까지 사용했어요. 지금의 4D 영화관처럼요. 하지만 영상을 보면서 움직일 수는 없었어요.

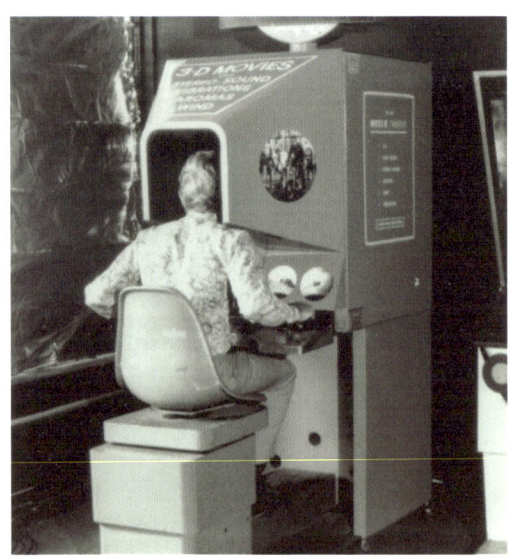

센소라마

1968년에는 VR의 아버지라 불리는 이반 에드워드 서덜랜드(Ivan Edward Sutherland)의 VR 기기가 나왔어요. 이번에는 영상이 실제 움직임을 따라가는 것까지도 가능하게 되었어요. 센서를 사용했거든요. 머리에 쓰는 기계였지만 너무 무거워서 쓰고 머리를 돌릴 수가 없을 정도였습니다. 이게 얼마나 거대하고 무거웠는지 천장에 장치가 매달려 있었어요. 매달려 있는 그 기계 안에 머리를 넣어서 쓰고 고개를 돌리면 영상이 그 방향으로 따라왔어요. 그리고 1985년에 VR 데이터 장갑이 개발되었어요. 이 장갑으로 가상 물체를 직접 만지고 조작하는 것까지 가능했습니다. 이것은 재론 래니어(Jaron Lanier)라는 컴퓨터 과학자가 개발했어요. 그러니까 사실은 VR의 등장과 개발은 최근에서야 완성된 기술은 아니에요. 오래전부터 발전되고 있었지만, 지금처럼 주목을 받지 못했죠.

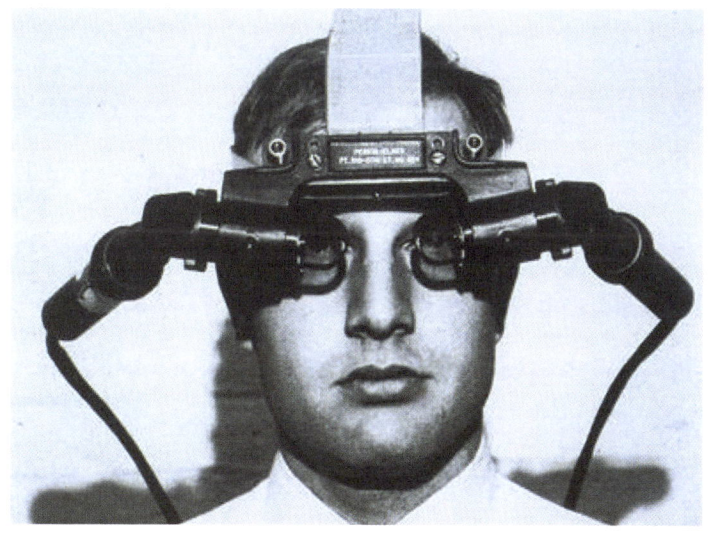

서덜랜드의 VR

HMD Head Mounted Display

윤성혜 주목받지 못했던 이유는 아무래도 가격과 관련이 있는 것은 아닐까요? 지금은 사실 모바일 기기를 대부분 가지고 있기 때문에 VR을 이용하려면 HMD만 착용하면 되잖아요.

장지은 HMD는 헤드 마운티드 디스플레이(Head Mounted Display)의 약자인데, 보통 그냥 HMD라고 불러요. 말 그대로 머리에 고정하는 화면, 즉 디스플레이인데요. 사실 요즘은 렌즈와 함께 종이를 접어 휴대폰을 끼워 볼 수 있는 카드보드(cardboard) VR도 그냥 HMD라고 불러요. 디바이스가 내장되어 있지는 않지만요.

윤성혜 카드보드형 HMD에 휴대폰을 끼우기만 하면 되니까 보급이 가속화되고 있는 것 같아요. 카드보드형 VR 기기는 검색을 해 보면 하나에 몇천 원이면 살 수 있어요.

장지은 요즘 길거리에서도 정말 많이 팔더라고요. 1,500원 정도로 봤던 것 같아요. 그리고 처음 구글에서 이 카드보드 VR을 개발했을 때 온라인에 전개도를 공개해서 누구나 다운받아 집에서 만들어 볼 수 있도록 했어요. 이것이 VR을 일반화하는 데 큰 역할을 한 것이 사실이고요.

카드보드 VR[48]

구글Google은 2014년 저렴하고 제작이 쉬운 골판지로 HMD를 만드는 도면을 무료로 공개했다. 이 도면의 규격에 따라 골판지를 조립하고 렌즈를 부착한 뒤 스마트폰을 끼워서 HMD를 만드는 방식이다. 이와 같이 누구나 부담 없는 비용으로 간단하게 VR을 체험해 볼 수 있도록 만들어진 구글 카드보드Google Cardboard는 전 세계적으로 큰 인기를 끌었다.

구글 카드보드

360° VR 영상

장지은　360° VR 영상에 관해서도 이야기해 볼 수 있어요. 실제 스마트폰으로도 360°까지는 아니어도 180° VR 사진을 촬영할 수 있어요. 원리는 파노라마 촬영 기능을 이용하는 것이고요. 이렇게 촬영한 영상은 VR로 볼 수 있어요. 앞서 설명한 구글의 '카드보드 카메라' 앱을 사용하면 스마트폰으로 VR 영상 촬영과 VR 체험을 모두 해 보실 수 있어요.

파노라마 사진

파노라마 사진은 옆으로 길게 펼쳐진 180°의 환경을 한눈에 볼 수 있게 찍은 사진이다. 카메라의 렌즈로 촬영할 수 있는 화각은 한계가 있다. 따라서 파노라마 사진은 주로 여러 장의 분할 된 사진을 이어 붙여 만들거나, 카메라를 회전하면서 촬영한다. 스마트폰의 파노라마 사진은 카메라를 회전하는 방식으로 촬영한다.

장지은   카메라를 회전시키는 방법 외에 360° 카메라로 VR 영상을 촬영할 수 있어요. 카메라 한 대로 모든 방향을 다 찍기 어려워서 여러 대를 붙여서 사용하는 방법이에요. 360° 카메라도 종류가 다양한데요. 먼저 고사양 카메라 여러 개가 사방으로 붙어 있는 대형 카메라가 있어요. 예를 들면 평창 VR은 액션 카메라들이 꽃처럼 잔뜩 달린 것으로 촬영되었어요. 반면 보통의 보급형(일반형)은 두 개의 렌즈만 달려 있어요.

윤성혜   앞뒤로 달려 있겠죠?

장지은   맞아요. 그런데 어떻게 두 개의 렌즈만으로 360°를 다 찍을 수 있을까요? 그 숨은 비밀은 카메라에 있어요. 카메라의 렌즈가 어안렌즈로 만들어져 있죠.

윤성혜   물고기 눈 같은 것을 말씀하시는 거죠?

장지은 맞습니다. 최근에는 두 개의 어안렌즈로 찍어서 360°로 영상을 만드는 일반형 카메라들이 많이 출시되었어요. 360° 카메라 검색하시면 대부분이 이렇게 두 개의 어안렌즈를 가진 카메라들이에요.

윤성혜 이제는 그런 것들을 크게 비싸지 않은 가격으로 구입해서 사용할 수 있어서 많이 보급되고 있는 것 같습니다.

어안렌즈

교육에서 VR의 활용

장지은 그럼 VR을 교육에서는 어떻게 활용하는지 이야기해 보면 좋을 것 같아요.

윤성혜 사실 지금까지 다양한 매체들을 교육적으로 활용해 보자고 고민해 왔던 역사가 깊죠. 사진이나 그림 같은 것도 이해를 돕기 위해 보조 자료로 쓰는 매체였고요. 추상적인 언어에서부터 구체적인 경험까지 매체들의 특성을 나열해 놓은 데일(Dale)의 '경험의 원추'[49]를 보면, VR은 굉장히 구체적인 시각 경험을 제공해 주는 매체라고 볼 수 있잖아요? 그런 구체적인 시각 경험이 도움 되는 상황이 있기 때문에 VR을 교육적으로 활용하려고 시도하고 있습니다.

장지은   사람들이 VR 콘텐츠를 교육에서 활용할 때 가장 많이 하는 질문 중의 하나가 동영상 콘텐츠로 학습하는 것과 무엇이 다르냐는 것인데요. 조금 전에 성혜님이 말씀해 주신 것처럼 체험적인 경험, 몰입적인 경험을 제공해 준다는 점을 이야기하고 있죠. 그리고 비용 등의 여러 가지 이유로 실제적, 조작적인 경험을 하기 어려웠던 것을 가상으로 경험하게 해 준다는 면에서 큰 의미가 있어요.[50]

임현진   산업계에서는 위험한 것들을 VR로 먼저 배울 수 있게 도입이 되고 있다고 알고 있어요. '2018 대한민국 인적자원개발 컨퍼런스'에서 VR 콘텐츠로 트랙터 장비 기사를 체험하는 것을 보았는데 앞으로는 운전면허 교육 중에서 도로 주행을 VR로 먼저 이수하는 것이 제도화되면 좋겠다고 생각했어요. VR로 먼저 일정 시간 도로주행 운전연수를 이수한 후에 실제 도로 주행을 하면 더 안전하지 않을까 하는 생각이 듭니다.

장지은   운전 연수를 VR로 할 수 있는 기술은 개발되어 있어요. 하지만 아직 보급화가 되어 있지는 않은 것 같아요.

> **운전 시뮬레이션**[51]
> 물리 엔진과 그래픽 기술 등이 빠르게 발달함에 따라서 가상 운전 시뮬레이션의 교육 효과는 나날이 높아지고 있다. 시뮬레이션은 문제나 현상 따위를 해결하기 위해서 실제와 비슷한 환경을 통해 모의로 실험하여 특성을 파악하는 것을 말한다. 앞으로는 이러한 시뮬레이션 기술이 운전 및 운항 기술을 습득하는 데 적극적으로 활용될 것으로 전망된다. 차량, 비행, 운항 등 실물 모형과 VR 기술을 통해서 운전 및 운항을 연습하는 VR 운전 교육이 확대될 것으로 예상된다.

장지은 그리고 현장 학습(field trip) 쪽에서도 아주 활발하게 활용하고 있어요. 교실에서 다양한 국가와 세계의 랜드마크(landmark)를 방문할 수 있고요. 박물관, 미술관도 VR로 들어가서 작품을 360° 입체로 감상할 수 있어요. 피라미드 내부 등 실제로 현장에 가더라도 훼손 방지를 위해 볼 수 없는 공간까지도 모두 볼 수 있다고 해요. 이런 부분들은 VR의 특별한 장점이 됩니다.

윤성혜 대표적으로 VR 콘텐츠를 제공하고 있는 곳 중 하나가 구글 익스페디션(Google Expeditions)[52]이에요. 그곳에 들어가면 바다 속 해양 생태계나 우주처럼 실제로 우리가 가기 어려운 곳을 실감나게 체험을 할 수 있습니다. 구글 익스페디션은 교실에서 선생님과 학생들이 같은 와이파이에 접속하면 선생님이 가이드 역할을 하고 학생들은 가이드를 따라갈 수 있어요. 실시간으로 "이쪽 보세요~" 이렇게도 할 수 있고요. 그리고 학생들이 어디를 보고 있는지도 모니터링 할 수 있는 기능이 제공되고 있죠.

장지은   제가 실제로 활용을 해 보았는데요. 학습자들과 다 함께 정말 그 공간에 있는 것처럼 효과를 낼 수 있더라고요. 거기 "임현진 학생 딴 데 보지 말고 여기 보세요~" 이런 것이 가능한 거예요. 교사용 보기에서는 학습자들이 어디를 보고 있는지 모두 체크가 가능하거든요. 또 현장 학습에서 확인해야 하는 주요 지역 정보들이 표시되어 있고요. 그래서 교사는 따로 준비할 필요 없이 표시된 곳들을 하나씩 살펴볼 수 있죠. 그런데 단점도 있어요. 정보가 영어로만 지원된다는 점이죠. 곧 번역 서비스가 나오길 기대합니다.

　　혹시 구글어스(Google Earth)[53]를 아시나요? 성혜님이 말씀하신 익스페디션과 연동되는데요. 세계 여행을 떠날 수 있는 서비스입니다. 가상 현장 학습을 가거나, 여행을 떠나거나, 혹은 세계 지역 특성과 랜드마크에 대해 배울 때 선생님들이 많이 활용하는 소프트웨어예요. 구글어스에 들어가면 360° 지구본이 뜨는데요. 여기에서 '스트리트 뷰 보기'를 클릭하면 지구본이 점차 확대되면서 공간 이동을 하는 것 같은 효과를 주죠. 360°로 촬영된 세계 곳곳을 탐험할 수 있고요. VR로도 볼 수 있도록 만들어져 있어요. 세계 각 어느 지역이든 떠날 수 있는데요. 이 모든 영상을 구글에서 촬영해서 업로드했을까요? 이 수많은 360° 영상들은 일반인들이 촬영해서 업로드한 것이에요. 누구나 360°로 촬영한 지역 영상을 올릴 수 있죠.

윤성혜   TED에서 봤었는데 실제로는 위험할 수도 있는 과학 실험을 가상현실에서 하는 것도 가능합니다. 또 신체 구조를 보는 것도 있고요.[54]

장지은   그런데 신체 구조를 보는 것, 그러니까 의학 쪽에서는 VR보다는 AR이 더욱 더 발전하고 있어요. 추후에 더욱 자세하게 이야기해 보죠.

윤성혜   저는 최근에 유튜브에서 장애를 체험하는 VR 콘텐츠를 본 적도 있어요. 제가 봤던 것은 시각 장애 중에서도 저시력을 간접적으로 체험해 볼 수 있는 콘텐츠였어요.[55)]

장지은   그런 콘텐츠는 인식 개선을 위한 학습 분야에서 큰 역할을 할 수 있겠네요. 예를 들면 세계시민교육 같은 분야라든지 평생 교육 분야에서요. 다양한 교육 환경에서 활용할 수 있을 것으로 기대되네요.

윤성혜   아무래도 말로만 공감하는 것이 아닌 정말 마음으로 공감할 수 있는 체험이 될 것 같아요.

교육에서 AR의 활용

장지은   일반 대중들에게 보편화 된 AR 콘텐츠는 색칠 공부 AR이 있어요.[56)] 색을 칠할 수 있는 스케치가 있고요. 색칠을 마친 뒤, 완성된 작품을 디바이스로 비추거나, 스캔하면 작품이 3차원으로 살아나서 움직이죠. 처음 이러한 콘텐츠가 나왔을 때는 다들 너무 신기해하고 재미있어 했어요. 하지만 곧 하나의 질문이 생겼죠. "그래서 이것이 교육적으로 어떤 효과가 있는 것인가?" 이 물음에 답을 하기 위해 여러 가지 고민을 하게 되었어요. 처음에는 단순히 예쁜 것들을 색칠하고 움직임을 관찰하며 새로운 기술에 신기해했다면, 최근에는 이런 AR 색칠 공부 콘텐츠도 교육 효과를 고민하며 발전해 나가고 있어요. 예를 들면 화산의 내부 구조를 이해하고 색칠한 뒤 디바이스로 비추면 화산이 폭파하는 과정을 AR로 보여 주는 방식입니다. 자세한 정보와 퀴즈도 함께 제공되고요. 아직은 교육용 실감현실 콘텐츠 개발에 대한 고민이 더욱더 필요해 보이지만, 이런 다양한 시도들이 일어나고 있다는 사실은 바람직하죠.

또 AR 단어 학습 카드가 있어요. 단어 카드를 디바이스로 비추면 3차원 입체로 나타나서 살아 움직이죠. 알파벳 카드, 공룡 카드, 직업 카드, 행성 카드, 별자리 카드 등 종류도 다양합니다. 예를 들어 동물 단어 카드를 디바이스로 비추면 AR 기술로 3차원 입체 동물이 나타나서 살아 움직이고, 먹이 카드가 있어서 초식 동물과 육식 동물 등을 구분해 볼 수도 있어요. 초식 동물에게 육식 동물 먹이를 주면 피하지만 초식 동물 먹이를 주면 쫓아와서 먹이를 먹는 모습까지 보여 줘요. 행성 카드도 단순히 행성들이 입체로 나타나기만 하는 것이 아니라, 그 행성의 특징, 움직임, 궤도 등의 추가 정보가 함께 나타나죠. 그래서 더욱 실감 나고 흥미롭게 학습할 수 있어요. 단어 카드는 외국어 단어 학습에 활용될 수 있어요.

교육 현장의 고민

윤성혜 산업계나 게임 쪽에서는 이런 기술들을 굉장히 빠르게 받아들여서 콘텐츠를 만들고 있죠. 이것을 어떻게 교육적으로 풀어낼 것인가 하는 부분이 저희한테 남은 숙제인 것 같아요. 사실 교육적인 콘텐츠가 부족하다는 말이 아직도 많이 나오고 있는 것 같기는 하더라고요.

장지은 맞아요. 그나마 교육에서 가장 많이 활용되고 있는 게 아까 말씀드린 360° 영상을 활용해서 아이들의 현장 학습을 대체하는 것이에요. 그리고 AR 같은 경우는 의료계에서 학습용으로 활용되고 있죠. 실제 사람을 대상으로 수술을 연습하는 것은 참 힘든 일이잖아요. 그런데 실감현실은 가상으로 수술을 해 볼 수 있도록 지원하죠. 또 AR 기술은 환자의 상태와 구체적인 정보가 환자에게 바로 매핑(mapping)이 되어서 나타나기 때문에 아주 유용하게 사용될 것으로 전망하고 있어요. AR이 의료계의 학습 분야에서 굉장히 빠른 속도로 발전하고 있는 이유입니다. 하지만 학교 교육에서는 아직 도입이 미미한 게 현실이고요. 실제로 현장 교사들의 이야기를 들어 보면 '인터넷 환경 구축이 안 되어 있다 보니 다양한 교육 콘텐츠를 활발하게 활용할 수 없는 것이 큰 한계점이다' 이렇게 이야기하시더라고요.

윤성혜 학교가 보안 문제나 이런 여러 가지 문제들 때문에 아직도 무선인터넷이 잘 안 되는 경우가 있어서 그 부분이 굉장히 큰 이슈인 것 같아요.

장지은 해결해야 될 큰 문제인 거죠.

클라우드(cloud)

정보 기술업계에서 인터넷상에 마련한 서버에 각종 파일과 정보를 저장하여 두는 서비스 시스템이다. 이와 같은 사업자의 서버를 구름 모양으로 표기하는 데에서 유래된 명칭이다.

윤성혜 사실은 기기에서 다운로드 받아 와이파이가 안 되는 상황에서도 쓸 수 있는 콘텐츠이면 상관이 없는데 클라우드(cloud)와 연동되어야 되는 콘텐츠라면 무선 인터넷이 안 되는 학교 현장에서 쓰기가 어렵죠. 그래서 제한점이 많이 있는 것 같습니다.

장지은 학교 현장을 조금 더 고려한다면 성혜님이 말씀하신 것처럼 온라인 환경에서 콘텐츠를 미리 다운 받아서 오프라인 환경에서 체험할 수 있도록 구축하는 것도 좋을 것 같아요. 이런 콘텐츠는 개발도상국의 교육 환경에서도 아주 효과적으로 사용할 수 있죠. 하지만 여러 가지 한계점들이 있어요. 최근 기술들이 클라우드 서비스를 기반으로 하는 것이 많기 때문입니다. 이런 경우 와이파이가 안 되면 동시 학습이나 학습자 정보의 실시간 교류 또는 상호작용 같은 것들이 불가능하니까요. 앞서 소개했던 구글의 익스페디션은 실시간으로 학습자들이 지금 어디를 보고 있는지, 어떤 내용을 확인하고 있는지, 누가 학습을 따라오지 못하고 있는지 등의 정보를 교사에게 실시간으로 전달하거든요. 인터넷 환경이 아니라면 이런 서비스의 활용은 불가능하겠죠.

실감현실 기술을 활용한 예술

장지은 이런 실감현실의 기술을 활용한 예술 활동에 대해 이야기해 보죠. AR 기술 중에 그림 그리기를 도와주는 앱이 있어요. 손으로 그림 그리기를 두려워하거나 어려워하는 사람들이 있잖아요. 그런 사람들을 도와주는 기능이에요. 마치 우리 어렸을 때 기름종이(트레이싱지)를 대고 그림을 따라 그리는 놀이 또는 연습을 하던 것과 비슷하게 내가 그림을 그리고 싶은 곳에 증강현실로 가이드라인을 비추고 그걸 따라 그리는 거예요. 기름종이가 아니라 어디든 그릴 수 있죠. 그런데 이것을 단순히 따라만 그리는 것이 아니라 응용도 할 수 있어요. 예를 들어서 엄마의 얼굴 사진을 불러와서 따라 그리고, 슈퍼맨 이미지를 가져와서 몸을 따라 그려요. 이렇게 슈퍼 엄마를 완성할 수 있죠. 수동적인 따라 그리기 형식을 창의적인 놀이로 만들 수 있어요.

그럼 VR 그림 그리기를 살펴볼까요? VR은 3차원의 가상공간에 내가 완전히 들어가는 거였죠. 그래서 그 가상의 공간에서 그림을 그릴 수가 있어요. 그런데 이 VR 그림이 더욱 특별하고 재미있는 것은 그림을 2차원이 아니라 3차원으로 그릴 수 있다는 거예요. 마치 조형물을 만들 듯이 그림을 그릴 수 있죠. 이것은 기존에 없었던 예술의 형식이기 때문에 아주 새로워요. 이것뿐만이 아니에요. VR 그림은 3차원 공간에 입체 그림을 그리고 그림에 다양한 효과를 주고, 그림이 움직이게 만들 수 있죠. 그림을 회전할 수도 있고요. 이러한 독특하고 새로운 특징은 하나의 새로운 미술 기법과 장르로 인정받고 있습니다. 그래서 3차원 공간 안에서 그림을 그리는 VR 화가들도 새로운 직업으로 나타나기 시작했고요. VR 전용 미술관들도 등장할 거라고 예측하고 있어요.

또한 HMD를 착용하고 다른 작가들이 그린 그림을 감상할 수도 있어요. VR 그림을 감상할 때 우리가 늘 보던 방식으로 평면으로 된 그림을 보는 것이 아니라 3차원 가상공간 안으로 들어가서 입체적 그림을 감상하는 거예요. 그림을 돌려보거나 움직여 볼 수도 있죠. 찾아보시면 VR 그림 퍼포먼스 영상들도 보실 수 있어요.

VR 그림

기울기 브러시를 사용해서 그리는 가상현실 그림은 3차원 공간에서 그림을 그릴 수 있도록 도와준다. 체험자가 공중에서 손을 움직이면 그 움직임을 감지해 VR의 가상공간에 그림이 그려진다. 3차원 브러시는 손의 압력과 손목의 움직임 등을 통해 정교한 작업이 가능하며, 다양한 효과를 넣을 수 있어 체험자의 창의력을 발휘할 수 있다. 이러한 3차원 그림 그리기 도구로는 틸트 브러시(tiltbrush)[57]와 퀼(Quill)[58] 등이 있다.

MR

장지은 그러면 MR에 대해서도 이야기를 해 볼까요? 지난 2019년 9월 미국 웨더채널(The Weather Channel)의 일기예보 진행자가 MR을 활용해서 자신이 실제 그 현장에 들어가 있는 것처럼 일기예보를 전했어요.[59] 기상 해설자가 허리케인으로 인한 홍수의 잠재적 위험성을 홍수의 단면을 통해 깊이를 알려 주고 현실감 있게 표현하는데 굉장히 인상적이었습니다. 웨더채널은 2020년까지 이 기술을 80% 이상 도입할 예정이라고 보도했어요.[60]

그 외에 요즘 최근 실감현실이 어떻게 발전하고 있는지 한 번 살펴보죠. 케이블 로봇 시뮬레이터[61]라는 것이 있어요. 탑승 장치 안에 들어가서 VR 영상을 보면 중력, 관성, 가속도 같은 물리적 현상을 느낄 수 있게 해 주는 거예요. 이 기계는 신체 전체에서 속도감, 중력까지 느낄 수 있게 해 주니까 앞서 설명했던 도로 주행이나 비행, 항해 등을 정말 실제처럼 연습할 수 있죠.

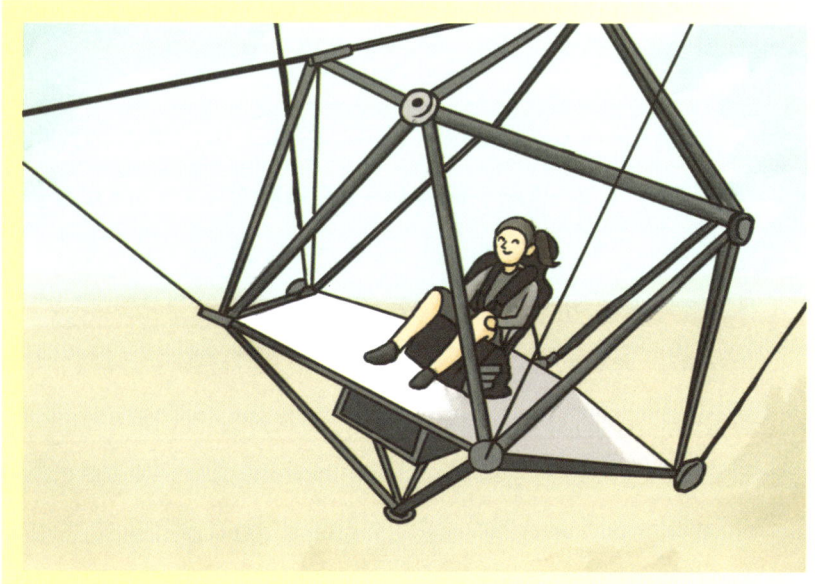

케이블 로봇 시뮬레이터[62]

독일의 막스 플랑크 연구소는 정이십면체의 탑승 장치에 케이블을 연결한 '케이블 로봇 시뮬레이터'를 개발했다. 이 탑승 장치는 VR 영상에 맞춰 움직이며, 체험자는 실제와 같은 속도감과 중력을 느낄 수 있다. 만약 상용화되면 도로 주행, 비행 시뮬레이터, 게임이나 영화 등 다양한 분야에 적용될 것으로 전망된다.

장지은   또 테슬라 슈트(teslasuit)[63] 2018년 판이 나왔어요. 전신 슈트인데요. 전신에 몸으로 느껴지는 전기 신호를 줘요. 촉감뿐만이 아니라 바람, 물, 열기, 추위까지 그리고 심지어 통증도 줄 수가 있습니다.

임현진   무게감도 느껴진다고 하는데 너무 신기하네요.

윤성혜   〈레디 플레이어 원〉 영화 같겠네요.

장지은　테슬라 슈트는 사람이 몸으로 느끼는 많은 감각이 뇌로 전해지는 전기 신호라는 점에서 아이디어를 얻어 만들어졌어요. 신경 근육을 자극하는 52개의 전기 장치가 감각 신호를 만들어서 우리의 피부에 전달하죠. 이렇게 우리의 오감을 자극하는 실감현실 기기들이 빠르게 개발되고 있어요.

　AR 기술은 현실 세계에서 디바이스를 통해서 가상현실의 정보를 현실 세계와 함께 볼 수 있도록 했잖아요. 그 대표적인 AR 예가 구글 글라스(Google Glass)죠. 구글 글라스는 현실 세계에서 가상의 정보를 함께 볼 수 있도록 도와줘요.

윤성혜　최근에 이러닝코리아 콘퍼런스가 있었는데요. 거기서 소개됐던 것 중에 하나가 교사가 글라스를 쓰면 학생들의 학습 능력이 보인다는 것이었어요.[64]

장지은　우리가 모든 학생들의 얼굴이랑 이름을 기억하는 건 어렵잖아요. 이제는 마치 드래곤볼 '스카우터' 같이 다 볼 수 있는 거죠.

윤성혜　드래곤볼에 이런 게 있었나요?

장지은　스카우터는 드래곤볼에 나오는 안경 이름인데요. 안경을 착용하면 적의 전투력을 실시간으로 확인할 수 있죠. 이제는 거기서 더 나아가서 홀로그램 기술을 통해서 안경을 착용하지 않아도 맨눈으로 가상현실을 볼 수 있도록 하는 방법을 다양하게 고안하고 있어요. 물론 어떤 형식으로든지 홀로그램 장비가 있어야 하지만요. 우리가 종이접기 형식으로 카드보드를 접어 스마트폰 VR 기기를 만든 것처럼 종이접기 형식의 홀로그램 키트도 나왔어요. 이것 또한 전개도를 접어서 우리의 스마트폰 디바이스 또는 태블릿에다가 부착해서 사용하는 거예요. 카드보드 VR과 아주 유사하죠. VR과 마찬가지로 홀로그램 보기를 클릭하거나, 홀로그램 영상을 유튜브에 검색해서 재생하면 입체 영상을 현실 안에서 볼 수 있어요.

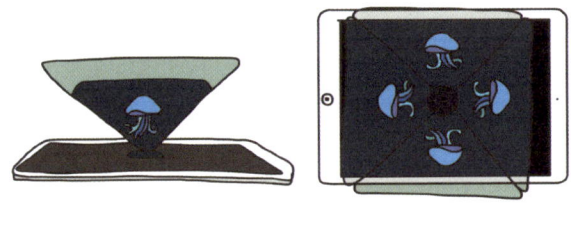

홀로그램 키트

실감현실의 부작용

장지은　지금까지 이야기했던 실감현실의 발전 가능성과 장점들을 간략히 정리해 볼까요? 먼저, 실감현실을 교육에 활용하는 것은 체험적 경험, 몰입적 경험, 조작적 경험을 제공해 줄 수 있다는 강점이 있었죠. 여러 현실적, 환경적, 비용적 측면의 제약점들을 극복하고 실제적인 맥락을 제공해줄 수 있었어요. 그러면 교육에서 실감현실 활용의 부작용에 관해서도 이야기해 보죠. VR은 우리의 양안 시차를 이용해서 입체 시각을 유도하는 것이라고 했어요. 이러한 이유로 어지럼증을 유발합니다. 시감각과 전정 감각의 불일치가 일어나서 멀미가 유발되기 때문에 장시간 활용하는 것을 권장하지 않아요.[65]

윤성혜   VR 카페에 사람들이 술 마시고 많이 간다고 그러던데, 술 마시고 가면 안 될 것 같아요.

임현진   네. 맨정신으로도 어지러운데 술을 마신 상태면 더 어지럽기 때문에 넘어진다거나 사고가 날 위험성이 클 수 있죠.

장지은   그리고 교육 현장에서는 고급 장비를 가지고 있지 않을 가능성이 크잖아요. 아무래도 교육 환경에서는 스마트폰 디바이스를 활용하게 되는 사례가 훨씬 더 많을 텐데요. 그러면 더욱더 주의를 기울여야 해요. 해상도가 높아지면 영상을 처리하는 시간이 길어지기 때문에 장비의 사양이 빠르게 헤드 트래킹을 따라오지 못하고 더욱 멀미가 유발돼요. 반드시 사용 시간을 준수하고 휴식을 취하며 사용해야 합니다. 또 하나가 저연령 학습자를 대상으로 할 때에 시각적인 자극이 신체 발달에 주는 영향을 고려해야 해요. 시각적으로 계속 VR 영상이나 미디어 콘텐츠를 보는 것, 그리고 자극적인 영상을 보는 것에 대한 우려가 있어요. 특히 VR은 우리의 눈 아주 가까이에 영상을 두고 보는 거잖아요. 실제로 성장이 일어나는 시기에 이러한 신체 자극은 발달에 좋지 않은 영향을 줄 수가 있습니다. 그래서 장시간 활용하는 것을 권장하지 않고요. 그리고 또 우리가 주로 이런 유형의 콘텐츠에 대해서 다룰 때 흔히 거론하는 것이 실제 세계와의 접촉 기회를 상실한다는 점이 있죠.

윤성혜   맞아요. 새로운 매체가 나왔다고 해서 무조건 그 매체를 사용하기 위해서 뭔가를 하려고 하는 접근은 바람직하지 않습니다. 결국에는 학습 목표를 달성하기 위해서 어떤 매체가 가장 좋은가를 고민을 하고, 다양한 방법 중에 VR이나 AR 콘텐츠가 가장 효과적일 때 이것들을 활용하는 접근법이 바람직하다는 생각이 듭니다.

02 디지털교과서

요즘 학교에서는 스마트패드로 수업한다고?

#디지털교과서 #디지털교과서에 대한 오해와 진실

디지털교과서의 개념과 특징

윤성혜 디지털교과서가 무엇인지부터 간단하게 소개해 보겠습니다. 디지털교과서는 서책형 교과서 그대로를 디지털로 옮겨 놓았다는 개념이라고 보기는 어렵습니다. 내용을 그대로 디지털 기기로 볼 수 있게 제공하는 것을 넘어서, 용어 사전, 동영상, 컬러 사진 등의 다양한 멀티미디어 자료, 평가 문항, 보충 학습/심화 학습 자료 같은 것들이 추가로 들어 있는 형태로 개발되고 있습니다. 지금도 디지털교과서가 공식적인 교과서로 인정을 받고 있고, 현장에서 원한다면 사용할 수 있습니다.

장지은 요즘은 아이들이 인터넷을 활용해서 정말 많은 정보를 소비하고 있잖아요. 인터넷에는 선별되지 않은 너무 많은 정보들이 있지만, 디지털교과서에는 선별된 양질의 교육 자료들이 제공되고 학생들은 검색 기능을 통해 정보를 찾아볼 수 있는 거죠. 그래서 학생들이 무언가에 대해 더 알고 싶을 때, 선생님이 따로 추가 자료를 준비해서 나누어 주지 않더라도 학습자들이 디지털교과서 안에서 스스로 추가 정보를 찾을 수 있다는 것이 큰 장점이 되는 것 같아요.

임지영 서책형 교과서와 다르다고 말씀하셨는데, 저는 교육에서 테크놀로지가 활용될 때 핵심은 예전에는 제공할 수 없었던 새로운 경험을 제공해 주는 데 있다고 생각해요. 그래서 제 생각에는 미래학습자 역량 중 하나인 협력을 지원한다는 것도 디지털교과서의 중요한 부분인 것 같아요. 현재 디지털교과서를 보면 학급 단위의 커뮤니티에서 디지털교과서를 통해서 협력할 수 있도록 지원하고 있어요. 예를 들어 학급 안에서 모둠 활동을 하거나, 학급 전체 학생들이 문제에 대한 답변을 서로 공유하거나, 교사들이 학생들의 의견을 확인할 수 있게 하는 여러 가지 형태의 협력을 지원합니다. 지금은 학급 단위로 이루어져 있기는 하지만 이상적으로 더 큰 단위의 협력도 충분히 구현할 수 있습니다.

윤성혜   그리고 최근 디지털교과서에서 가장 핵심적으로 논의되고 있는 것이 가상현실이나 증강현실 같은 실감형 콘텐츠를 추가로 수록했다는 점입니다.

2015개정 교육과정에 따라 개발되고 있는 디지털교과서의 특징[66]

- 서책형 교과서에서 제공되지 않는 사진, 동영상, 음성, 애니메이션, 조작형 활동 자료, 용어 사전과 외부 자료 연계 기능 등을 제공한다.
- 가상현실, 증강현실, 360° 사진 및 영상 등 실감형 콘텐츠를 제공한다.
- 학생별 수준 및 속도에 따라 자기주도적으로 학습할 수 있도록 수준별 학습 활동, 보충 심화 자료, 평가 문항을 제공한다.
- 디지털교과서 학습 중 학습커뮤니티 위두랑과 연계하여 의견 교환, 자료 공유, 협업 활동, 학습 포트폴리오 작성 등을 할 수 있다.

장지은   서책형 교과서를 활용할 때 학습자들이 어떻게 학습하고 있는지에 대해서 개별적으로 진단하거나 파악하는 데 어려움이 있었잖아요. 그런데 디지털교과서는 학습자들의 학습 진도나 이해도 등 개별적인 학습 진단이나 처방이 가능하게 되었다는 거죠.

임지영　네. 개별화가 4차 산업혁명 시대에 굉장히 중요한 이슈입니다. 진단과 처방도 디지털교과서가 구현할 수 있는 중요한 개별화 기능이죠. 그런데 디지털교과서는 학습자가 자신이 원하는 자료를 주도적으로 자유롭게 학습할 수 있도록 풍부한 자료를 제공한다는 것도 중요한 부분인 것 같아요.

임현진　그래서 방과 후에 교과서를 집에 가져와서 계속 자기주도적으로 학습할 수 있어요. 가령 영어 문장을 보다가 모르는 단어가 나오면 검색해서 바로 메모하고, 저장하고 이런 기능을 활용해서 자기주도적인 학습을 할 수 있으니 서책형 교과서에 비해 더 효율적이라고 생각해요. 영어 이야기가 나와서 갑자기 떠올랐는데, 저희 때만 해도 선생님이 영어 수업시간에 카세트테이프를 무겁게 들고 오셨죠. 카세트테이프에 녹음된 영어 원어민 발음을 듣고 다 같이 연습을 하는데, 다시 듣고 반복하려면 구간 반복을 수동으로 딸깍딸깍 되감으면서 했었거든요. (웃음) 그런데 지금 디지털교과서는 클릭 한 번으로 손쉽게, 원하는 만큼 반복해서 들을 수 있는 높은 수준의 기술력으로 콘텐츠들이 담겨 있기 때문에, 어쩌면 디지털교과서를 활용하지 않는 것이 비합리적이라는 생각을 하게 되는 거죠.

윤성혜　요즘 세대를 'Z세대'라고 부르기도 하지만 '앱 세대'라고 부르기도 하거든요. 태어나자마자 모바일을 경험한 세대인 거죠. 그러다 보니 디지털교과서 같은 매체가 너무 자연스럽고 일상적인 거죠.

앱 세대 app generation

다중지능으로 잘 알려진 교육심리학 분야의 세계적 석학인 하워드 가드너 Howard Gardner는 오늘날 청소년들을 아울러 앱 세대 app generation로 명명하였다. 앱, 즉 애플리케이션 application은 모바일 기기 등에서 구동되는 소프트웨어 프로그램으로, 사용자의 요구에 따라 즉각적으로 반응하여 편리함을 제공해 준다. 하워드 가드너는 앱으로 인해 새로운 것을 탐색하고, 더 깊이 숙고하고, 사람들과 더 의미 있는 관계를 맺을 수 있다면 앱 주도형 앱은 훌륭한 도구가 될 것이지만, 반면에 앱 때문에 스스로 사고할 줄 모르고, 게으르고 수동적인 인간이 될 수도 있다고 지적했다 앱 의존형.[67]

디지털교과서에 대한 첫 번째 우려, 디지털 중독

윤성혜 디지털교과서를 활용할 때 교사나 학부모들이 부작용을 많이 우려하십니다. 그중 하나가 디지털 중독인데요. 실제로 한국교육학술정보원에서 그 주제에 대한 연구를 한 사례가 있습니다. 디지털교과서를 사용하는 연구학교 학생 집단과 일반 청소년으로 구성된 미사용 집단을 비교 분석하는 연구였어요. 이 두 집단의 인터넷 이용 시간이 실제 어느 정도 되는지 조사하고, 스마트폰(기기) 중독 검사도 실시했어요. 두 집단 평균을 비교해 보았더니, 디지털교과서 연구학교에 다니는 학생들보다 일반청소년의 인터넷 활용 시간이 두 배 이상 많은 것으로 나타났습니다. 그리고 스마트폰(기기) 중독률도 디지털교과서 연구학교 학생들이 일반 청소년들보다 오히려 5%p 더 낮은 것으로 나타났거든요.[68] 인터넷 중독 문제가 디지털교과서를 활용하는 학생들에게서 오히려 덜 나타나는 현상을 보였다고 할 수 있어요. 이 연구는 단순히 통계적으로 평균 비교만 했던 연구이기 때문에 이 연구의 결과를 어떻게 해석하느

나는 사실 열린 결말이에요. 여러 가지 가능성이 있을 수 있겠죠. 그런데 제 생각에는 수업시간에 스마트 기기를 가지고 수업을 하는 경우에, 교사가 이 기기를 어떤 식으로 사용해야 되는지에 대한 이야기들을 자연스럽게 계속 했기 때문이 아닐까 싶어요. 바람직한 디지털 기기 활용법에 자연스럽게 자주 노출이 되다 보니까 미디어 활용에 대한 교육이 같이 이루어진 것으로 해석해 볼 수 있을 것 같아요.

장지은   다른 측면으로는 학습자들에게 스마트 기기 자체가 단순하게 게임이나 여가를 즐기는 도구였다면, 디지털교과서를 통해서 학습 도구로 사용될 수 있다는 가능성을 확인하고 새로운 인식이 생길 수 있어요. 따라서 디지털 기기를 단지 흥미를 채워 주는 도구 이상의 범주로 여기게 되는 거죠. 올바르고 유용하게 스마트 기기를 사용하도록 교육하는 것 또한 디지털교과서 활용 교육의 중요한 목표라고 할 수 있어요.

임지영   디지털 기기를 적절히 활용할 수 있는 역량을 길러 주는 것도 디지털교과서의 효과인 것 같아요. 인터넷 중독이 오히려 줄어들었다는 것도 바로 그런 점에서 이해할 수 있어요.

디지털교과서에 대한 두 번째 우려, 심리-신체적 건강

윤성혜   그리고 디지털교과서에 대한 우려 중 한 가지가 심리적으로, 혹은 신체적으로 건강에 악영향을 미치지 않을까 하는 것이었어요. 이것에 대한 연구도 실시가 되었습니다. 먼저 문헌 연구를 통해서 디지털교과서를 활용했을 때 발생할 수 있는 주요 역기능 문제들이 무엇인지 살펴봤는데, 눈(眼) 관련 증상, 근골격계 관련 증상, 전신 관련 증상, 피부 관련 증상 등이 잠재적으로 나타날 수 있다고 했고요. 심리적인 증상은 학업 소진 증상, 학업 스트레스 증상 이런 것들이 나타날 수 있다고 합니다. 그리고 실제로 디지털교과서를 1년 이상 활용했던 학생들을 대상으로 면담을 했더니, 건강상의 문제는 심각한 수준이 아니라고 합니다. 하지만 디지털교과서를 장시간 사용한다고 가정을 했을 때는 잠재적으로 부작용이 우려될 수 있어요. 그리고 이 연구는 디지털교과서를 사용할 때 전자파가 얼마나 나오는지도 측정해 봤어요. 그랬더니 기기와 거리가 급속히 가까워질 때는 전자파의 수치가 올라가는 것으로 나타났습니다. 올바른 자세로 적정 거리를 유지하면서 기기를 활용해야 되겠죠. 그리고 디지털교과서를 사용하는 학생들과 서책형 교과서를 사용하는 학생들의 안구건조증, 수근관증후군(손목터널증후군), 뇌파를 검사했는데, 통계적으로 유의한 차이는 없었다고 해요.[69] 그래서 결론은 디지털교과서 활용으로 인해서 심리적, 신체적 부작용이 크게 우려할 만큼 나타난다고 보기 어렵지만, 오랜 시간 사용하는 경우에 일부 부작용들이 나타날 가능성이 있다는 정도로 정리를 해 볼 수가 있을 것 같습니다.

장지은 사실 지난번에 다뤘던 AR, VR에서의 부작용도 거의 비슷한 부작용들이 있잖아요. 학부모들은 이러한 건강상의 문제들을 걱정할 수밖에 없는 것 같기는 해요. 그래서 교육에서 디지털 매체를 활용할 때 적절한 수준으로 활용하고, 활용 시간 또한 장시간 이용하지 않도록 조절하는 것이 매우 중요합니다.

> 윤성혜 맞아요. 실제로 수업시간에 디지털교과서를 활용하는 장면을 상상해 보더라도 수업시간 40~50분 내내 모니터를 바라보는 상황은 거의 없잖아요. 디지털교과서를 주요 매체로 활용하는 경우라도, 선생님의 얼굴도 보고, 옆 짝의 얼굴도 보죠. 실제로 디지털 기기를 바라보는 시간은 심각하게 걱정할 정도로 길지 않아요. 수업 현장에서 매체 하나에 의존하는 것이 아니라 다양한 수업 방법들을 같이 적용하게 되면 이런 부작용은 심각하지 않을 것 같습니다.

> 장지은 디지털교과서만 활용해서 수업하는 것이 아니라, 토론이나 토의, 팀 프로젝트 등 다양한 교수 방법들을 활용해서 풍부한 수업이 이루어진다면 좋을 것 같아요. 디지털교과서는 다양한 보조 자료 중에 하나인 거죠. 디지털교과서 활용 교육이라고 해서 도구에만 집착할 필요는 없으니까요. 디지털교과서가 가진 다양한 학습 효과와 장점들이 교수 맥락에서 가장 적합하게 활용될 수 있는 방법을 찾아야겠죠.

> 임현진 맞아요. 디지털교과서가 서책형 교과서가 가진 부족한 점들을 보완하기 위해 개발됐기 때문에 부작용보다는 학습 효과를 향상시켰다는 장점이 더 크다고 볼 수 있어요.

디지털교과서의 효과

> 윤성혜 디지털교과서가 실제로 효과가 있는지에 대해 연구가 많이 이루어졌어요. 디지털교과서를 사용했을 때 사전·사후 검사를 해서 학습자의 역량이 향상되었는가를 보는 연구도 있었는데, 연구 결과를 보면 디지털교

과서를 활용한 수업이 긍정적인 효과를 보여 주고 있다고 말씀드릴 수 있을 것 같아요. 그리고 또 한 가지, 교사의 역량에도 효과가 있는데요. 교사의 수업 역량과 테크놀로지 활용 역량이 향상되었다고 합니다.

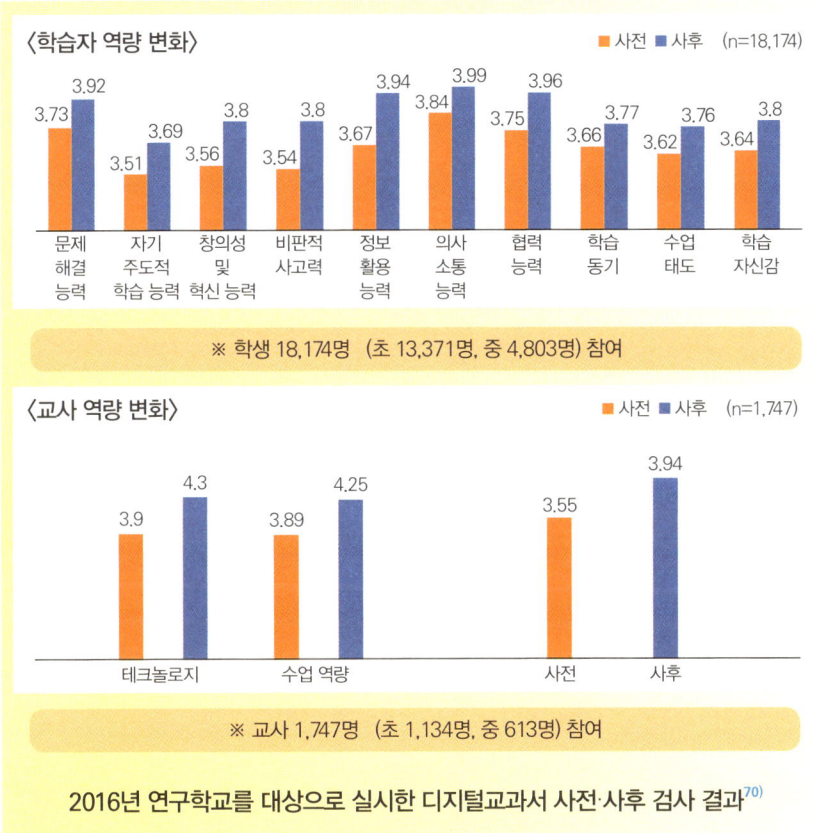

2016년 연구학교를 대상으로 실시한 디지털교과서 사전·사후 검사 결과[70]

임지영   디지털교과서를 활용했을 때 학생들의 어떤 역량이 올라갔는지 궁금하실 것 같아요. 한 연구에서는 학생들의 문제 해결 능력, 자기주도적 학습 능력, 창의성 및 혁신 능력, 정보 활용 능력, 의사소통 능력, 협업 능력, 학습 동기, 수업 태도, 그리고 학습 자신감 등이 전반적으로 향상되었다고 하니 참고하시면 좋을 것 같아요.

디지털교과서의 성장

장지은   저희가 디지털교과서에 대해 좋은 점들을 많이 이야기했는데, 사실은 디지털교과서가 그동안 좋은 성과를 이뤄오지는 못했잖아요.

윤성혜   생각보다 더디게 성장했죠.

장지은   네. 최근 들어 디지털교과서가 새로운 돋움을 시작하고 있는 것 같아요. 저는 사실 처음 디지털교과서가 나왔을 때부터 학교 교육 현장에서의 활용 가능성과 성장을 기대했어요. 그런데 여러 장벽에 의해서 생각만큼 교육 현장에서 활발하게 활용되지 못했죠. 우리가 지금 이야기한 비전과 장점들이 정말 교육 현장에서 효과적으로 적용될지는 조금 더 지켜봐야 할 것 같아요. 실제로 교육 환경에 적용해 봤을 때 어떠한 문제점들이 있는지 살펴봐야 하고요. 실제 현장에서 디지털교과서를 활용해서 교육하는 교사들 입장에서는 어떤 고충이 있는지에 대해 깊게 논의하는 자리도 있어야 하겠죠.

윤성혜   통계를 보니까 2013년도 기준으로는 전국에서 144개 연구학교에서 디지털교과서를 사용했는데, 2015년, 2016년에는 연구학교뿐만 아니라 희망하는 학교들에서 디지털교과서를 활용하게 되면서 디지털교과서 활용 학교가 1년 사이에 1,592개에서 5,013개로 급증을 했어요.

구분	2013	2014	2015	2016
연구학교 수	144	163	134	128
희망학교 수	–	–	1,458	4,885
합계	144	163	1,592	5,013

활용 학교 증가 추이: 163개교 (2014) → 1,592개교 (2015) → 5,013개교 (2016. 11)

디지털교과서 활용 학교 현황(2013~2016)

윤성혜 초창기에 좀 더딘 성장을 보이던 시기가 지속되다가 최근에 급증한 이유를 생각해 보면 저는 한두 가지 이유가 있을 것 같아요. 첫 번째는 교사들의 인식이 개방적으로 바뀐 영향이 있을 것 같고, 두 번째는 아무래도 기기의 가격이 떨어지면서 인프라가 개선된 점이 영향을 미치지 않았을까 하는 생각이 듭니다.

임지영 네. 그리고 마지막으로 드리고 싶은 말씀은 인프라가 부족해도 디지털교과서 기반 수업이 가능하다는 것입니다. 한국교육학술정보원에서 발간한 자료들 중에 디지털교과서 활용 가이드가 있어요.[71] 이걸 살펴보시면, 교사 1기기 환경, 학생 모둠별 1기기 환경, 학생 1인당 1기기 환경 등등 이런 환경에서 어떻게 해야 하는지 제안되고 있습니다. 반드시 기기가 1인당 1기기가 있어야 하는 것은 아니기 때문에 교육 현장에서 더 적극적으로 도입이 되면 좋을 것 같습니다.

디지털교과서 활용을 위한 교실 환경[72]

기기 활용 형태 및 수업 목적에 따라 디지털교과서 활용 교실 환경은 아래와 같이 구분된다.
- 교사 1기기 환경: 교사의 수업 자료로 활용하는 경우
- 학생 모둠별 1기기 환경: 학생 협업 활동을 위해 활용하는 경우
- 학생 1인당 1기기 환경: 학생 개별 활동 및 맞춤형 교수학습을 위한 도구로 활용하는 경우

03 플립러닝

로꾸거 학습, 플립러닝

#플립러닝 #거꾸로학습 #역전학습 #반전학습

플립러닝이란?

윤성혜 오늘의 주제는 플립러닝입니다. 플립러닝이라고 많이 말하지만 원어로 '플립드 러닝(flipped learning)'이고요. 거꾸로 수업, 거꾸로 교실, 거꾸로 학습 등으로 불리고 있어요.

임지영 그리고 역전 학습, 반전 학습이라고도 하더라고요.

윤성혜 이렇게 용어는 다양하게 쓰이고 있는데, 일단 개념 설명부터 드려야 될 거 같아요.

임지영 플립러닝은 'flipped'라는 말의 뜻에서 알 수 있듯이 평소에 우리가 알아 왔던 수업과는 뒤바뀐 형태라고 생각하시면 될 거 같아요. 평소에 우리가 공부하던 방식은 학교에서 선생님의 수업을 듣고, 그 다음에 집에서 숙제를 하는 형태였는데, 이것을 완전히 뒤바꿔서 수업에 들어가기 전에 미리 공부를 하고 수업에 들어간 다음에 선생님과 함께 활동을 하는 것을 플립러닝이라고 할 수 있겠습니다.

윤성혜 집에서 먼저 동영상 강의 같은 것을 보면서 지식을 먼저 습득하고 온 다음에 수업시간에는 협력 학습을 한다든지 심화된 문제 해결을 한다든지 하는 것을 플립러닝이라고 합니다.

전통적인 수업과 플립러닝의 비교

플립러닝의 시작

윤성혜 '플립드 클래스룸(Flipped classroom)'이라는 용어를 처음으로 사용한 건 공대 교수인 베이커(Baker)였다고 해요. 강의 자료를 먼저 온라인에 올려 두고 학생들에게 미리 공부하고 오라고 했더니 수업의 참여도가 더 늘어났다는 경험에서 플립드 클래스룸이라는 용어를 처음으로 사용했다고 하고요.[73)]

사실 지금 같은 형태의 플립러닝은 미국의 과학 교사인 버그만(Bergmann)과 샘스(Sams)가 구체화한 것입니다. 우리가 수업시간에 그냥 전통적으로 수업하면 최소한 수십 명의 학생들을 동시에 가르치게 되잖아요. 이런 경우에는 학생들의 배우는 속도가 제각각이고, 그러다 보면 필연적으로 집중도가 떨어지는 학생들이 많겠죠. 이 두 명의 과학 선생님이 처했던 문제 중의 하나는 운동부 학생들이 훈련을 하느라고 수업시간에 빠지는 경우가 자주 발생했던 거예요. 그래서 이런 학생들을 위해서 강의 동영상을 만들어서 제공하고, 이 학생들이 강의 동영상을 보고 오면 잘 이해했는지 확인하기 위해서 이야기를 나누는 식으로 문제를 해결했던 겁니다. 그래서 이것을 다른 학생들에게도 활용해 보면 어떨까 하는 생각을 통해서 지금과 같은 형태의 플립러닝이 시작됐습니다.

우리나라에 플립러닝이 대중적으로 알려진 계기는 2015년도에 KBS에서 방송한 다큐멘터리 때문이었어요. 〈거꾸로 교실의 마법, 1,000개의 교실〉이라는 제목의 프로그램을 통해서 플립러닝이 많이 알려지게 됐습니다.

왜 우리는 플립러닝을 할까

윤성혜   플립러닝을 하려는 이유를 설명할 때 많이 인용하는 것 중에 하나가 학습 피라미드예요. 학습 방법에 따른 기억률을 보여 주죠. 전통적인 강의식 수업처럼 일방적으로 듣는 수동적인 학습 방법일 경우에 기억률이 굉장히 낮아요. 반면에 집단 토의를 하거나 실제로 연습을 해 보거나 혹은 친구들과 서로 가르쳐 본 경험, 즉 참여적인 학습을 했을 경우에는 기억률이 훨씬 더 높아질 수 있다는 것입니다.

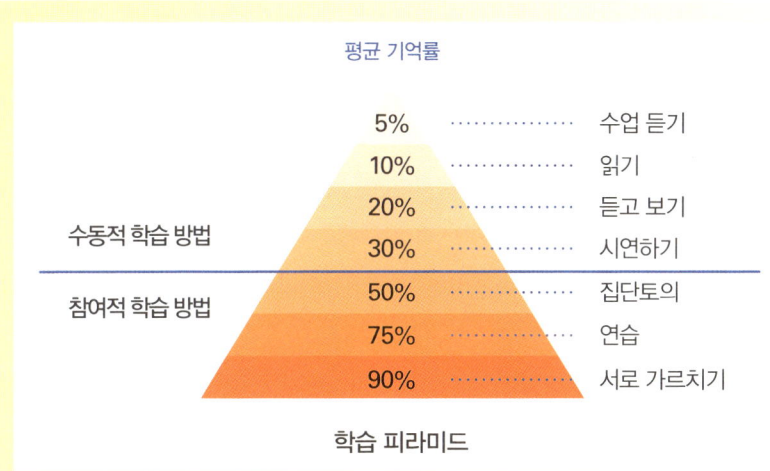

학습 피라미드

NTL National Training Laboratories, 미국행동과학연구소은 위 그림과 같이 학습 방법에 따른 기억률 피라미드를 주장하였다. 그러나 이 학습 피라미드에 제시된 기억률 수치에 대한 실험적 근거를 찾아보기는 힘들다. 그래서 이 주장을 그대로 받아들이기는 어렵다고 볼 수 있으나, 수동적 학습 방법에 비해 참여적 학습 방법이 보다 효과적이라는 점에 있어서는 대부분의 학자들이 견해를 같이하고 있다. 특히 자신이 이해한 것을 직접 말해 보는 것은 스스로의 이해를 점검해 보는 효과가 있다. 이는 인지에 대한 인지, 즉 메타인지 metacognition 와도 관련이 있다. 메타인지란 자신이 무엇을 알고 무엇을 모르는지 파악함으로써 학습의 전 과정을 계획하고, 점검하고, 조절하는 것을 말한다.[74]

플립러닝은 전통적인 수업의 대부분을 채워 왔던 지식전달식 강의를 수업 전 사전 활동으로 옮기고, 수업시간은 스스로 말해 보거나 프로젝트를 수행하는 등의 학습자 주도적인 활동으로 채우고자 하는 접근이다. 최근 플립러닝에서의 수업 중 활동으로 많이 시도되고 있는 방법 중 하나로 하브루타 Havruta 가 있다. 하브루타란 유대인들의 학습법으로, 학습자들이 짝을 이루어 텍스트를 학습하는 것을 말한다. 유대인들은 텍스트를 짝과 함께 읽고, 그 의미를 토론하며, 텍스트가 삶에 던지는 질문들을 탐색한다.[75] 이러한 유대인의 하브루타는 최근 다양한 형태로 변용되어 학교 수업 현장에 적용되고 있다.

장지은   혹시 플립러닝에 교수자가 된 적이 있거나 혹은 플립러닝에서 학습자가 돼 본 경험이 있으신가요? 함께 자신의 경험을 공유해 보면 좋을 것 같아요.

윤성혜 저는 강의할 때 일부 차시에서 플립러닝을 하고 있어요. 15주차 강의 중에 2주 정도 활용하는데요. 저는 플립러닝을 활용하는 이유가 물론 학습 효과 때문이기도 하지만, 한 가지 더 개인적인 이유가 있어요. 수업을 하다 보면 팀 과제를 내주는데 과제만 제시해 주고 알아서 하라고 했을 경우에는 학생들이 '우리 지금 잘하고 있는 건가?', '이렇게 하면 되는 건가?' 이런 모호함을 많이 느껴요. 무엇보다 팀 프로젝트에 불만족하는 이유 중의 하나가 '프리라이더(free-rider, 무임승차자)'가 생긴다는 점이잖아요. 그래서 저는 팀 프로젝트의 큰 윤곽을 잡는 과정을 수업시간 내에 하려고 플립러닝을 시도했어요. 그러면 수업시간에 학생들이 팀을 짜서 주제를 정하고, 그거에 대해서 브레인스토밍을 하고, 의논하고 이런 과정들을 제가 같이 돌아보면서 모니터링을 할 수가 있고요. 그러다 보니 프리라이더 문제도 어느 정도 해결할 수 있고, 학생들이 그때그때 의문이 생기는 사항들을 바로 질문할 수 있을 뿐만 아니라, 저 또한 과제에서 기대하는 수준으로 가고 있는지를 보면서 퍼실리테이팅(facilitating, 촉진) 할 수 있다는 점에서 좋았습니다.

장지은 저도 사실 강의에서 플립러닝을 일부 활용하고 있어요. 성혜님과 거의 비슷한 수준으로 활용하고 있는 것 같아요. 그러면 저는 좀 다르게 학습자였을 때의 경험을 이야기해 볼게요. 제가 플립러닝 수업에서 학습자로서 참여했을 때, 저는 사실 너무 스트레스 받았어요. 그런데 또 한편으론 너무 학습이 재미있고 아주 많이 성장했다고 생각해요. 학습자나 교수자가 학습자 중심의 교육 방식에 있어서 마음이 열려 있지 않으면, 이러한 수업 방식을 바로 받아들이기 어려운 거 같아요. 제가 느끼기에 모두에게 조금 시간이 필요한 것 같았어요. 원활하게 플립러닝이 잘 운영되기 위해서는 교수자와 학습자가 모두 준비돼 있어야 하는 것 같더라고요. 예를 들어서 우리나라는 다른 사람의 의견에 대해서 반론을 제시하는 것을 조심스러워 하잖아요. 친한 친구가 어떤 의견을 제시했을 때, 그 친구의 의견을 지지해 줘야 하는 문화가 있는 거예요. 그래서 처음에는 모두가 굉장히 조심스럽죠. 모든 학습자가 아주 긴장된 분위기였어요. 이렇게 초반에는 긴장감이 맴돌고 다른 의견이 있어도 말하기가 조심스럽더라고요.

하지만 플립러닝에서는 교수자가 퍼실리테이터(facilitator, 촉진자)의 역할을 하잖아요. 즉, 교수자가 무엇인가를 지도하고 가르치기보다는 질문을 통해서 서로 자유로운 토론과 토의가 이루어질 수 있도록 유도하는데요. 이렇게 꾸준하게 분위기를 이끌어 나가다 보니 점차 분위기가 바뀌더라고요. 학기 말에는 우리가 좀 친해도 서로 다른 의견을 자유롭게 제시할 수 있게 되고, 학습 분위기가 자연스럽게 바뀌었어요. 돌아보면 저는 플립러닝 수업을 통해서 정말 많이 배우기도 했고, 자기 주도적 학습에 아주 많은 도움을 받았어요. 학습 주제에 대해 더 깊이 있는 사고를 할 수 있도록 도와주었죠.

임지영 물론 다른 여러 가지 학습 모형도 그렇겠지만 플립러닝은 제대로 설계되어야 하고, 학교와의 협조도 많이 필요한 것 같아요. 왜냐하면 사전 수업 자료로 무엇을 활용할 것인가, 그것을 잘 반영한 수업 활동을 무엇으로 할 것인가도 미리 설계되어 있어야 학생들이 보다 잘 참여할 수 있고요. 그리고 하루의 수업은 교실에 오지 않고도 수업에 참여한 것으로 인정을 해 준다든가, 동영상은 20분을 봤더라도 1시간 수업 시수로 인정을 해 준다든가, 이런 식으로 학교와 제도적인 협력이 있어야 해요. 학습자들이 플립러닝에 대해 부담을 적게 가질 수 있도록 지원이 이루어져야 하는 것이죠.

윤성혜   그런데 플립러닝이 잘 설계되었을 경우에는 높은 만족도를 보이는 것으로 나타나고 있어요. 최근 고려대학교에서 신입생 전원이 수강해야 하는 '자유, 정의, 진리'라는 제목의 교양 수업을 플립러닝으로 운영했어요. 그랬더니 학생들의 만족도가 굉장히 높았는데, 의견을 들어 보면 수업시간에 심도 깊은 주제에 대해서 토론하고 이야기를 나누는 과정을 통해서 "이거야말로 내가 대학에서 배울 거라고 기대했던 수업이었다"라고 평가했다고 합니다.[76] 그러니까 단순히 입시 공부하듯이 지식을 전달받고 문제를 푸는 것이 아니라 어떤 주제에 대해서 내 생각을 정리해 보고, 토론하고, 직접 활동하는 것들이야말로 학생들에게 만족감을 줄 수 있고, 교육적으로 효과 있는 방식이라고 볼 수 있을 것 같습니다.

그리고 또 학생들이 배우는 속도가 다 다르잖아요. 그런데 수업시간에 일방적으로 지식을 전달하게 되면 일부 학생들에게는 그 속도가 맞지만, 일부 학생들은 너무 지겹거나, 너무 빨라서 따라가기 힘든 경우가 생길 수 있는 거예요. 그런데 동영상 같은 것들로 먼저 학습을 해 오게 하면 학습 속도가 느린 아이들은 시간을 더 투자해서 다시 한 번 돌려보는 식으로 자기 속도에 맞게 학습할 수 있는 효과가 있습니다.

임지영   플립러닝 운영을 한 다음에 만족도 조사를 해 보면 학생들의 만족도가 가장 높은 항목 중에 하나가 '강의 자료를 다시 볼 수 있어서'더라고요. 자기가 원할 때 다시 볼 수 있기도 하고, 어려운 부분을 되돌려 볼 수 있다는 점에서 만족도가 높습니다.

버그만Bergmann이 운영하고 있는 커뮤니티 'Flipped Learning Network2014'에 의하면, 플립러닝의 특성은 FLIP의 첫 글자를 딴 다음의 네 가지 단어로 설명할 수 있다.[77]

- Flexible environment 유연한 환경 : 플립러닝을 실천하기 위해서는 다양한 학습을 지원할 수 있는 유연한 환경이 필요하다.
- Learning culture 학습문화 : 교실 수업이 교사 중심의 지식 전달이 아닌 학습자 중심의 학습에 초점을 맞추어야 한다.
- Intentional contents 의도된 콘텐츠 : 학습자들이 이해하고 숙달하기를 원하는 목표가 분명한 콘텐츠를 제공해야 한다.
- Professional educator 전문 교육자 : 교사는 항상 그들의 실천을 반성적으로 고찰하고 전문성을 함양해야 한다.

어떻게 사전 학습을 촉진할 수 있을까

장지은   사실 플립러닝을 실제로 수행해 보면 항상 하나의 큰 문제가 있어요. 바로 사전 학습 과제를 안 해 오는 거예요. 과제를 해 오지 않으면 제대로 된 플립러닝의 학습 효과는 없으니까요. 그래서 교수자는 어떻게 하면 많은 학생이 사전 학습 과제를 해 오도록 할 수 있을지에 대한 고민이 있어요.

윤성혜   맞아요. 그게 교수자들이 제일 많이 하는 걱정이고 실제로 나타나는 현상이잖아요.

장지은   실제로 안 보고 오는 학생들이 정말 많더라고요.

윤성혜   이런 경우에는 어떻게 하면 좋을까요?

임지영   플립러닝에서 어떻게 하면 수업 전 사전 학습을 학습자들이 해 오게 할 것인가 하는 연구가 많이 이루어지고 있어요. 대표적인 방법을 소개해 드리자면 '퀴즈'가 있어요. 수업을 시작할 때 미리 공부해 온 것인데, 어쩔 수 없이 수업 전 학습을 할 수밖에 없게 만드는 방법이죠.

윤성혜   적절한 강제력이 필요하죠.

임지영   그런데 그것도 너무 시험처럼 되어 버리면 사실 재미가 없죠. 요즘 앱 스토어에 검색해 보시면 실시간 반응을 확인하는 앱들이 굉장히 많이 나와 있어요. 예를 들어 '소크라티브(Socrative)'를 활용하면, 교수자가 낸 퀴즈를 학생들이 각자의 핸드폰이나 태블릿 PC로 풀어요. 그러면 결과가 실시간으로 나타나면서 상호작용할 수 있어요.

윤성혜   제가 한 가지만 더 덧붙여서 소개하자면 최근에 많이 쓰고 있는 '카훗(Kahoot!)'이라는 앱이 있어요. 다른 앱들에 비해 카훗이 가지는 장점이 있는데요. 카훗에서는 문제를 푸는 데 제한 시간을 설정할 수 있고, 또 한 문제, 한 문제를 풀 때마다 순위 변동을 보여 줄 수 있어요. 문제를 많이 맞힐수록, 그리고 빨리 선택할수록 고득점이 되는 거예요. 그러면 학생들이 게임하는 기분으로 몰입해서 경쟁적으로 참여하게 되더라고요.

최근의 한 논문은 뉴질랜드의 한 대학에서 카훗을 활용한 수업에 대한 학습자의 인식을 조사해 보여 주었다.[78]

스크린에 제시되는 게임 화면   학생 기기에 나타나는 화면

카훗의 스크린 / 모바일 화면

연구 결과, 학습자들은 카훗 활용 수업에서 ❶ 주의와 집중, ❷ 상호작용과 참여, ❸ 학습과 지식의 파지retention, ❹ 재미와 즐거움을 경험한 것으로 나타났다. 연구의 결과를 요약해 보면 다음과 같다.

- ❶ 주의와 집중: 학습자들은 카훗에서 정답을 맞히기 위해서 수업 내용에 집중해야 했다.
- ❷ 상호작용과 참여: 카훗은 많은 학습자의 참여를 이끌어 내는 데 효과적이었고, 교수자-학습자, 학습자-학습자 간 상호작용을 촉진했다. 그러나 일부 학습자는 경쟁에 대한 열망 때문에 충분히 이해할 시간을 갖지 못하기도 했다.
- ❸ 학습과 지식의 파지: 카훗은 학습을 촉진했고, 배운 것을 오래 기억할 수 있도록 도움을 주었다.
- ❹ 재미와 즐거움: 대부분의 학습자가 수업이 지루하지 않고 즐거웠다고 하였으나, 일부 학생들은 재미가 있었지만 학습한다는 느낌이 들지 않았다고 보고하였다. 학습과 재미의 균형을 유지하는 것이 필요함을 시사한다.

임지영   또 다른 방법이 있는데 수업 전 학습 자료를 보고 할 수 있는 간단한 숙제를 내는 거예요. 예를 들어 자신이 가장 이해하기 어려웠던 것이 무엇이었는지를 적어 오도록 하면 학생들에게 수업 전 자료를 보고 오도록 하는 장치가 되는 것이죠. 또 비슷한 방법으로 수업 자료를 미리 읽고 요약을 해 오도록 하는 것도 방법이 될 수 있고요. 이 외에도 교수자 입장에서 조금 더 노력해야 되는 방법이긴 한데, 수업 자료를 두 개 올리는 거예요. 제대로 된 것을 하나, 틀린 것들이 약간 섞여 있는 것을 하나 더 올려서 틀린 것이 어디인지 찾아오게 하는 것도 숙제가 될 수 있다고 합니다.[79]

윤성혜   인지적인 도전을 주는 방법이네요. 저희가 디지털교과서에 대해서도 다뤘었잖아요. 플립러닝을 할 때, 디지털교과서를 활용할 수 있거든요. 플립러닝에서 디지털교과서를 활용하는 방식은 두 가지 차원이 있을 것 같아요. 첫째는 수업 전 학습 자료로 디지털교과서에서 제공하는 다양한 자료들을 활용하는 경우가 있고요. 둘째는 수업 중에 하는 활동들을 디지털교과서를 활용해서 하는 경우가 있습니다. 사실 선생님들께서 영상을 새로 촬영해야 되고, 편집해야 된다는 것에 대한 부담감이 많으실 수 있는데요. 학습 목표에 딱 맞는 자료들이 디지털교과서에서 제공되는 경우가 많아서 그런 것들을 활용할 수 있다는 장점이 있고요.[80] 그리고 수업 중에 디지털교과서를 활용해서 협력 학습 같은 활동을 하게 되면 학생들의 학습 기록이 남게 되니까 이런 것들이 나중에 좋은 데이터로 활용되기도 합니다.[81]

플립러닝에 대한 인식과 미래

장지은   요즘 대학에서도 플립러닝을 많이 시도하고 있는데요. 제가 대학 교수학습센터에서 일하는 분에게 학습자들의 의견이 어떤지 물어봤어요. 그분 말씀이 플립러닝을 하면 교수가 수업을 안 한다는 피드백이 많이 온대요. 플립러닝으로 수업을 하면서 사전 학습 영상에 해당 교수자가 나오지 않으면 그 교수가 수업 절반을 안 했다고 생각한다는 거예요. 그런데 사실 교수자 관점에서 토의와 토론이 잘 일어나도록 촉진하는 것 자체가 매우 큰 역할이거든요. 오히려 강의보다도 더 힘들고 준비도 많이 필요하죠. 하지만 학습자로서는 플립러닝에 대한 이해가 없으면 '교수님이 강의를 하지 않으셨다. 사전 과제 영상도 교수님이 촬영한 영상이 아니었다. 교수님은 수업시간에 거의 말이 없으셨고, 뭐를 하시는지 잘 모르겠다' 이런 피드백들이 온다는 거예요.

윤성혜   맞아요. 그런 경우가 많은 것 같아요. 이게 비단 플립러닝의 문제뿐만 아니라 학습자 중심의 수업에서 발생하는 문제 중에 하나예요. 저도 학생들의 얘기를 들을 기회가 있었는데, 수업시간이 학습자가 중심이 되는 활동으로 진행되는 경우에는 '선생님은 그럼 뭐 하시는 거지?', 그리고 수업에서 이렇게 활동하고 토론했는데 '그래서 나 뭘 배운 거지?' 이런 모호함을 느끼는 경우가 많더라고요. 그래서 수업시간에 활동 위주의 학습자 중심의 수업을 하고 나면 교수자가 요약을 한다든지 핵심을 다시 짚어 준다든지 하는 것이 필요할 것 같습니다. 그리고 학습자 중심의 학습 경험들이 많이 쌓이다 보면 학생들의 인식도 좋아지지 않을까라는 생각도 들고요.

장지은 　그리고 플립러닝을 하고 나서 플립러닝에 대해서 부정적으로 생각했었던 학생들의 의견을 들어 보면, 친구들의 쓸데없는 이야기를 듣는 게 싫었다는 의견이 많아요. 교수자로부터 정확하게 구조화된 핵심 정보를 전달받고 싶은데, 학생들의 쓸데없는 얘기로 시간 낭비 하는 게 싫은 거죠. 그런데 관련 분야의 학자들은 학습자들이 쓸데없는 소리를 하거나 주제를 벗어난 이야기를 하는 것들까지도 제어하지 말라고 권유해요. 풍부하게 논의할 수 있는 시간을 주도록 하죠. 그런 이야기들 속에서 또 다른 배움이 일어나기도 하고 다른 정보와 연결 지어 새로운 아이디어가 나오기도 하고요. 다양하고 창의적인 가능성이 오히려 자유로운 발언에서 나오는 것이라는 거죠. 반면에 누군가는 그렇게 낭비되는 시간이 너무 아깝고 교수자로부터 더욱더 핵심적인 고급 정보를 얻고 싶어 하는 거죠.

윤성혜 　맞아요. 수업을 통해서 객관적인 지식을 얻어가겠다는 것에 초점을 맞추면 가장 효율적이고 정확한 방법은 가장 전문가인 교수자의 강의를 듣는 방식일 수 있어요. 그렇지만 학습자 역량 측면에서 보면, 토론을 하고 이야기 나누는 과정을 통해서 의사소통 능력이 키워지기 때문에 그 자체가 학습의 목표일 수 있잖아요. 그런 것도 고려를 한다면 목표에 따라서 플립러닝을 적절히 활용할 수 있지 않을까라는 생각이 듭니다.

임현진 　궁극적으로 우리가 미래를 준비하기 위해 교육과 학습을 하는 것이고, 그렇다면 거기에 맞는 방법이 무엇일까 고민을 하면서 플립러닝으로 가고 있잖아요. 앞으로는 지식을 습득하는 것 자체보다는 생각하는 힘, 질문하는 힘 이런 것들을 길러야 될 부분입니다. 이런 힘은 플립러닝을 통해서 강화시킬 수 있으니 앞으로는 플립러닝을 적용한 수업들이 더 많이 확산될 것이라고 생각합니다.

04 MOOC

내 방에서 명문대 학위 받기: 온라인 공개강좌 A to Z
#OER #OCW #MOOC #나노디그리

OER, OCW, MOOC의 개념

윤성혜 오늘은 OER, OCW, MOOC를 주제로 이야기를 나누려고 합니다. 처음 들어보신 분들은 '이게 다 무슨 말이야, 알파벳만 읊고 있는데?'라는 생각이 드실 것 같네요. 개념부터 하나씩 이야기를 해 볼까요?

임지영 OER은 'Open Educational Resources'의 줄임말이고 우리말로는 공개 교육 자료라고 합니다.

장지은 OCW는 '오픈코스웨어(Open Course Ware)'를 뜻합니다.

윤성혜 마지막으로 무크(MOOC)는 'Massive Open Online Courses'의 약자입니다. 우리나라 말로는 대규모 온라인 공개강좌라고 이야기하죠. OER, OCW, MOOC, 이 세 가지를 같은 선상에 놓고 이야기를 나눌 수 있을 것 같아요.

공개 교육 자료 Open Educational Resources, OER [82]

OER은 교수 학습 자료, 연구 자료 등을 제한 없이 이용할 수 있도록 공개하는 것을 말한다. 2002년도부터 UN교육과학문화기구인 UNESCO에서 주장한 개념으로, 교과서조차 구하기 어려운 학생들이 많은 개발도상국과 같이 교육의 기회가 제한되고 결핍된 곳에 도움을 줄 수 있다. 디지털 형태로 제공하므로 교과서를 제공하는 것보다 비용 절감의 효과가 있다.

오픈코스웨어 [83] Open Course Ware, OCW [84] & KOCW [85]

OCW는 강의 계획서, 교수 학습 자료, 학습 콘텐츠 등을 무료로 일반 대중과 공유해서 누구나 사용하도록 하는 시스템을 의미한다. OCW는 1999년부터 MIT 교수진들이 우수한 지식과 교육을 전 세계에 전파하는 것을 목표로 진행되었다. OCW는 2000년에 정식으로 제안되어 뉴욕타임즈를 통해 2001년에 발표되었고, 2002년 Microsoft와 함께 MIT에서 개설된 50개의 강좌의 강의 계획서, 교수 학습 자료, 학습 콘텐츠 등을 인터넷 상에 무료로 공개하기 시작하였다. 대표적인 참여 기관으로는 MIT, UNESCO, GLOBE 등이 있으며 국내에서도 2007년 고등 교육 교수 학습 자료 공동 활용 체제 Korea Open Course Ware, KOCW를 구축하였다. KOCW는 고등 교육 및 평생 교육의 기회를 확대하여 지식 공유 문화를 확산시키고자 국내·외 일반 대학, 원격 대학 및 기관에서 자발적으로 공개한 고등 교육 강의 동영상, 강의 자료를 무료로 제공하고 있다.

온라인 공개 수업 Massive Open Online Course, MOOC [86]

MOOC는 수강 인원에 제한 없이 Massive, 모든 사람이 수강 가능하며 Open, 웹 기반으로 Online 미리 정의된 학습 목표를 위해 구성된 강좌 Course를 말한다. 2001년부터 MIT를 중심으로 진행된 공개 교육 자료 운동 Open Educational Resources Movement에서 시작되었으며, 대규모 사용자를 대상으로 제공하는 온라인 공개 수업이다. MOOC라는 단어는 2008년에 처음 사용되었으며 코세라 Coursera, 에덱스 edX와 같은 체계적인 MOOC 플랫폼이 생성된 2012년도 무렵부터 교육계의 화두가 되었다. 광범위하게는 테드 TED 같은 1회성 강의도 MOOC에 포함되고, 무료를 기본 철학으로 하고 있지만 유료 강의도 역시 MOOC로 보기도 한다. 최근엔 MOOC 플랫폼 수도 점점 늘어나면서 그 영향력이 확장되고 있으며 2015년에 한국형 온라인 공개강좌 K-MOOC [87] 서비스를 시작하였다.

윤성혜 2012년도에 뉴욕타임즈에서 올해의 키워드로 MOOC를 선정했을 정도로 관심을 받았는데요. MOOC로 인해서 우리가 전통적으로 생각했던 대학 교육, 고등 교육이 사라질지도 모른다는 급진적인 주장을 펼치는 사람들도 있어요. 반면에 MOOC가 기존의 대학 교육을 보완하는 형태로 운영될 것이라는 비교적 온건한 주장도 있습니다.[88]

장지은 MOOC라는 개념이 처음 나왔을 때 실제로 교수자들은 자신들이 설 자리가 없어진다는 사실에 대한 두려움을 많이 느꼈다고 해요. 스탠포드나 MIT 등의 아이비리그 대학에서 유명 교수들의 좋은 강의를 녹화하고 그것을 다양한 언어로 번역해서 제공하니 위기감을 느낀 거죠. 그런데 최근에는 MOOC 콘텐츠를 플립러닝(flipped learning)에 활용할 수 있다는 생각이 확산되면서 교수자들의 위기감이 많이 줄어들었다고 하고요. MOOC로 인해 교수들이 설 자리가 없어진다는 위기감보다는 교수자들이 활용할 수 있는 다양한 교육 자료 또는 방법 중 하나로 MOOC를 활용한 플립러닝을 고려하게 되면서 불안감이 많이 잠식했다는 보고가 있어요.[89]

윤성혜 저도 MOOC에 대한 교수자 인식을 조사한 연구를 본 적이 있어요. 이 연구는 서울 소재 특정 대학에서 강의를 하고 있는 교수와 강사를 대상으로 설문을 실시했는데요. 본인의 강의를 MOOC로 개발할 의향이 있는지 물었을 때, 24.1%가 참여 의향이 있다고 응답한 반면, 75.9%는 참여 의향이 없다고 밝혔습니다. 참여 의향이 있다고 한 교수자들은 그 이유로 교육 자원 개방에 기여(26.5%), 교육자로서의 사회적 책무(18.2%), 학습자의 자율학습 자료로 활용(11.8%), 재직 대학의 브랜드 가치 제고에 기여하고 싶어서(10.0%)를 들었다고 해요. 반면에 참여 의향이 없다고 응답한 교수자들은 학업 성취 효과가 떨어질 수 있기 때문에(17.5%), 강의 제작을 위한 과다한 시간 투여(16.4%), 강의 촬영에 대한 부담감(15.8%), 담당 교과가 MOOC로 공개하기에 부적합(13.7%), 개인 업무로 인한 시간 부족(10.7%) 등을 그 이유로 꼽았다고 합니다.[90] 여기서 질문 하나 드릴게요. 교수자로서 MOOC 콘텐츠를 개발하라고 한다면 하시겠어요?

장지은   네. 저는 할 것 같아요.

윤성혜   지은님은 실제로 하셨잖아요. 콘텐츠 개발하실 때 부담은 없으셨어요?

장지은   저는 MOOC를 제작할 때 촬영 시기가 정말 많이 바쁠 때였거든요. 그래서 아쉬움도 많이 남아요. 하지만 한 번 자료를 잘 구축해 두면 플립러닝 수업이 필요할 때 자유롭게 활용할 수 있더라고요. 제 얼굴이 노출되는 것에 대해서 부담이 전혀 없는 것은 아니었어요. 하지만 강의 자료 화면에 목소리만 녹음된 형태의 자료와 교수자가 화면에 직접 등장하는 자료는 교수 실재감의 큰 차이가 있더라고요. 저는 가끔 보강이나 보충 자료를 제공하기 위해서 강의 자료 화면에 음성만을 녹음한 학습 콘텐츠를 만들어서 제공하는데요. MOOC 콘텐츠를 만들 기회가 생겨서 교수자가 영상에 직접 등장하는 양질의 자료를 만들어 놓을 수 있으면 활용하기 좋을 것 같아요. 학습자 입장에서는 강의 자료에 목소리만 녹음된 형태보다 교수실재감도 더 크게 느끼고 집중도 잘 하게 되죠. 그리고 교수자 입장에서는 MOOC 콘텐츠를 개발할 때 잘못된 내용은 없는지 세세한 부분들까지 신경 쓰는 계기가 되더라고요. 그러한 과정에서 강의 내용을 정교화할 수 있어서 좋은 것 같아요.

윤성혜 저도 지은님과 같이 콘텐츠를 개발했는데요. 저희가 했던 것은 엄밀히 구분하자면 MOOC가 아니라 OCW였어요. 저는 차기 셀럽이잖아요? (웃음) 차기 셀럽인데 얼굴이 노출되는 것 정도는 감수해야죠.

장지은 감수라뇨, 감사하죠. (웃음)

윤성혜 재미있네요. 지영님은 어떤가요?

임지영 저는 안 할 것 같아요. 무조건 안 한다는 것은 아니고, 몇 년 이상, 몇 학기 이상 강의를 해 본 경험이 있는 과목이라면 할 텐데, 초보 교수자의 입장에서 MOOC 콘텐츠를 개발하라고 한다면 저는 못 할 것 같습니다.

윤성혜 이해가 되네요. 저도 콘텐츠를 만들어 놓고 그런 생각을 했죠. '다음에 한 번 더 하면 정말 잘할 것 같은데…'

임지영 제가 박사 공부를 시작하기 전에 이러닝 회사에 다녔는데요. 그때 회사에서 이야기하던 것 중 하나가 현장 강의와 녹화 강의의 차이가 크다는 것이었어요. 강사 앞에 카메라만 있는 것이 분위기를 완전히 다르게 만든다는 거죠. MOOC를 촬영하시는 교수님들 중에도 카메라와 본인만 둘이 있는 상황에 대해서 너무 부담스럽다는 분들이 계셨던 것 같아요.

1세대 MOOC
: 유다시티, 에덱스, 코세라

장지은   해외의 MOOC는 사설 기관이나 대학을 중심으로 자발적으로 시행되고 확산됐어요. 우리나라의 경우에는 국가적 차원에서 교육부가 총괄 및 기획하고 있고 국가평생교육진흥원에서 사업을 위탁 받아서 주관 및 시행하고 있어요.

윤성혜   우선 해외 MOOC 플랫폼들에 대해서 이야기를 해 보면 좋을 것 같아요. 크게 코세라(Coursera), 에덱스(edX), 유다시티(Udacity) 이 세 가지를 3대 MOOC라고 이야기 하고 있죠. 플랫폼별로 특성이 다른 것 같은데, 간단히 소개를 해 주시겠어요?

장지은   먼저 각 플랫폼이 가지고 있는 큰 특징을 간략하게 말하자면, 코세라는 가장 많은 수강생을 보유하고 있는 플랫폼이고요. 에덱스는 비영리단체의 오픈소스 플랫폼입니다. 마지막으로 유다시티는 이공계 중심의 플랫폼이라고 할 수 있어요.

윤성혜   에덱스는 MIT와 하버드가 주축이 되어서 운영을 하고 있기 때문에 비영리로 운영되고 있고요. 코세라와 유다시티는 스탠포드 대학의 교수가 설립을 했지만 영리 기관으로 운영이 되고 있습니다. 코세라는 실리콘 밸리 기업을 중심으로, 유다시티는 스타트업 기업을 중심으로 콘텐츠를 개발하고 공개하고 있습니다. MOOC가 개방된 것이라고 해서 무료라고 생각을 하실 수도 있는데 그렇지 않은 경우도 있어요.

임지영 저도 에덱스 강의를 들어 본 경험이 몇 번 있는데요, 여러 가지 구조가 있습니다. 과정 자체를 듣는 것에 돈을 내는 경우도 있지만, 코스를 듣는 것까지는 무료인데 자격증을 발급받기를 원할 때 돈을 내는 경우도 있고요. 다양한 방식으로 운영이 되는 것 같더라고요.

장지은 유다시티의 나노디그리(nano degree)가 바로 그런 경우인데요. 학위는 아니지만 수료증(certification)의 형식에 따라서 비용에 차이가 있어요. 유다시티의 나노디그리 외에도 MOOC에 석사 학위 과정이 생기고 있는데요. MIT나 조지아 공대(Georgia Tech) 같은 경우, MOOC로 석사 학위를 취득하면 오프라인으로 다니는 것에 비해 비용이 6분의 1밖에 들지 않는다고 합니다. 그리고 프로그램 중에 직업 연계 프로그램으로 수료증 과정이 있어요. 아무 과정이나 선택해서 받을 수 있는 것은 아니고요. 글로벌 대기업들이 요청하는 과정 체계가 있어서 그에 부합한 과정들을 이수하고 수료증을 받으면 그 기업에 취업할 수 있도록 연계해 줍니다. 100% 취업이 보장되는 건 아니지만 획기적인 제안이죠. 그래서 최근에는 교육과정과 직업이 연계되는 코스들이 점차 늘어나는 추세입니다.

	코세라	에덱스	유다시티
참여 기관	세계적 명문대학 중심, 파트너 교육 기관	세계적 명문대학 중심, 파트너 교육 기관	세계적 리더 기업체
구분	영리	비영리	영리
접근	무료	부분 무료	무료
수료증 발급	유료	유료	유료
제공 형식	코스, 특별 묶음 강좌, 온라인 학위	코스, 프로그램	코스, 나노디그리
분야별 코스	컴퓨터과학, 경영학, 공학 등	예술과 인문학, 경영학, 컴퓨터과학 등	컴퓨터과학 분야에 특화

3대 MOOC 플랫폼 개요 [91], [92]

코세라 Coursera [93]

코세라는 2012년 스탠포드 대학의 두 명의 컴퓨터 과학 전공 다프네 콜러(Daphne Koller) 교수와 앤드류 응(Andrew Ng) 교수가 만든 것으로, 웹사이트가 공개된 이후 단 3개월 만에 190개 국가에서 64만 명의 가입자를 유치했다. 듀크대학, 존스홉킨스대학, 미시간주립대학, 와튼스쿨 등이 대표적으로 코세라에 강의를 제공하고, 하버드대학이나 MIT 등은 경쟁 업체인 에덱스(edX)에 강의를 제공하고 있다. 강의는 무료로 청강이 가능하나, 피드백 및 학습 지원을 받으려면 과정별 일정 금액을 지불해야 한다. 그 비용은 29~99달러 수준을 유지하지만, 과정 큐레이션이 제공되는 특별 묶음 강좌의 경우 한 달에 39~79달러의 수수료를 지불해야 한다. 학부와 석사 학위 과정이 있으며, 코세라를 통해 온라인으로 학위를 취득할 때 드는 비용은 1만 5,000~2만 5,000달러로, 같은 학위를 오프라인으로 취득할 때보다 50% 이상 비용 절감의 효과가 있다.

에덱스 edX [94]

하버드 대학교와 MIT에서 2012년 설립한 MOOC 플랫폼으로 현재 서울대를 비롯한 전 세계 120여 개에 이르는 유수의 대학 및 기관의 강의를 제공하고 있다. 단순 교육 수강 시 무료로 운영하지만 수료증 취득 또는 학위 발급을 통한 수수료 모델로 비즈니스를 운영하는 것이 특징이다. 석사 학위는 수준 높은 강의를 오프라인 코스보다 저렴한 학비로 취득할 수 있다는 장점이 있다. 이 외에 전문 인증 프로그램 중 마이크로 석사 프로그램Micro Masters Programs 은 대학원 수준의 강좌를 수강함으로써 석사 학위 과정의 일부를 학점 인정받을 수 있어 편의성과 비용면에서 강점을 가진다. 전문인증프로그램Professional Certificate Programs은 현업에서의 전문 지식과 기술을 쌓는 데 초점을 두어 대학이나 특정 기업에서 직접 강의를 제공하고, 해당 과정의 이수 조건을 충족하면 해당 직무로 연계할 수 있도록 지원한다. 또한 특정 분야의 전문 지식은 X-시리즈X-series에서 수강할 수 있으며 전 세계 최고 수준의 전문가 집단의 강의를 어디에서나 들을 수 있다는 장점이 있다.

유다시티Udacity & 나노디그리[95], [96]

유다시티는 스탠포드 대학 교수인 세바스찬 스런Sebastian Thrun, 데이비드 스테븐스David Stavens, 마이크 소콜스키Mike Sokolsky가 2011년에 만든 MOOC 플랫폼이다. 세바스찬 스런 교수는 스탠포드 대학 컴퓨터과학 교수로 재직할 당시에 구글 연구원으로도 활동하였으며, 이러한 그의 경력은 구글 내부 개발자와 데이터 과학자들이 직접 온라인 강의를 제공하는 형태로 긴밀히 협력할 수 있는 토대가 되었다. 유다시티는 2012년 200억 이상의 대규모 투자를 받아 성장하였으며, 그 핵심에는 2014년 6월 출시된 '나노디그리Nano degree'라는 프로그램이 있다. 학위를 의미하는 degree에 세분화되었다는 의미로 Nano를 붙여 취업을 위한 특정 기술 교육 수료 과정을 시작하였다. 주로 IT 관련 전문 기술자를 양성하는 과정이 해당되며 현업에서 실제적으로 필요한 기술과 지식을 습득할 수 있도록 과정별 평균 6개월에서 1년이 소요된다. 프로젝트 기반으로 토의, 조교와의 면접 등 다양한 형태로 과정이 운영된다. 유료로 나노디그리 프로그램을 수료할 경우 1:1 커리어 코칭서비스, 네트워킹 이벤트, 이력서 작성, 커리어포털 활용, 멤버십 등과 같은 커리어 지원을 제공한다.

MOOC의 장점

윤성혜 그렇다면 MOOC의 기대 효과는 무엇일까요?

장지은 MOOC의 장점은 사실 우리가 흔히 알고 있는 이러닝의 장점과 중복되는 부분들이 많지만, 그것과 대비해서 더 특별한 점들도 있어요. 겹치는 점은 시간과 공간의 제약 없이 동시적으로든 비동시적으로든 학습이 일어날 수 있다는 것과 누구나 참여할 수 있다는 것입니다. MOOC에서는 대상의 폭이 더 넓어져서 국적, 학력, 지역, 나이, 경제력, 자격 등과 상관없이 누구나 학습자가 될 수 있다는 것이 특별한 점입니다. 이러한 측면에서 몽골의 한 소년의 사례를 말씀드리고 싶어요. 이 소년은 몽골에서 가난하게 태어나서 학습의 기회나 지원이 정말 부족했어요. 그런데 열다섯 살에 MOOC를 통해 미국의 MIT 공학 강좌들을 수강하기 시작했고 시험에서 만점을 받았어요. 과정 수강생 중에는 고등 교육까지 받은 사람들이 포함되어 있을 텐데도 만점을 받은 사례가 0.2%에 불과하대요. 그래서 열다섯 살의 학생이 만점을 받은 것을 교수자가 눈여겨보게 되었고 결국에는 MIT에 입학하게 되었어요.[97] MOOC를 통해 전 세계의 좋은 학생을 발굴한다는 것에도 의미가 있지만, 교육적인 인프라가 부족한 개발도상국에 양질의 교육을 제공하는 데 큰 역할을 하고 있어요. 그리고 무엇보다도 오프라인 대학을 다니는 것에 비해서 최대 6분의 1 정도의 저렴한 비용으로 학위를 취득하거나 자격증을 얻을 수 있다는 것이 매우 큰 장점이고요. 마지막으로 교육과정을 유동적으로 구성할 수 있다는 것도 장점이에요. 요즘 MOOC 과정을 한 학기 단위로 만들지 않고 주제에 따라 잘게 쪼개서 모듈 단위로 만들고 있어요. 실제로 학습자가 자기 특성에 맞는 코스를 본인의 관심사에 따라 구성해서 학습할 수 있어요. 이러한 특성은 학습자의 자기주도적인 학습을 촉진하죠.

윤성혜   그 내용과 관련해서 제가 최근에 참신한 비유를 들었어요. MOOC를 촬영했던 경험이 있는 한 교수님께서 지금처럼 학생들이 일반적인 대학에 입학을 하고 교육을 받는 것은 마치 패키지 단체여행 같다고 하시더라고요.

장지은   재미있는 비유네요.

윤성혜   네. 그 교수님께서 생각하기에 바람직한 학습은 학생들 모두가 각자의 경로대로 가는 배낭여행이 되어야 한다고 하셨는데, 굉장히 공감이 되면서 참신하게 다가오더라고요. 아까 지은님이 얘기한 것과 맥을 같이 한다고 볼 수 있을 것 같아요. MOOC의 다양한 모듈 중에서 내가 관심 있는 것들을 골라서 나만의 학습 경로를 만들어 가는 것이 패키지 여행이 아니라 혼자서 배낭여행을 하는 비유와 맞아 떨어지는 것 같습니다.

장지은   장점에 대해서 혹시 더 하실 얘기가 있으신가요?

임지영   MOOC에서 '협력'도 중요한 키워드라고 생각합니다. 프로젝트 기반 학습, 문제 해결 학습처럼 복잡하고 정교한 형태의 협력 학습도 있지만 보다 단순한 형태로 토론도 협력 학습이라고 할 수가 있어요. MOOC

는 같은 교실에 있는 학습자뿐만 아니라 전 세계의 다양한 관점을 가진 학습자들과 토론을 할 수 있는 기회가 제공되거든요. 그래서 MOOC를 통해 거대(massive) 협력이 가능하다는 것이 중요한 장점이라고 생각합니다.

장지은   MOOC를 크게 xMOOC와 cMOOC로 나눠서 보기도 하는데 xMOOC가 OCW에서 언급한 것처럼 강의 영상을 녹화해서 콘텐츠로 개발하는 방식을 말해요. 지금 말씀해 주신 것처럼 연결 중심적이고 협력과 상호작용을 교육과정의 핵심 요소로 구성하는 MOOC를 cMOOC라고 부르죠. cMOOC에서는 학습자들이 온라인 환경에서 적극적으로 함께 상호작용하면서 학습할 수 있도록 다양한 방식으로 지원해 줘요.

임지영   한 가지 추가하자면, MOOC를 사용하는 학습자가 굉장히 많은데, 학습자의 행동과 반응들, 예를 들어 클릭 횟수, 강의 재생 시간이나 수업에 집중한 시간 같은 사소한 행동부터 어떤 과제를 업로드했는지 같은 복잡한 학습 활동까지 많은 것들이 데이터로 저장되거든요. 이와 같은 빅데이터를 이용해서 학습자들의 행동을 예측하거나 각각의 학습자들에게 맞는 정보를 제공하는 학습분석학이 맞춤형 학습 측면에서 각광받고 있어요.

장지은   요즘은 그러한 시스템을 개별 학습경로 트래킹(traking)이라고 부르더라고요. MOOC 플랫폼에서 자동 데이터 분석 시스템을 구축해서 학습자가 어떤 주제의 내용에 얼마나 머물렀는지, 어떤 학습 콘텐츠에 관심을 가지고 살펴봤는지 등을 자동으로 분석하고요. 이런 자료들은 학습을 지원하거나 촉진하는 데 쓰이고, 이 데이터를 기반으로 관심이 있을 만한 학습 정보를 자동으로 선별해서 보여 줘요.

MOOC의 약점

윤성혜 지금까지 MOOC의 장점에 대해 이야기를 했는데 MOOC가 가지고 있는 문제점들도 있죠. 제일 큰 문제는 끝까지 공부를 하는 사람이 매우 드물다는 것입니다. 그래서 '낮은 이수율' 또는 '높은 중도 탈락율'이라는 표현이 자주 등장해요. 조사 주체나 시기에 따라서 조금씩 다르긴 하겠지만, 수료율이 약 5% 정도라는 결과도 보았어요.[98]

장지은 죄송합니다. 제가 사과드릴게요. 범인은 저예요. (웃음)

윤성혜 아… 그 90% 이상에 속하는….

장지은 네. 제가 한 몫하고 있습니다. 저는 사실 처음부터 MOOC를 꼭 끝까지 이수하겠다는 마음으로 수강 신청을 해 본 적이 없는 것 같아요. 전체 코스 중에 특정 주제 부분에 관심 있어서 신청을 한 경우도 많고, 사례 같은 것을 모으기 위해서 신청한 경우도 있고요. 관심이 있는 주제는 몇 번을 돌려 보며 수업을 듣지만 같은 코스 안에 관심이 없는 주제는 수강을 전혀 하지 않았어요. 수강 신청 기간이 정해져 있다 보니까 어쩌다 한 번 보더라도 들을 수 있는 기회를 열어 놓기 위해서 흥미로운 것들은 일단 수강 신청을 눌러 놓게 되더라고요. 아마도 앞서 이야기한 MOOC 교육과정의 모듈화가 이러한 이유에 따라서 이루어지는 것이겠죠.

임지영　저도 끝까지 수강을 해야겠다는 마음을 가지고 시작한 적은 없어요. 몇 주차 수업이 나에게 유용할 것 같아서 수강 신청을 한 것뿐이지 처음부터 끝까지 듣겠다는 계획을 세우지는 않았어요.

윤성혜　K-MOOC에 참여했던 경험이 있는 학습자들을 대상으로 한 설문조사 결과를 보면, 강의를 중도에 포기하는 이유 중 가장 많은 응답을 보였던 것은 '의지 부족'이었습니다(60.35%). 그다음으로는 강좌 내용이 어려워서(8.77%), 학습량이 부담스러워서(7.95%), 이수 후에 특별한 보상이 없어서(4.01%), 이수 조건이 까다로워서(1.08%) 순으로 나타났어요.[99] 끝까지 학습하게 할 유인책이 필요할 텐데요. 이수율을 높일 수 있는 가장 확실한 방법으로는 돈을 내게 하는 것이 있죠.

임지영　사교육 업계에서 굉장히 효과적인 마케팅 전략이 '자기가 목표한 대학에 붙거나 목표 점수를 달성하면 수강료 반액을 돌려주겠다'는 것이라고 해요. 한 회사에서 시작했는데 완전 성공을 해서 다른 회사까지 다 퍼졌거든요. 아마 MOOC도 그 방법이 확실히 효과적이지 않을까 합니다.

장지은　또 다른 MOOC의 단점은 무엇이 있을까요?

윤성혜 앞서 지영님이 협력을 언급했는데요. MOOC는 대규모로 모르는 사람들이 함께 학습을 하다 보니까 오히려 상호작용이 활발하지 않는 현상도 발생하는 것 같아요. 여러분들도 MOOC를 경험해 본 적이 있다고 하셨는데, 토론방 같은 곳에 참여해 보신 분 계세요?

임지영 기능을 만들어 둔다고 사람들이 다 활용하는 건 아니라서요.

장지은 실제로 면대면으로 모여서 토의나 토론을 하는 것보다 온라인상으로 하는 것이 조금 약하긴 한 것 같아요. 그런데 지영님이 말씀하신 것처럼, 협력이 중요한 cMOOC에서는 협력과 의사소통을 적극적으로 하게끔 만드는 여러 장치들을 개발하고 있기는 하더라고요. 그중에 최근 성공적으로 운영되고 있는 것이 인근에서 같은 강의를 듣고 있는 사람들을 파악해 커뮤니티를 만들어 주는 빅데이터 시스템이에요. 예를 들어 내가 만약 이화여대에서 MIT의 회로 강좌를 듣고 있다면, 이화여대와 인근 연세대에서 그 강좌를 듣고 있는 사람들을 파악하고 모아 주는 거죠. MIT의 MOOC 강좌라서 영어로 진행되겠지만, 지역 기반으로 만들어진 커뮤니티 내에서는 한국어로 소통할 수 있고요. 오프라인 미팅도 할 수 있도록 만들어 주는 것이죠.[100]

윤성혜 그리고 또 다른 문제는 평가와 관련된 것입니다. 보통 30~40명 규모의 수업이라고 하면 과제물이나 시험 답안을 교수자가 질적으로 평가하는 것이 가능하지만 MOOC는 말 그대로 massive, 대규모이기 때문에 이렇게 많은 수강생의 학습을 어떻게 평가할 것인가도 문제가 되죠. 그래서 과제물을 무작위로 다른 학습자에게 전달해서 학습자끼리 서로 과제물을 평가하도록 하는 대안적인 평가 방식을 도입하기도 합니다.[101]

장지은   자연계 전공 쪽에서는 온라인을 통해 간접 체험에 자꾸 의존을 하게 되면 직접 체험하는 경험이 줄어드니 실험이나 실전에서 학습자들의 부주의와 사고를 증가시킬 수 있다는 것이 MOOC의 또 다른 문제점으로 거론이 되더라고요.

윤성혜   실험을 안 하게 된다는 의미인가요?

장지은   실험을 직접 해 보는 경험보다 영상으로 촬영된 실험과정을 본다든지 하면서 간접적인 경험 제공은 증가하고 이에 만족하면서 직접적인 경험의 기회는 계속 줄어들게 되는 거죠. 그러면서 실험실의 사고는 증가할 수 있다는 주장이에요.

K-MOOC의 성공을 위한 시사점

윤성혜   우리나라에서도 유다시티의 나노디그리와 같은 형태를 시도하고 있다고 들었어요.

임현진   네. 교육부와 국가평생교육진흥원이 유다시티의 나노디그리를 벤치마킹해서 '매치업(match業)'[102)]이라는 사업명으로 한국형 나노디그리를 추진 중이에요. 산업맞춤 단기 직무 인증 과정으로 특정 기업이나 기관에서 직무와 관련된 교육 콘텐츠들을 제공하는데 그 과정을 수강하면 해당 기업의 맞춤형 인재가 될 수 있도록 하는 거죠. 정부에서는 이런 방법이 고용 창출의 기회를 제공한다고 생각하는 것 같아요. 한마디로 취업 사관학교의 온라인 버전이라고 할 수 있습니다. 그런데 유다시티에서 나노디그리가 성공할 수밖에 없었던 이유가 미국의 탄력적인 고용 문화와 관련이 있어요. 그런데 한국은 한 번 고용을 하면 해고를 쉽게 할 수가 없으니 국내 대기업들은 고용 측면에서 부담을 느껴서 정부에서 생각한 것만큼 선뜻 참여를 하지 못하게 되는 것이죠. 그래서 지금 예상보다 참여율이 저조한 편이에요. 그리고 많은 사람들이 이러한 프로그램과 제도가 있는지 잘 모르는 상태인 것 같아요. 매치업 사업은 2018년 10월부터 시작되었기 때문에 이제 막 시작한 단계라 홍보가 그만큼 안 된 것 같고 참여 기업도 그렇게 많지는 않아요. 이제 사업을 시작하는 단계이기 때문에 아직은 지켜보아야 할 것 같고 쉽게 평가를 내릴 수는 없을 것 같아요. 하지만 기업 측에서는 사업 취지에 공감은 하지만, 취업을 시켜 줘야 하는 책임을 갖고 있는 것이 아닌지, 그걸 어떻게 다 감당을 할 수 있을지에 대한 이야기가 나온다는 거죠. 그래서 지금 난항을 겪고 있다고 합니다. 만약에 사업을 하는 것 자체에 의의를 갖고 성과 지표로 취업률로 연결시키지 않으면 좀 더 활성화가 될 수 있을 것 같지만, 정부 입장에서는 돈을 엄청나게 투자를 했는데 뭔가 가시적인 성과가 보이지 않으면 그것도 부담이겠죠. 여러모로 어려운 점이 많은 것 같습니다.

장지은   유다시티의 나노디그리는 플랫폼 자체가 완전히 성공을 거둔 다음에 시행되었어요. 그러다 보니 구글, 페이스북 같은 IT 대기업들이 먼저 뛰어들어 참여를 했고, 나노디그리 수업을 직접 개발하기도 했어요. 그래서 기업과 학습자 그리고 MOOC 플랫폼이 원하는 방향에 따라 발전했죠.

윤성혜 기업이 원하는 인재를 맞춤형 교육으로 키우겠다는 것에서 시작을 하는 거죠.

임현진 맞습니다. 실리콘밸리의 기업은 조직 구성의 유연성이 큰 편이에요. 일단 마음에 드는 인재를 뽑아서 일을 하게 하고 성과가 기대에 못 미치면 해고 통보가 자유로워요. 그러다 보니 인재 교육에서 고용까지 이어지는 사이클이 빠르게 진행이 되고 있어요. 그리고 미국의 법률도 '임의고용 원칙'을 세워 기업의 자율권을 보장하고 있어 기업에서는 해고를, 피고용자는 이직이 굉장히 자유롭다고 합니다.[103] 그런데 한국, 특히 대기업은 노동조합이나 여러 가지 이해관계 때문에 고용이 굉장히 민감한 부분이죠. 하지만 한국은 나노디그리 사업을 대기업 위주의 톱다운(top-down) 방식으로 진행하려고 하니까 참여율이 저조할 수밖에 없는 것 같아요.

윤성혜 지금까지 OER, OCW, MOOC의 개념과 장단점 등을 이야기해 보았는데요. 어떻게 해야 잘 쓸 수 있고 발전시켜 나갈 수 있을지를 이야기를 하면서 마무리를 해 보면 좋을 것 같아요.

장지은 아까 이야기한 것 중에 해외에서는 cMOOC를 통해 지역 학습자들을 묶어 주는 시스템이 성공적으로 운영되고 있어요. 그리고 유다시티의 나노디그리도 유커넥트(U-connect)라는 시스템을 서비스하면서 인접한 지역에 살고 있는 나노디그리 수강자들의 오프라인 모임을 만들어 주고 있고요. 여기에 그룹장이 있고, 그룹장이 스터디 그룹을 이끌기 때문에 유료 서비스임에도 불구하고 자기주도 학습에 어려움을 겪는 사람들에게 도움이 되어 인기를 끌고 있다고 해요. 실제로 지역 커넥트 서비스를 실시하고 나서부터 과제 제출율이나 완료율이 30%나 증가했대요.[104] 이런 방식을 K-MOOC에서도 적극적으로 활용해 보면 좋지 않을까 생각이 드네요. 단지 강의만을 학습하는 것이 아니라 그 동안 MOOC 시스템에서 부족했다고 느꼈던 즉각적인 피드백, 학습자 간의 상호작용과 교수자와의 상호작용을 더욱 촉진할 수 있는 다양한 전략들을 마련하면 좋을 것 같아요.

임현진   K-MOOC를 어디서, 어떻게 들을 수 있는지 모르시는 분들은 'www.kmooc.kr'에 접속해서 회원가입을 한 후 들으시면 됩니다. 국내 유수한 대학들의 강의들을 올려놨기 때문에 콘텐츠의 질이 굉장히 높아요. 지금은 MOOC를 듣는 사람이 드물기 때문에 커뮤니티를 만드는 데 한계가 있지만, 많은 사람들이 듣게 되면 커뮤니티도 잘 만들 수 있을 것 같아요. 제가 예전에 이러닝 콘텐츠를 제작했던 경험에 비추어 보면, 매년 법령 같은 것이 개정되거나 시대적으로 이슈가 있을 때마다 콘텐츠를 업데이트 할 필요가 있는데 수요가 없으면 콘텐츠를 업데이트 하지 않거든요. 그냥 옛날 버전으로 계속 남겨 두다 보면 더 품질이 떨어져서 경쟁력을 잃게 돼요. 그래서 MOOC도 많은 사람들이 활용을 해야 협력도 이루어지고 강의 콘텐츠도 지속적으로 업데이트가 되면서 활성화가 될 것 같다는 생각이 듭니다.

장지은   이왕 홍보하는 김에 제가 한 말씀 더 드리자면 K-MOOC 앱이 있어요. 이 앱을 내려받으시면, 기존에 갖고 있는 SNS 계정을 연동해서 쉽게 회원가입과 로그인을 할 수 있어요. 대중교통에서도 이동 중에 모바일 기기로 수강하실 수 있고요. 신청 가능한 수업 리스트를 보면서, 어떤 흥미로운 주제가 있는지 찾아보시는 것도 좋을 것 같아요.

<임현진>　K-MOOC를 활용하면 정말 유명한 강의들을 손안에서 들으실 수 있는 상황인데, 활용도가 낮아서 많이 안타깝습니다.

<윤성혜>　네. 우리가 좋은 콘텐츠를 많이 활용하고, 활성화하면 더 많은 시도들을 할 수 있지 않을까 싶습니다.

05 K-12 에듀테크 사례

에듀테크를 기반으로 한 미래학교들
#미래학교 #칸랩 스쿨 #스티브잡스스쿨 #알트스쿨 #N고등학교

칸랩 스쿨 Khan Lab School

윤성혜 오늘은 K-12의 미래학교들, 특히 에듀테크를 활용한 혁신적인 학교들에 대한 이야기를 나눠 보려고 합니다. K-12란 유치원부터 초등학교, 중학교, 고등학교까지 12년을 가리키는데요, 대표적인 몇 가지 사례를 소개해 드리려고 합니다.

장지은 칸랩 스쿨부터 이야기를 해 볼까요? 칸랩 스쿨은 칸 아카데미(Kahn Academy)[105]에서 출발을 했는데요. 칸 아카데미는 무료 온라인 강의를 들을 수 있는 곳이에요. 살만 칸(Salman Khan)이라는 사람이 원래 사촌 동생들 과외 공부를 해 주던 교육 내용을 기록해서 유튜브에 업로드하기 시작했고, 많은 사람들 사이에서 입소문을 타기 시작하면서 칸 아카데미가 설립되었다고 해요.

윤성혜 우리나라에서도 칸 아카데미를 적극적으로 활용하고 있어요. 네이버 커넥트 재단에서 운영을 같이 하고 있는데, 한국 사이트에서는 수학, 과학, 컴퓨팅을 주로 다루고 있더라고요.

장지은 칸 아카데미는 살만 칸이 사촌 동생에게 수학을 가르쳐 주는 것으로 시작했기 때문에 수학 콘텐츠가 강세를 이루고 있어요.

윤성혜 칸 아카데미 직접 해 보셨어요?

임지영 저는 칸 아카데미로 공부를 해 본 것은 아니고 연구 목적으로 한 번 들어가 본 적이 있는데, 사이트가 정말 예쁜 거예요. 아이들이 그 사이트에 들어가면 이것저것 만져 보고, 클릭해 보고 싶게 하는 디자인이더라고요. 그리고 칸 아카데미의 칸 대시보드(dashboard)가 유명하거든요. 공부를 하면 배지(badge)를 주는데, 다양한 종류의 배지가 있어요. 초등학교 때 선생님이 '참 잘했어요' 스티커를 주던 느낌이죠? 그리고 학습을 얼마나 진행했는지를 세부적으로 점검할 수 있도록 되어 있더라고요.

윤성혜 처음 칸 아카데미가 유튜브에 올린 영상으로 시작했지만, 칸 아카데미 사이트의 핵심은 문제를 풀어 나가는 과정에 있죠. 어떤 문제를 풀어서 맞으면 조금 더 높은 난이도의 문제로 넘어가고, 틀렸을 때 힌트를 달라고 하면 관련된 콘텐츠가 제공이 되기도 하고요. 그래서 학습 속도에 맞추어 학습이 제공된다는 것도 중요한 특징입니다.

장지은 그리고 칸 아카데미에서 학습 내용이 서로 어떻게 연관되는지 학습 개념 연결망 같은 것을 보여 주거든요. 그래서 내가 학습한 내용과 관련 있는 학습 내용을 연결망에 따라 함께 공부해 나갈 수 있어요. 저는 수학 콘텐츠를 몇 개 해 봤고, 최근에 칸 아카데미에서 코딩도 시작해서 그것도 해 봤어요. 주어진 문제를 미션을 해결해 나가듯이 단계적으로 재미있게 풀어 나갈 수 있도록 구현했더라고요.

임현진 그러면 온라인 학습 플랫폼인 칸 아카데미에서 출발한 칸랩 스쿨에 대해서 이야기 해 볼까요?

장지은 칸랩 스쿨은 개인 맞춤형 학습을 추구하면서도 프로젝트 중심 수업을 통해 협력을 강조한다고 해요. 정해진 커리큘럼이 없고, 학생들의 관심사에 따라서 수업을 진행하고요. 따라서 학년 구분도 기존의 학교와는 다릅니다. 정해진 학년과 학급의 구분이 없고 수준별 과제에 따라 모여서 프로젝트 중심으로 수업이 진행돼요. 칸랩 스쿨 이후에 살펴볼 미래형 학교들을 보면 학교 커리큘럼이 오전과 오후로 나뉘어 있는 경우들이 많더라고요. 대부분 오전에는 학습이, 오후에는 프로젝트 형식으로 진행이 되는데요. 실제로 칸랩 스쿨도 오전은 개별 맞춤 학습 위주로 시행하고, 오후에는 다양한 신체 활동, 조작 활동, 프로젝트 수업을 진행한다고 해요.

윤성혜 조금 더 명확하게 하자면, 칸랩 스쿨은 온라인 기반의 칸 아카데미의 교육 철학을 그대로 가지고 와서 오프라인의 학교를 만든 것이에요. 지은님이 설명해 주신 것처럼 개별적인 학습 시간과 프로젝트를 수행하는 학습으로 주로 구성되어 있습니다.

장지은 2014년도에 미국 캘리포니아에서 처음으로 문을 열었으니, 신생 학교라고 말할 수 있어요.

윤성혜 맞아요. 오늘 이야기할 학교들 대부분이 다 그때쯤 만들어진 것 같아요. 그렇게 오래되지 않았죠. 교육이 바뀌어야 된다는 이야기를 오래 전부터 해 왔지만, 교육이 바뀌지 않으면 안 된다는 위기감을 피부에 와 닿도록 느낀 것이 그때쯤인 것 같아요.

장지은   그리고 이런 미래학교들이 전통적인 학교와 무엇이 다른지 비교했을 때 가장 많이 거론되는 것이 숙제와 시험이 없다는 점이더라고요. 실제로 칸랩 스쿨도 숙제와 시험을 최소화했다고 합니다.

스티브 잡스 스쿨 Steve Jobs School [106]

장지은   칸랩 스쿨과 비슷한 학교가 있죠. 담임교사도 없고 학년도 없는 그런 학교요. 어디죠?

임지영   네덜란드에 스티브 잡스 스쿨이라는 곳이 있다고 합니다. 저는 이번에 처음 알게 되었는데, 왜 하필 미국도 아닌 네덜란드에 스티브 잡스 스쿨이 있는지 궁금하더라고요. 혹시 아는 분 계신가요?

임현진   스티브 잡스 스쿨의 큰 특징이 모든 학생들에게 아이패드를 나누어 주고, 아이패드를 기반으로 수업을 한다는 점에 있어요. 그것을 강조하고 싶어서 학교 이름을 스티브 잡스 스쿨이라고 한 것 같아요. 학생들에게 아이패드를 지급한 목적은 개인화된 교육을 제공하는 것인데, 교사들도 학생들도 아이패드로 교수 학습을 하는 거예요. 등하교 시간도 학생들이 각자 선택해서 원하는 시간에 공부를 한다고 합니다. 제가 이 학교의 역사를 조금 더 파고들어 봤더니, 네덜란드의 유명한 여론조사 전문가인 마우리스 드 혼드(Maurice de Hond)가 이 학교를 세웠는데, 학교에서 배우는 것으로는 당시 만 4세였던 자신의 딸이 미래 세상에서 살 수 없겠다고 생각해서 이런 학교를 만들었다고 해요. 그런데 아이패드로 교육한다는 것이 네덜란드 정부 입장에서는 굉장히 혁신적인 것이죠. 2016년에 비즈니스 인사이더(Business Insider)라는 기관에서 세상에서 가장 혁신적인 학교 14개 중에 하나로 이름이 올랐어요.[107] 이렇게 하다 보니 네덜란드 정부 입장에서는 공교육에 도입하자는 생각을 하게 된 거예요. 그래서 2016년 기준으로 네덜란드의 35개 학교에 이 시스템을 도입했고, 심지어 남아공에서도 두 개 학교가 개교했다고 합니다.

윤성혜 마우리스 드 혼드에게 여러 종류의 태블릿 PC가 있는데 왜 굳이 아이패드를 쓰면서 스티브 잡스 학교라고 명칭을 정했냐고 질문을 했더니, "스티브 잡스는 새로운 시대의 첫 걸음을 만든 인물이다. 그래서 이 인물의 상징적인 의미가 충분히 가치가 있다고 생각을 했다"고 이야기를 했대요. 스티브 잡스가 살아 있던 시절에 아이패드를 활용한 다양한 교육용 앱이 많이 만들어졌고, 그런 의미를 고려해서 이름을 짓게 됐다는 기사가 있네요.[108]

임현진 조금 더 보충 설명을 하면 스티브 잡스가 아이패드를 교육적으로 활용하기를 굉장히 갈망했었다고 해요. 그리고 스티브 잡스 스쿨을 만든 네덜란드 재단 측의 입장은 더 효과적인 교육용 패드가 있다면 그것을 사용할 수도 있지만, 현재는 아이패드의 교육용 앱들이 굉장히 잘 나와 있기 때문에 이것을 사용한다는 입장인 것 같습니다.

임지영 앞에서 개인화를 위해 아이패드를 사용한다는 이야기를 했는데, 스티브 잡스 스쿨의 특징 중에 아주 중요한 것이 있어요. 이 학교 홈페이지에 들어가면 학습 목표 지향(learning goals oriented)라는 것이 있어요.[109] 학습을 시작하기 전에 학생들이 자신의 학습 목표를 먼저 설정하도록 한 다음, 그 목표에 따라 공부가 이루어지게 함으로써 개인화된 학습을 지원하는 것이에요. 그리고 아이패드에서 학습을 지원하는 다양한 앱들이 사용된다고 해요. 일곱 가지 앱을 종합해서 에스쿨 툴즈(sCoolTools)라고 이야기하는데, 에스쿨 코어(sCoolCore) 에스쿨 트래커(sCoolTracker), 에스쿨 폴리오(sCoolFolio), 에스쿨 그룹(sCoolGroups), 에스쿨 메신저(sCoolMessenger), 에스쿨 데스크(sCoolDesl) 등의 앱이 있습니다. 이 앱들을 학생들만 사용하는 것이 아니라 교사와 부모님까지도 같이 이용한다고 해요. 이 중 몇 가지를 소개하려고 하는데요, 에스쿨 폴리오는 디지털 학습 포트폴리오라고 할 수 있어요. 학습자가 했던 활동들을 한데 모아 그 사람의 포트폴리오로 만들어 주는 것이죠. 그리고 협력학습을 위한 에스쿨 그룹스가 있어요. 스티브 잡스 스쿨의 학생들이 컴퓨터와의 상호작용을 주로 하니까 사람과의 의사소통 방식을 못 배우는 것이 아니냐는 우려가 있대요. 그런데 에스쿨 그룹스는 이 앱에서 본인의 학습 목표와 같은 목표를 가진 학습자들을 알려 주고 만나서 함께 학습을 진행할 수 있도록 해 주는 것이죠. 이렇게 아이패드를 기반으로 이루어지는 학교에서 학습자 간의 협력을 지원하기도 합니다.

에스쿨 툴즈 sCoolTools

스티브 잡스 스쿨에서는 아이패드에서 활용할 수 있는 다양한 앱들을 통칭하여 에스쿨 툴즈라는 이름으로 제공하고 있는데, 교사용, 학습자용, 부모 또는 양육자용으로 구분된다. 학습 추적, 플래너, 메신저, 포트폴리오 등 다양한 기능이 에스쿨 툴즈로 제공된다. 보다 자세한 내용은 스티브 잡스 스쿨 홈페이지 및 유튜브에서 확인할 수 있다.[110], [111]

장지은 학생들이 스스로 세운 학습 계획에 따라 교육하는 것이 스티브 잡스 스쿨의 큰 특징 중의 하나더라고요. 그런데 학습자 혼자서만 계획을 세우면 제대로 안 될 가능성도 크고, 학습자 스스로 계획을 얼마나 잘 구조화해 나갈지도 확신할 수 없잖아요. 스티브 잡스 스쿨에는 그러한 것들을 코칭(coaching) 해 주는 학습 코치(coach)가 있어요. 코치는 학습자가 어떻게 학습 계획을 세웠는지 평가하고 지도해 주기보다는, 계획을 세우는 방법을 알려주고 스스로 계획을 세우고 학습할 수 있도록 도와준대요. 또 코치는 6주라는 단위를 설정해서 6주마다 학생 스스로 계획을 얼마나 실천했는지 점검하고, 향후 어떤 계획을 세울 것인지 수정할 내용은 없는지에 대해서 함께 논의해서 향후 계획을 수립하는 과정을 거친다고 하네요.

임현진 그리고 아이패드를 통해서 교사, 학부모, 학생이 다 같이 자신의 학습 진도나 목표 설정에 대해서 협의를 하기도 하고 평가도 이루어진다고 합니다.

윤성혜 학교라는 공간에서 인생에 필요한 모든 것들을 배우는 것이 불가능하기 때문에, 아이들이 졸업을 한 후에도 스스로 무언가를 학습할 수 있는 역량을 가지고 있어야 한다고 이야기했었죠. 교육과정 재설계센터(Center for Curriculum Redesign, CCR)의 프레임워크를 보면 '메타학습'이라는 표현이 있어요.[112] 즉, 학습에 대한 학습이라고 할 수 있는데요. 학습자가 스스로 주도적으로 학습을 어떻게 해 나가야 하는가에 대한 트레이닝을 하고 있다는 생각이 들었습니다.

N고등학교[113]

윤성혜 아이패드 같은 디지털 매체를 기반으로 많은 학교들이 새로운 시도들을 하고 있는데, 이번에 소개해 드릴 N고등학교는 일본의 사례입니다.

장지은 N고등학교는 IT 기업 드왕고(dwango)가 설립한 학교예요. N은 네트워크의 N을 의미하지만, 새로움의 New, 다음의 Next도 의미한대요. 그래서 새로운 미래를 준비하는 미래학교라는 의미이죠. 이 학교가 유명해진 이유가 가상현실(Virtual Reality, VR)이거든요? VR로 주목받은 두 가지 이벤트가 있었는데, 그중 하나가 입학식이에요. 학생들이 입학식 현장에 모인 다음 모두 VR 기기를 착용하고 가상공간에 들어가서 입학식을 하는 거예요. 입학식 사진이 정말 재미있어요. 최신 미래학교에서 교복을 위아래로 완벽하게 맞추어 입고 타이도 가지런히 매고 있어요. 모두 같은 VR 기기를 착용하고 오와 열을 딱 맞춰 앉아 있죠. 사실 우리가 생각하는 미래는 자유롭고, 개방적이고, 다양성을 존중하는 것이잖아요. 이 사진이 재미있는 이유는 디지털 기기를 착용하고, 신기술을 사용하고 있지만, 학습자들의 자율성과 다양성이 무시되고 경직된 자세로 모두 똑같은 옷을 입고 반듯하게 정렬해 있다는 사실이에요. 이질적인 감정을 묘하게 자극하는 거죠. 또 다른 N고등학교의 화재의 이벤트는 인터넷 소풍인데요. 모두 같은 시간에 VR 기기를 착용하고 가상의 공간으로 소풍 가는 거예요.

윤성혜 저도 N고등학교 홈페이지를 봤는데 드래곤 퀘스트라고 하는 롤플레잉 게임 속으로 들어가서 소풍을 즐겼다고 합니다.

장지은 1년에 5일 정도만 학교에 간대요. 그때만 학생 간의 면대면 상호작용이 이루어지고요.

윤성혜 사진을 보면 아주 이질적으로 보이기는 해요. 미래학교의 목표가 사실 최신 IT 기술을 많이 쓰자는 것이 아니라, 결국은 우리가 어떤 역량을 키워줄 것인가, 그러기 위해서 어떤 교육 방식을 적용할 것인가가 더 중요하고, 그러다 보니 이런 기술이 들어오게 되는 것인데 말이죠.

임현진 방금 소개했던 스티브 잡스 스쿨도 최신 기술을 활용해서 교육을 하지만, 아이패드를 활용하는 것 자체가 목적이 아니라 아이패드는 하나의 도구인 것이죠. IT 인재를 양성하는 것이 아니라 미래교육을 위한 새로운 방식을 도입하자는 것인데, N고등학교는 과연 어떤 것이 바람직한 미래학교인가에 대해 다시 한번 생각을 해 보게 하네요.

알트 스쿨 Alt School [114]

장지은 또 다른 미래학교 사례가 바로 미국의 알트 스쿨인데요. 이 학교는 전 세계 사람들에게 기대를 받았던 학교여서 최근에 쏟아져 나오는 걱정과 우려들이 조금 충격적이기도 해요. 알트 스쿨은 구글 임원인 멕스 벤틸라(Max Ventialla)가 설립했는데요. 투자자들이 정말 대단했었죠. 페이스북의 마크 주커버그(Mark E. Zuckerberg), 이베이 창업자 피에르 오미디야르(Pierre M. Omidyar), 스티브 잡스의 아내로 알려진 로렌 파월 잡스(Laurene Powell Jobs)도 투자를 했고요. 그 외에도 전 세계의 큰 손들이 투자하면서 실리콘 밸리의 주목받는 교육 스타트업으로 부상했어요.

임지영 알트 스쿨을 이야기하면 저는 교육의 흐름이 이렇게 빨리 변하는구나를 느껴요. 제가 처음 박사 학위 공부를 시작했던 게 2016년 여름이었거든요? 그때 어떤 교수님들이 참석하는 회의에 갔는데, 미래 혁신학교의 대표적인 사례로 알트 스쿨을 이야기하더라고요. 그런데 최근에 비슷한 회의에서 실패 사례로 알트 스쿨 이야기를 하더라고요. 단 2년 만에 대표적인 성공 사례에서 실패 사례로 변했다는 것이 저에게는 충격이기도 했어요.

윤성혜 그런데 완전한 실패라고 말하는 것도 섣부를 수 있다는 생각이 들어요. 지금까지 지역별로 아홉 개 학교를 열었는데, 현재 절반 정도는 닫기로 결정을 하고 나머지에 집중하겠다고 한 상태예요. 그래서 완전히 실패라고 하기보다는 비판을 받고 있는 상태라고 이야기를 하는 것이 더 맞을 것 같고요. 어떤 점에서 기대를 많이 받았고, 또 어떤 점에서 주춤하고 있는지 이야기해 봐야 될 것 같아요.

장지은 성공 기대 사례에서 위기 사례로 이야기되고 있죠. 사람들이 위기라고 보는 이유 중 하나가 연이은 폐교 소식 때문이에요. 그래서 알트 스쿨의 위기, 실패라는 말까지 나오는 것이고요. 또 다른 이유도 있어요. 이 학교를 다닌 학부모들이 언론을 통해 굉장히 부정적인 인터뷰를 했어요. 그 내용들이 알려지면서 더욱더 위기의 학교로 이야기되는 것이죠.

윤성혜 그런데 이 학교가 어떤 식으로 운영되는지 이야기해 보면, 앞에서 이야기했던 스티브 잡스 스쿨이나 칸랩 스쿨과 비슷한 지점이 많아요. 예를 들어, 알트 스쿨도 학년 구분이 없어요. 교재도 없고 노트북 같은 기기를 적극적으로 활용해서 온라인 강의를 병행해요. 그리고 로봇, 3D 프린터 같은 기술적인 것을 활용하는 교육을 운영한다고 하거든요. 이런 지점들을 보면 다른 학교들이랑 비슷한 지점이 많은데 왜 이 학교만 위기냐는 부분에서 의문이 생기죠.

장지은 제가 앞서 이야기했던 것 중에 오전과 오후를 나누어 오전에는 맞춤학습을 하고, 오후에는 체험과 프로젝트 위주의 학습을 하는 형식을 알트 스쿨도 채택하고 있어요. 정교화된 커리큘럼 없이 학생들의 흥미와 특성에 맞추어 맞춤형 커리큘럼을 제공한다는 측면도 다른 미래학교들과 굉장히 유사하죠. 알트 스쿨의 위기를 보고하고 있는 기사들을 자세히 살펴보면 운영 측면에서 아주 미흡했던 것 같은 느낌이 들어요. 예를 들어 학교의 철학과 가치관에 대해 학부모들을 충분히 설득하고 이해시키지 못한 측면이 있어요. 학교에 문의하면 정확한 답변을 받지 못하니까 학부모들의 불안감이 쌓여 가게 되는 것이죠. 그리고 개인별 학습 커리큘럼을 설계해서 학부모에게 공개하겠다고 했지만 제대로 이행되지 않았다고 학부모들은 말해요. 그리고 어떻게 학습이 이루어지고 있는지를 학부모에게 전달하는 실시간 피드백 시스템을 구축했다고 홍보했지만 실제로 실시간 피드백은커녕 학습이 어떻게 이루어지고 있는지 전혀 의사소통되지 않았다고 해요. 학부모들의 불안감과 불신은 계속 높아갔고 연이어 학생들이 퇴교했죠.

임현진   또 다른 이유로 언급되는 것이 기초 학습 능력이에요. 기존의 학교에서 배울 수 없었던 IT, 코딩 교육을 강화해서 디지털 인재로 키우는 것이 목적이었는데, 문제는 읽기 쓰기와 같은 기초적인 학습 능력을 습득하지 못한 상태로 학습이 진행되었다는 것이죠. 결국 아이들이 학교 교육을 따라가지 못하는 문제들이 발생했다고 해요.

윤성혜   기초학력이 떨어져서 불만들이 쌓였다는 이야기를 저도 보았는데, 너무 관심사 중심의 수업이 이루어지다 보니 아이들이 기초적인 맞춤법도 모르고, 기본적으로 알아야 할 것들을 모른다는 불만들이 쌓인 것 같아요. 저는 이 부분이 정말 어려운 문제라고 생각해요. 지금까지 우리가 미래교육이나 4차 산업혁명 시대 역량에 대해서 이야기를 할 때, 지식을 일방적으로 전달받아서 많이 갖추는 것만으로는 안 된다는 이야기들을 했잖아요. 그런데도 불구하고 기초적인 것들은 가지고 있어야 한다는 공감대는 있거든요? 어디까지가 기초학력이기 때문에 꼭 알아야 하는 것인지, 어디부터 관심사에 따라 자연스럽게 학습자 중심으로 학습해야 하는 영역인지 결정하는 것은 굉장히 어려운 것 같아요.

장지은   정말 어려운 문제인 것 같아요. 사실 미네르바 같은 경우는 이미 정규 교육과정을 다 받은 성인 학생들을 대상으로 하기 때문에, 창의적으로 프로젝트를 하고, 실제 사회에서 존재하는 다양한 문제들을 해결해 나가는 것들이 가능하죠. 그런데 K-12 단계에서는 무엇이 반드시 알아야 하는 기초 학습의 개념이고, 무엇이 자율적으로 학습자들이 지식을 구성해 나갈 수 있는 개념인지를 명확히 구분하기가 쉽지 않아요. 알트 스쿨에 다녔던 학생과 학부모의 사례 중에 학교에서 읽기 교육을 너무 시키지 않아서 글을 읽을 수가 없는 상태가 계속되었다는 이야기가 있어요. 학부모는 몇 번이나 학교에 이야기했지만 학교는 적극적으로 답변을 해 주지 않았으며, 그냥 기다리라는 답변만 계속했다고 하고요. 아이는 결국 학습 부진아 판정을 받게 되고 퇴교했다는 사례예요.

윤성혜 교육, 특히 미래교육의 정답은 아무도 모르는 상황이거든요. 그렇기 때문에 어디까지, 얼마나 해 주어야 되는지를 사실 그 누구도 가장 적절한 지점을 모르는 상황이죠. 그러다 보니까 여러 가지 시도들을 하고, 실험을 하는 상황인데, 너무 소통이 부족했던 점, 그리고 비판에 대해서 치열하게 고민하려는 노력이 부족했던 점에서 아마 많이 비판을 받은 것 같습니다. 그래서 알트 스쿨의 경우 추이를 조금 더 지켜봐야 할 것 같아요. 학부모들의 불만이나 사회적 비판들을 적극적으로 수정해서 더 나은 방향으로 발돋움을 할 수 있지도 않을까 생각해요. 이런 부분들은 저희가 조금 더 지켜보는 것으로 합시다.

Chapter 03

미래교육,
무엇을
해야 할까?

01. 세계시민교육
02. 디지털시민교육
03. 기업가정신교육
04. 소프트웨어 교육
05. 메이커교육
06. K-12 미래학교 사례

01

세계시민교육

건전한 미래를 위한 세계시민교육

#세계시민교육 #제노포비아 #인권감수성 #다문화수용 #지속가능한 발전

우리나라의 현주소

윤성혜   오늘 저희가 이야기 나눌 주제는 세계시민교육입니다. 왜 우리가 〈미래교육 인사이트〉에서 세계시민교육을 다룬다고 생각하세요?

임현진   저희는 미래교육이 막연히 '테크놀로지로 혁신적인 변화를 일으킨다'라는 것보다는 포괄적인 주제를 포함한다고 생각을 했죠. 미래교육을 이야기할 때, '어떤 교육을 해야 하는가'라는 담론도 교육 방법 못지않게 중요하다고 생각하는데 최근에 주목받고 있는 세계시민교육이라는 주제를 선정하게 됐습니다. 우리나라도 이제 다문화 사회가 되어 가고 있기 때문에 세계시민교육이 더욱더 부각되고 있는 게 아닐까 싶습니다. 요즘 학교 현장에서도 다문화 가정 학생들이 높은 구성 비율을 차지한다고 해요. 심지어는 신입생 전원이 다문화 배경을 가진 학생으로 구성된 학교가 있다는 소식도 들었습니다.

윤성혜   맞아요, 저도 봤어요. 물론 지역적인 편차가 커서 다문화 학생들의 비율이 높은 지역이 있는 반면 그렇지 않은 지역도 있죠. 제가 본 기사는 대림동에 있는 한 초등학교의 2018년 신입생 72명 전원이 다문화 학생이었다는 거였어요.[115] 대림동이 원래 중국인들이 많이 사는 지역이긴 하죠. 학창 시절에 다문화 가정의 학생이 친구로 있었던 적 있었어요?

임현진 제가 초등학교 때 유럽계 혼혈인 친구가 있었어요. 제 기억에는 따돌린다거나 괴롭힘은 당연히 없었고 같이 어울려서 잘 지냈는데, 이제 와 생각해 보니 미처 배려하지 못한 부분들이 있었을 것 같다는 생각은 들어요.

임지영 다문화 사회가 됐다는 말을 많이들 하잖아요. 그런데 다문화가 귀에는 익숙해졌는데, 아직도 마음으로는 익숙하지 않다는 생각이 들어요. 아직도 외국인이 낯설어 보일 때도 있고, 자연스럽게 대하기보다는 '어떻게 대해야 하지?' 하는 것들이 고민되기도 해요. 아직은 그런 사회인 것 같아요.

장지은 최근에 제가 강의하는 수업에서도 사범대학 학생들이 다문화 관련 프로젝트를 하는 경우가 늘어났어요. 다문화 학생들을 포용하는 교육 프로그램, 다문화 학생들을 대상으로 도서관 이용 방법을 교육하는 프로그램 같은 것을 개발하더라고요. 대학에서도 다문화 학생들이 많아지면서 학생들 스스로 이를 대비하지 못하는 시스템에 대한 문제의식을 느끼게 된 거죠. 우리나라도 다문화 사회로 향해 가면서 그동안 우리가 등한시했던 세계시민에 관해 물음을 던지게 되는 것 같아요. 유럽이나 미국 같은 곳에서는 영유아부터 세계시민교육을 하거든요. 우리나라도 이러한 세계시민의식에 대해서 심도 있게 교육할 때가 되었다는 것을 많은 사람이 공감하고 있어요. 따라서 세계시민교육과 관련된 교육정책들도 잇따라 나오고 있죠.

윤성혜 　그렇죠. 우리나라가 다문화 사회가 되어 가고 있다는 것은 부정할 수 없는 사실임이 분명한 것 같은데요. 우리가 이에 대해 건전한 의식을 가지고 있는가에 대해서는 의문이 드는 사례들이 많이 나타나고 있어요. 제가 문제의식을 느꼈던 사례 중 하나는 2018년 10월에 발생한 PC방 살인사건이었어요. 그때 한창 '살인범이 중국인이다' 그런 댓글들이 굉장히 많았거든요.[116)]

　그때 중국인이 아니라는 기사가 나왔는데도 불구하고 '신상을 공개해야 된다', '조선족이라더라' 이런 댓글들이 상당히 많았어요. 이런 것을 부르는 용어가 있는데, 제노포비아(xenophobia)라고 하는 말이에요. 제노포비아는 외국인이나 나와 다른 사람 혹은 다르게 옷을 입거나 다르게 행동하는 사람을 두려워하고, 싫어하고, 혐오하는 것을 말합니다.[117)] 우리나라의 여러 가지 사건들을 봤을 때 '제노포비아가 심각한 수준이지 않나'라는 생각들을 하게 되는 경우가 종종 있었죠. 제노포비아가 우리나라만의 문제는 아닌 것이, 2016년에 딕셔너리닷컴(dictionary.com)에서 '올해의 단어'로 선정이 되기도 했었어요.

장지은 　제노(xeno)가 이방인이라는 뜻이고, 포비아(phobia)가 혐오를 뜻해서, 제노포비아는 이방인을 혐오하는 문화를 말한다고 볼 수 있어요.

윤성혜 　2015년에 여성가족부에서 국민 다문화수용성 조사 연구를 실시했는데요. 세계가치조사(World Value Survey) 자료와 비교해서 몇 가지 주제에 대한 인식 수준이 다른 국가들과 얼마나 다른지를 보여 줬어요. 조사 결과를 보면, '일자리가 귀할 때에는 외국인보다 자국민이 먼저 고용되어야 한다'는 항목에 한국은 60.4% 정도의 찬성 응답을 보인 반면,

미국은 50.5%, 독일은 41.5%, 스웨덴은 14.5% 수준으로, 한국이 상대적으로 높았습니다. 그리고 '외국인 노동자/이민자를 이웃으로 삼고 싶지 않다'는 문항에도 '그렇다'고 응답한 비율이 우리나라가 다른 나라에 비해서 높았고요. '나는 내 자신을 세계의 시민으로 생각한다'는 문항에는 '그렇다'라고 응답한 비율이 상대적으로 낮았습니다. 한국의 다문화 수용성이 전반적으로 다른 나라들에 비해서 낮은 수준이라는 것을 보여 주는 자료라고 볼 수 있겠죠.

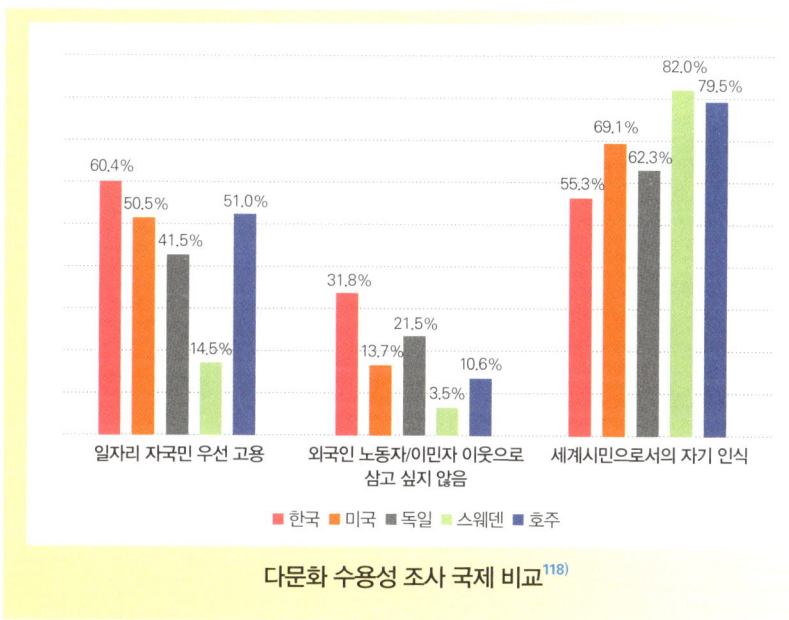

다문화 수용성 조사 국제 비교[118]

장지은   사실 유럽이나 미국에서는 이주민이나 난민수용 문제에 있어서 끊임없이 논의가 이루어져 왔고, 세계시민교육도 우리나라보다 훨씬 먼저 시행됐거든요. 그런데 '그들이 세계시민교육에 대한 좋은 성과를 이루어 내고 있는가?'라고 질문한다면 꼭 그렇다고 답하기는 어려워요. 미국은 너무 오랫동안 세계시민의식을 강요당했고 이에 따라서 '강압적 세계시민의식에 질려 버렸다'는 표현들이 나오고 있어요. 이런 정서들은 학생들 사이에서도 '자국 우선주의', '미국 우월주의'로 연결되고 있고요. 그런 측면에서 세계시민교육의 위기라고 볼 수 있어요.

윤성혜 맞아요. 그래서 딕셔너리닷컴에서 제노포비아가 '올해의 단어'로 선정된 것이겠죠.

세계시민의식의 개념

윤성혜 먼저 세계시민의식이라는 것에 대해서 명확하게 개념정리를 하고 가면 좋을 것 같습니다. 물론 지금까지의 이야기들을 통해서 '다양성에 대한 포용을 포함하는 개념이구나'라는 것은 짐작을 하셨을 텐데, 사실 세계시민의식의 개념은 그것보다는 조금 더 폭이 넓어요. 요즘에는 국내 이슈뿐만 아니라 글로벌 이슈들도 우리 삶에 영향을 미치잖아요. 이런 글로벌 이슈들을 광범위하고 포괄적인 관점에서 접근하고, 포용하고, 해결하려고 노력하는 책임감 있는 시민, 윤리적인 시민을 일컬어 세계시민이라고 합니다. 세계시민의식은 세계시민이 가지고 있는 역량이라고 볼 수 있어요.[119] 그런데 세계시민의식이라고 부를 때, '의식'이라고 말하는 것에 대해서 반대하는 사람들도 있어요. 세계시민의식을 영문화하면 글로벌 시티즌십(global citizenship)이잖아요. 이 citizen-ship이라고 하는 것이 '의식'이라는 단어로 번역이 되는 것이 적절한가에 대해서 의문을 제기하면서, '세계시민성'이라고 부르는 게 더 적합하다고 하는 학자들도 많이 있습니다.

임현진   이 영역은 굉장히 실천적인 것이잖아요. 머리로는 그렇게 생각하는데 몸과 마음은 따로 놀 수 있기 때문에, 그 번역을 '의식'이라고 하게 되면 해석에 제한을 두는 것이 아닌가 싶기는 하네요. 우리나라에서도 다들 머릿속으로는 생각하는데 막상 실천이 안 되고 마음이 따라 주지 않는 부분도 있는 것 같아요.

윤성혜   맞아요. 그래서 세계시민의식, 글로벌 시티즌십의 원래 의미는 생각만 하는 것이 아니라 이것과 관련된 지식, 기술, 태도, 그리고 실제 행동으로 옮기는 것까지도 포함하는 개념이라고 보는 것이 더 적절합니다.

세계시민의식의 요소

세계시민의식의 개념에 대한 다양한 문헌들을 살펴보면, 대체로 지식, 기술, 태도, 실천 의지를 모두 아우르는 역량으로 이해하고 있다. 각각의 개념은 다음과 같다.

- 지식: 세계시민으로서 갖추어야 하는 기본적인 지식으로, 세계화에 대한 올바른 이해를 말한다. 국가사회를 넘어서 더 넓은 세계가 존재한다는 것을 알고, 이러한 세계는 그 각 요소들이 상호의존적으로 긴밀히 연결되어 있는 체제라는 것을 이해하는 것이다. 또한 인권과 같은 사회정의, 정체성과 다양성(다문화), 지속 가능한 발전 등에 대한 글로벌 이슈의 의미와 중요성을 이해하는 것도 포함된다.
- 기술: 세계적·지역적 참여 행동에 필요한 기술을 말한다. 세계화 현상에 대해 주체적으로 접근하여 비판적·창의적으로 생각하고, 스스로에 대한 인식과 반성을 할 수 있으며, 다양한 의견을 가진 타인들과 의사소통하는 능력 등이다.
- 태도: 세계화된 사회에서 인류가 보편적으로 추구해야 하는 가치를 추구하고 이에 헌신하는 태도를 말한다. 인간의 존엄성과 권리, 다른 사람의 견해와 감정, 다양성 등에 대한 태도를 아우른다.
- 실천 의지: 지식, 기술, 태도를 기반으로, 능동적이고 적극적으로 공동체의 삶에 참여하고자 하는 것을 말한다. 이 때 참여는 지역적, 국가적, 세계적 공동체에 사회적·정치적으로 참여하는 것이다.[120]

세계시민의식이 적용되는 영역

윤성혜   여러분. 저희가 녹음하는 날이 12월 10일인데, 오늘이 무슨 날인지 혹시 아셨나요? 세계 인권의 날이에요. 세계시민의식의 영역 중에 하나가 인권에 대한 개념, 인권 의식도 포함되거든요. 그리고 또 우리가 앞에서 계속 이야기했던 다문화에 대한 감수성, 다양성에 대한 포용도 당연히 포함이 되고요. 그 외에도 많이 다루고 있는 이슈가 환경이에요.

임현진   제가 정말 이야기하고 싶은 주제가 바로 미세먼지예요. 최근 우리나라에 미세먼지, 초미세먼지 문제가 심각한데 '중국 때문이다'라는 여론이 지배적이죠. 하지만 전문가의 말에 의하면 기후 변화로 인해 북풍이 약해져 대한민국의 공기가 순환이 안 되면서 미세먼지가 정체되는 현상이 계속 심각해지고 있다고 하더라고요.[121] 미세먼지의 발생량과 별개로 대기 질이 나쁜 또 다른 이유는 우리가 초래한 기후 변화로 인해 생겨난 문제였어요. 미처 그 부분을 깨닫지 못하고 남의 탓만 하고 있었던 제 자신을 반성했어요.

장지은   그것뿐만이 아니라 전 세계적으로 플라스틱 문제도 있죠. 중국이 이제 더 이상 플라스틱을 수입하지 않겠다고 하면서,[122] 플라스틱 문제를 어떻게 해결할 것인가에 대해서 전 세계적으로 많은 논의가 이루어지고 있어요.

윤성혜   그래서 요즘에는 커피숍 가면 다 머그잔에 주잖아요.

장지은   맞아요.

임현진 그런데 매장 안에서 마시다가 남은 것을 들고 나가려고 하면 다시 일회용 잔으로 가져가요. 그러면 그 머그잔을 닦느라 물을 소비를 하게 되고 일회용 잔도 쓰게 되니까 무슨 소용이냐는 의견도 있죠. 어쨌든 일회용품을 줄이는 계기가 될 수 있을 것 같아요.

장지은 저는 그 정책으로 인해서 플라스틱 소비량이 정말 많이 줄었다고 생각해요. 성혜님께서 이야기한 것처럼 세계시민의식이 실천 의지까지도 포함되잖아요. 저는 최근에 텀블러를 대용량으로 구입했고, 장바구니를 선물 받았어요. 장바구니를 접으면 조그마한 고양이 인형 안에 들어가는데 너무 예뻐요. 제가 다음에 실물 자랑할게요. 그리고 종이 빨대도 구입했어요.

임현진 저도 요즘에 종이 빨대에 관심 많아요.

윤성혜 쓸 만한가요?

장지은 물론 기존에 우리가 쓰던 플라스틱 빨대만큼 튼튼하지는 않아요. 코팅이 되어 있기는 하지만 종이라서 좀 흐물거리고요. 하지만 예쁘고 쓸 만했어요. 저는 사실 놀이 활동을 개발할 때 빨대를 많이 사용하는데 그것도 모두 종이 빨대로 바꿨어요. 최근에는 대나무 빨대도 사용하고 있고, 주변에 선물도 하고 있어요.

임지영 저는 절약한다고 산 텀블러와 장바구니가 너무 많아요.

윤성혜   텀블러를 기념품으로 주는 곳이 많더라고요.

임현진   그래서 요즘은 일회용 봉투 사용을 최소화하기 위해 장바구니도 기부를 받더라고요. 잘 모아 두었다가 필요한 시기에 나눔을 하는 것도 좋을 것 같아요.

세계시민교육의 움직임

윤성혜   세계시민교육과 관련해서 대표적으로 유엔(UN, United Nations)에서 지속 가능한 발전을 위한 목표들(Sustainable Development Goals, SGDs)을 발표했어요. 2030년까지 전 세계의 시민들이 어떤 과제들을 달성해 나가야 할 것인가에 대해서 총 17개 목표를 천명한 것이죠. 그 목표 중에 교육 파트가 있거든요. 그 내용들을 살펴보면 세계시민교육을 실시해야 한다는 것이 핵심 의제 중 하나로 포함되어 있습니다.

UN의 지속 가능 발전 목표[123]

UN에서 주창한 지속 가능 발전 목표는 다음과 같다.[124]
1. 지구상 모든 형태의 빈곤 종식
2. 기아의 종식, 식량 안보 확보, 영양 상태 개선 및 지속 가능 농업 촉진
3. 건강한 삶의 보장과 전 세대를 위한 복리well-being 증진
4. 모두를 위한 폭 넓고 수준 있는 교육 보장과 평생 학습 기회 제공
5. 양성평등과 여권 신장 실현
6. 모두를 위한 깨끗한 물과 위생 시설 접근성 보장
7. 모두를 위한 적정 가격의 신뢰할 수 있고 지속 가능하며 현대적인 에너지에의 접근 보장
8. 모두를 위한 포용적이고 지속 가능한 성장과 고용 및 양질의 일자리 제공
9. 복원력이 높은 사회 기반 시설 구축과 포용적이고 지속 가능한 산업화 증진 및 혁신 장려
10. 국가 내·국가 간 불평등 해소
11. 포용적이고 안전하며 회복력 있는 지속 가능 도시 조성
12. 지속 가능한 소비와 생산
13. 기후 변화 대응
14. 대양, 바다, 해양자원의 보호와 지속 가능한 이용
15. 지속 가능한 삼림 관리, 사막화와 토지 파괴 방지 및 복원, 생물다양성 감소 방지
16. 정의롭고, 평화로우며 포용적인 사회 조성
17. 지속 가능 발전을 위한 이행 수단과 글로벌 파트너십 강화

이 가운데 네 번째 목표인 '모두를 위한 폭 넓고 수준 있는 교육 보장과 평생 학습 기회 제공' 항목에 해당하는 세부 과제 중 하나로 인권, 성평등, 평화와 비폭력 문화, 세계시민의식과 문화적 다양성 등 지속 가능한 발전과 삶을 위한 교육의 필요성이 강조되었다. 또한 이를 위한 지표 중 하나로 세계시민교육과 지속 가능 발전 교육이 국가적 교육정책, 교육과정, 교사 교육, 학생 평가에 반영되어야 한다고 명시되어 있다.[125]

윤성혜　유엔에서만 세계시민교육을 강조하고 있나요?

임현진　아니에요. 지금 우리나라도 중요성을 깨닫고 교육과정에 세계시민교육을 반영하고 있어요. 2016년에 세계시민교육 교육과정 모델안을 발표하면서 세계시민교육을 실천하려고 노력하고 있습니다. 지속적으로 교사연수도 하고, 교육과정 내용도 재편하고, 시범학교나 연구학교를 중심으로 실천을 하고 있는 것 같아요.

교육부에서 발표한 학년별 세계시민교육 교육과정 모델안은 다음과 같다.[126]

	초등 저학년	초등 고학년	중학생	고등학교 이상
방법	체험 활동 활용. 다양한 수업(교과)에 걸쳐 통합 실행	도덕사회교과 및 창의 체험 활동 시간 활용	자유학기제 프로그램(8주) 활용	계기교육 - 고교: 교양교육 - 대학/성인 : 워크숍, 포럼 등
예시	세계시민여권 만들기, 이웃에게 편지쓰기	도덕시간 역할놀이, 토론, 탐구자료	모의 유네스코 총회	대학생 토론, 워크숍, 강좌 이수 등

임현진　그래서 서울특별시에서 지정한 세계시민교육 연구학교인 안천초등학교의 사례를 소개를 해 드리려고 해요. 이 학교는 학생들이 세계시민으로 성장할 수 있도록 동아리를 운영하고 국제 교류 활동을 활발히 하는데 지원을 한대요. 그리고 지속 가능 발전 교육을 중심으로 프로그램을 계획해서 추진을 하고 있다고 합니다. 제가 이 학교의 사례를 살펴보면서 인상 깊었던 부분은 화장실 모든 칸에 세계시민교육 안내판을 설치한다든지, 자연을 생각할 수 있도록 친환경적인 환경을 조성하려는 노력이었어요. 그리고 카자흐스탄이나 호주의 학교와 자매결연을 맺기도 했고요. 그리고 유네스코한국위원회, 유네스코 아시아태평양 국제이해교육원과 연계해서 교사연수도 지원을 하고 있습니다.[127]

윤성혜   맞아요. 요즘에는 교육부에서도 세계시민교육을 적극적으로 강조하고 있지만, 사실 세계시민교육을 선도적으로 해 온 곳들은 대부분 국제기구 쪽이에요. 유네스코라든지, 옥스팜 같은 곳이요. 또 어디가 있을까요?

임현진   월드비전도 있어요.

윤성혜   맞아요. 이런 국제단체에서 오래 전부터 해 오고 있었는데, 최근에 공교육 현장에 조금 더 적극적으로 들여오려는 움직임이 있는 것 같습니다.

유네스코 (UNESCO, United Nations Educational Scientific and Cultural Organization)
교육 · 과학 · 문화의 보급 및 교류를 통하여 국가 간의 협력 증진을 목적으로 설립된 국제연합 전문기구.

옥스팜(Oxfam)
영국에서 결성된 국제적인 구호단체.

월드비전(World Vision)
긴급 구호 활동과 개발 사업을 하고 있는 기독교 정신에 입각한 구호단체.

나의 세계시민의식 점검하기

임현진   그러면 이쯤에서 '나는 세계시민인가'에 대해서 한번 생각을 해 볼 필요가 있는 것 같아요. 다들 어떻게 생각하시나요?

임지영   저는 아까 처음에 귀로는 익숙한데 마음으로는 익숙하지 않다고 그랬잖아요. 그게 사실 저의 상태인 것 같아요.

윤성혜   다른 분들은 어떠세요?

임현진 저는 아까 말씀드렸듯이 '환경을 조금 더 생각하자', 그래서 최대한 플라스틱 사용을 줄이려고 노력 중이에요. 그리고 세계시민의식과 관련해서 성평등에 대한 문제도 포함되고 있는데 제 입으로 자랑하는 것 같아 말하기 조금 부끄럽지만 저는 회사 내에서 성평등과 관련해서 몇 가지 제도 개선을 이끌었어요. 앞으로도 세계시민답게 열심히 살겠습니다. (웃음)

장지은 저는 어렸을 때부터 우리가 모두 같은 공동체고, 누가 더 우월하거나 더 잘나지 않았다는 이야기를 부모님에게서 많이 듣고 자랐어요. 그래서 아는 만큼 실천하려고도 노력을 많이 해요. 환경 문제에 대해서도 작지만 꾸준한 노력을 하고 있고요. 그렇지만 아무래도 저는 실천 의식이 많이 부족한 것 같아요. 관심을 많이 기울이고 의식적인 부분은 훈련이 된 편이지만, 사회적인 운동과 실천은 부족한 측면들이 많이 있어요. 하지만 조금씩 성장하고 있다고 생각해요.

윤성혜 지은님의 말씀이 사실 대부분에게 해당돼요. 제가 박사 학위 논문을 쓸 때 굉장히 많은 수를 대상으로 대학생들의 세계시민의식을 측정했었거든요.[128] 제가 구성했던 세계시민의식 척도의 구성 요인들이 지식, 기술, 태도, 실천 의지 이렇게 네 가지였는데요. 대학생들의 응답을 보면 실제로 지식, 기술, 태도에 비해서 실천 의지가 평균이 낮아요. 많은 사람들이 세계시민의식에 대해 인식은 하고 있지만, 실제로 행동으로 옮기는 문제에 있어서는 상대적으로 약하다고 볼 수 있어요.

장지은 성혜님은 어때요?

윤성혜 저는 솔직히 말하면 세계시민의식을 많이 공부해서 그런지, 알면 알수록 부족하다는 생각이 들어요. 저도 인식은 높은 편인 것 같아요. 인권에 대한 감수성, 다문화에 대한 포용성에 대해서는 마음으로 공감하고 머리로도 생각하지만 '정말로 실천을 할 것인가?' 특히 '내 것을 포기하고 실천할 것인가?' 그런 부분에서는 아직 자신이 없어요. 사실 굉장히 민감한 이슈들이 많거든요. 예를 들어서 최근 정우성씨가 제주에 온 예멘 난민에 대해서 우호적인 발언을 하면서 굉장히 악플이 많이 달리는 일들이 있었잖아요.[129] '나는 저렇게 정우성씨처럼 할 수 있을까?'라고 생각하면 그건 어려울 것 같거든요.

임현진 그분은 유엔난민기구의 홍보대사로서 굉장히 소신 있는 발언을 하셨는데, 일각에선 그분이 현재 난민과 접하고 있는 사람들의 두려움과 공포심을 이해하지 못했다고 이야기를 해요. 그렇기 때문에 양측 이야기를 잘 듣고 조화롭게 이끌어 나가야 하는데, 지금은 다들 서로의 입장만 이야기를 할 뿐이지 어떻게 중재하고 합의를 이뤄 나갈지에 대해서 논의들이 부족한 것 같아요.

윤성혜 맞아요. 그래서 그런 문제들을 대화로 잘 풀어낼 수 있는 시민을 길러 내는 게 세계시민교육이 아닐까 그런 생각도 들고요.

세계시민의식 점검하기

아래의 각 문항은 세계시민의식과 관련된 내용이다.[130] 세계시민의식 척도는 지식, 기술, 태도, 실천 의지의 네 가지 요소로 구성된다. 각 요소에 따라 나는 세계시민의식을 얼마나 갖추었는지 체크해 보자.

〈 지식 〉

번호	문항	체크
1	세계 문제는 여러 요소들이 복잡하게 연결된 것임을 알고 있다.	☐
2	전 세계에는 가난과 불평등이 존재한다는 것을 알고 있다.	☐
3	가난과 불평등은 정치·사회 구조와 연관되어 있음을 알고 있다.	☐
4	세계 곳곳에는 독특한 고유문화가 있음을 알고 있다.	☐
5	인종이나 문화에 대한 편견과 차별이 세계 곳곳에 있다는 것을 알고 있다.	☐
6	다양한 문화에는 공통으로 나타나는 보편성이 있음을 알고 있다.	☐
7	다른 나라에서 일어난 환경문제가 우리나라에도 영향을 미친다는 것을 알고 있다.	☐

〈 기술 〉

번호	문항	체크
8	문제 해결을 위한 다양한 대안의 장단점을 평가할 수 있다.	☐
9	내가 속한 공동체의 목표 달성을 위한 적절한 방안을 찾을 수 있다.	☐
10	나는 지구촌 사회 이슈에 대해 비판적으로 생각할 수 있다.	☐
11	나는 지구촌 사회 이슈를 합리적이고 이성적으로 분석할 수 있다.	☐
12	지구촌 상황을 이해하는 데 기본적인 지식과 원리를 적용할 수 있다.	☐
13	지구촌 공동체의 일원으로서 나의 강점과 약점을 파악할 수 있다.	☐
14	다양한 의견을 가진 사람들과 원만하게 토론할 수 있다.	☐
15	다양한 사회 구성원들과 네트워킹할 수 있다.	☐

〈 태도 〉

번호	문항	체크
16	나는 인간의 존엄성이 중요한 가치라고 생각한다.	☐
17	다른 사람의 견해와 감정을 존중한다.	☐
18	모든 사람들이 동등한 권리를 가진다고 믿는다.	☐
19	다양한 문화 간 차이를 존중한다.	☐
20	세계의 다양한 생활양식들이 각기 다른 문화적 가치를 가지고 있다고 생각한다.	☐
21	다른 사람의 종교를 인정한다.	☐
22	다양한 배경을 가진 사람들과 협력하는 것이 중요하다고 생각한다.	☐

〈 실천 의지 〉

번호	문항	체크
23	위기에 처한 사람들을 돕기 위한 모금에 참여할 생각이 있다.	☐
24	다른 사람들을 돕기 위해 자원봉사를 할 생각이 있다.	☐
25	가능하면 공정거래 제품을 구입하려고 한다.	☐
26	가능하면 소외된 사람이나 지역을 지원하는 브랜드의 제품을 구입하려고 한다.	☐
27	지구촌 이슈를 다루는 시민활동에 참여할 생각이 있다.	☐
28	여러 문화에 익숙해질 수 있는 기회를 자주 가지려고 한다.	☐
29	사회적 약자가 부당한 대우나 처벌을 받는다면, 이를 개선하기 위해 내가 할 일을 찾아 노력한다.	☐
30	다른 문화 사람들과 함께 일할 기회가 생기면 적극적으로 참여하려고 한다.	☐
31	지구 환경문제를 해결하기 위해 내가 할 수 있는 것을 찾으려고 한다.	☐

세계시민이 되기 위해 남은 발걸음

윤성혜 제가 최근에 본 논문 하나를 소개해 드릴게요. 전국 중등 교사 중 세계시민교육 선도 교사를 대상으로 설문조사를 해서 세계시민의식의 요소들 중에 교육적인 처방이 가장 시급한 영역이 무엇인가를 도출했던 연구입니다. 교사 105명이 응답을 해 주셨는데, 연구 결과를 보면 세계시민 역량 중에 우선적으로 교육이 필요한 역량이 다양성 존중, 존중감(타인에 대한 배려와 관용), 변화에 대한 믿음, 디지털 정보 문해력, 사회정의와 평화에 대한 신념, 문제 해결력 순으로 나타났습니다.[131]

장지은 세계시민교육의 여러 가지 요소들 중에서도 우리나라가 부족한 것이 자문화 중심주의를 벗어나는 것이래요. 우리가 민족주의가 조금 강하잖아요.

윤성혜 단일민족이라고 하죠.

장지은 네. 그래서 세계의 어린이들이나 개발도상국을 도우면 '그럴 돈 있으면 우리나라 어린이를 도와라'라는 이야기가 나오기도 해요. 이런 인식 자체가 사실 굉장히 자문화 중심주의인 것이죠. 우리는 대한민국의 국민이기도 하지만 세계의 시민이기도 한데 말이에요. 인식 자체를 조금 더 확장할 필요가 있는 것 같아요.

윤성혜 세계시민교육이 잘 되기 위해서는 선생님들의 세계시민의식을 더 높이는 선결 과제가 남아 있다는 생각이 듭니다.

임현진   한국이 자문화 중심주의가 강하다 보니까 다문화에 대한 수용성이 떨어진다고 생각을 합니다. 저희가 어릴 때는 한국인의 정체성은 한반도의 단일민족이라고 하면서 단일민족의 우수성에 대해 많이 배웠어요. 이런 단일민족에 대한 고정관념이 다문화 수용의 장애물이 되지 않을까 생각하기도 해요. 그런데 역사적으로 보면 한국인의 DNA는 북방계와 남방계가 만나서 한반도에 자리를 잡은 것이기 때문에 어떻게 보면 단일민족이라고 하는 데 무리가 있어요. 지금은 다양한 분야의 연구 결과를 통해 그런 신화적인 부분이 많이 깨지고 있지만 앞으로 더 객관적으로 역사를 바라보고 오히려 우리나라의 시작은 태초부터 굉장히 열린 국가였다는 것을 깨달으면 어떨까라고 생각해 봅니다.

02 디지털시민교육

디지털로 행복한 세상을 만드는 디지털시민교육
#디지털시민교육 #디지털풋프린트 #슬랙티비즘

디지털시민의식이란?

윤성혜 세계시민의식에 이어 이번에는 디지털시민의식(digital citizenship)을 주제로 이야기를 나눠 보려고 합니다.

임지영 저는 디지털시민의식을 유네스코(UNESCO)에서 하는 프로젝트에 참여하면서 알게 되었어요. 우리가 살아가는 세계가 디지털 세상까지 넓게 확장되는 것으로 이해하고 있습니다.

윤성혜 그렇죠. 디지털시민의식이 여기저기에서 많이 논의되고 있는데, 그 개념에 대해서는 의견이 분분해요. 제가 느끼기에 하나의 공통의 이해를 갖고 있지는 않은 것 같아요. 제가 디지털시민의식에 대한 논문을 한 편 쓴 적이 있었는데요. 그때 디지털시민의식을 이해하는 관점을 크게 두 가지로 개념화해 보았어요. 첫 번째 관점은 시민의식이 시민이라면 누구나 가져야 하는 소양이라고 생각하는 것처럼, 디지털시민의식은 누구나 가져야 하는 디지털과 관련된 소양이라고 생각하는 관점이에요. 그리고 또 한 가지 관점은 우리가 시민으로서 사회 공동체에 참여하는 형태에 대한 이야기를 합니다. 전통적으로 시민을 투표에 참여하는 등의 소극적 의무를 다하는 관점에서 바라봤는데, 이제 디지털화가 되면서 누구나가 자신의 목소리를 내기가 더 용이해졌잖아요. 그래서 디지털을 활용해서 조금 더 적극적인 시민으로서 공동체에 참여하고, 기여하는 시민이라고 보는 관점이 두 번째 관점이라고 생각했어요.

디지털시민의식에 대한 두 가지 관점은 다음과 같이 정리해 볼 수 있다.[132]

1 디지털의 윤리적 활용으로 보는 관점: 디지털 테크놀로지 사용에 대해 적절하고 책임감 있는 행동을 하는 것.
2 시민의식의 확장으로 보는 관점: 디지털을 통해 사회적, 정치적 이슈에 적극적으로 참여하는 것.

임지영 저도 디지털시민의식의 구성요소가 잘 정리되어 있는 자료를 본 적이 있어요. 열두 개 기관에서 정의하고 있는 디지털시민의식의 정의와 구성 요소를 정리한 보고서예요.[133] 그런데 열두 곳에서 이야기하는 디지털시민의식이 전부다 다르더라고요. 그래서 디지털시민의식이 무엇인가에 대한 합의된 하나의 정의는 찾아보기가 어렵다는 것을 알 수 있었어요. 그런데 각 구성요소들 간의 공통점을 중심으로 다시 정리를 해보면, 성혜님이 말씀하신 두 관점이 드러납니다. 디지털 세상을 강조하는 관점에서는 디지털을 어떻게 하면 더 건강하게 이용할 것인가에 조금 더 초점을 맞추고, 시민 참여를 강조하는 관점에서는 사회적으로 참여하는 데 있어서 디지털을 얼마나 잘 활용할 것인가를 강조하고 있었어요.

장지은 관련된 주요 개념으로 '소프트웨어 교육'이 있는데요. 최근 소프트웨어 교육에서도 디지털시민교육을 중요한 키워드로 거론하고 있어요. 소프트웨어 교육과정과 개념을 설명할 때 디지털시민교육이라는 용어를 실제로 사용하고 있고요. 소프트웨어 교육에서 키우려는 역량이 컴퓨팅 사고력인데, 컴퓨팅 사고력의 하위 요소에 디지털시민의식이 있기도 하고, 반대로 디지털 시민을 평가하는 하위 요소에 컴퓨팅 사고력이 있기도 해요. 소프트웨어 교육에서 디지털 매체와 정보를 올바른 윤리 의식을 가지고 소비하도록 교육하는 부분이 있는데요. 이 부분이 디지털시민의식과 공감대가 형성되기 때문인 것 같아요. 최근에 소프트웨어 교육에서 디지털시민의식에 대한 교육이 아주 강화되고 있어요.

윤성혜 맞아요. 개념적으로 디지털시민의식을 어떻게 이해하느냐가 사람들마다 다 다르기 때문에 그런 현상이 나타나는 것 같습니다. 디지털시민교육에 대해 활발하게 담론을 이끌어 나가고 있는 ISTE(International Society for Technology in Education)라고 하는 단체가 있는데요. 이곳에서는 디지털시민의식을 굉장히 광범위한 관점에서 바라보더라고요. ISTE에서 보는 디지털시민의식 요소들 중에는 심지어 이런 것들도 포함돼요. 디지털을 통해 물건을 사고 팔 때 필요한 능력, SNS를 이용해서 의사소통을 잘하는 능력, 네티켓이나 디지털 관련법과 보안 관련한 이슈에 대한 역량 같은 것이요. 그리고 웰빙도 있어요. 우리가 디지털 테크놀로지를 많이 쓰다 보면 신체적인 건강을 해치기도 하고, 정서적·심리적 문제도 생길 수 있는데, 그런 것과 관련된 이슈까지 포함하고 있어서 굉장히 폭넓게 보고 있다는 생각이 들었습니다. 지영님께서 하고 계시는 유네스코 프로젝트에서도 나름대로의 관점을 가지고 있잖아요. 그것도 소개를 해 주세요.

임지영   유네스코에서는 디지털시민의식을 다섯 가지 영역으로 나누고 있어요. 디지털 리터러시(digital literacy), 디지털 안전과 탄력성(digital safety & resilience), 디지털 참여(digital participation), 디지털 정서지능(digital emotional intelligence), 그리고 창의성과 혁신(creativity & innovation)입니다. 각 영역을 간략하게 살펴보면 디지털 리터러시는 디지털 테크놀로지를 잘 사용해서 정보를 얼마나 잘 획득하고 분석하는가, 디지털 안전과 탄력성은 디지털을 얼마나 윤리적으로, 안전하게, 올바르게 사용하는가, 디지털 참여는 디지털을 이용해서 사회적으로 얼마나 잘 참여하는가, 디지털 정서지능은 디지털을 이용해서 다른 사람들과 소통할 때 나 자신과 다른 사람의 정서적인 측면을 얼마나 잘 이해하고 조절하는가, 마지막으로 창의성과 혁신은 디지털을 통해서 얼마나 혁신을 이뤄 낼 수 있는가를 다루고 있어요.[134] 우리는 앞으로 디지털을 활용해서 새로운 것들을 만들어 나가야 하잖아요. 저희가 미래역량을 다룰 때에도 혁신을 다루었는데, 이 프레임워크에서도 역시 혁신까지 다루고 있더라고요.

윤성혜   그런 관점으로 보면 그 안에 컴퓨팅 사고력이 들어갈 수도 있겠네요.

장지은   맞아요. 디지털 세상에서 디지털 정보를 올바르게 접근하고, 논리적으로 분석하고, 정보를 선별하고, 어떻게 활용하는지를 측정하는 측면에서 컴퓨팅 사고력을 주요 역량으로 보는 사례들이 꽤 많더라고요. 또 실제로 우리나라 같은 경우도 2015 개정 교육과정에서 정보에 대한 윤리라든지 사이버 공간에서의 인터넷 예절 같은 것들을 포함해서 디지털시민교육에 관한 내용을 다루고 있습니다. 앞으로 지속적으로 확대될 예정이고요.

사이버불링
(cyber bullying)
사이버 공간에서 이메일이나 휴대폰, SNS 등을 활용해 특정 대상을 지속적이고 반복적으로 괴롭히는 행위[135]

> **윤성혜** 최근에 굉장히 심각한 문제가 되고 있는 것 중에 하나가 사이버불링(cyber bullying)이죠. 이제는 친구들과 소통하는 게 그냥 면대면으로만 이뤄지는 게 아니라 SNS를 활용하잖아요. 디지털 공간 안에서의 왕따와 괴롭힘들이 심각한 문제가 되고 있어서, 이런 부분들까지 디지털시민교육에서 다루게 됩니다.

디지털시민교육의 실천

> **윤성혜** 우리나라에서도 디지털시민의식과 관련된 교육을 하고 있는 단체가 있어요. 대표적으로 청예단(청소년폭력예방재단)과 카카오가 디지털을 어떻게 하면 건강하고 윤리적으로 사용할 것인가에 대한 교육 프로그램을 운영하고 있습니다.[136]

> **임현진** 요즘에 직장인들 사이에서 블라인드 앱이 이슈가 되고 있어요. 익명성을 담보로 해서 그 안에서 폭언이나 사실이 아닌 정보들이 오가거든요. 한 조직 내의 구성원들 간에서도 그렇게 격렬한 언사를 하는 것을 보면서 성인에게도 디지털시민의식 교육이 필요하다는 생각을 하게 됐어요.

윤성혜 맞아요. 인터넷에서 정말 입에 담을 수 없는 얘기들을 하는 사람들이 많죠.

임지영 제 친구에게 들은 이야기인데요. 어떤 학생이 "저는 인터넷 방송 전문 소속사에서 제의가 들어와서 크리에이터가 될 거예요" 이런 이야기를 했대요. "너 어떤 콘텐츠를 만들려고 하는데?"라고 물어보니, "저 벗방은 안 해요"라고 대답을 했대요.

장지은 벗방이 뭐예요?

임지영 벗는 방송. 그 학생이 "저는 벗방팀 소속은 아니고요, 그냥 소통 방송이에요" 이렇게 얘기를 하더래요. 요즘 많은 아이들이 크리에이터가 되고 싶어 하잖아요. 그런데 디지털 세계에서 새롭게 살아가는 아이들이 겪는 이런 문제들을 어떻게 지도해야 되는지를 교사나 부모는 알 수가 없는 거죠.

윤성혜 벗방이라는 말은 처음 들어 봤어요. 충격적이네요.

임지영 저도 이 친구를 통해서 처음 들어 봤는데, 이미 학생들에게 벗방은 잘 알려진 키워드인 것 같아요. 이런 사회 속에서 살아가는 아이들이기 때문에 디지털시민교육도 더욱 더 필요하고, 뿐만 아니라 이런 아이들을 가르치고 지도해야 하는 교사들에게도 디지털시민의식에 대한 이해가 정말 필요하더라고요.

디지털 풋프린트

윤성혜 그리고 제가 또 한 가지 인상 깊었던 것은 디지털 풋프린트(digital footprint)라는 개념이에요. 우리도 사실 인터넷 공간에 여러 가지 흑역사들을 남겨 오지 않았습니까? 고백해 보세요.

임지영 일단 저는 싸이월드에 남긴 흑역사가 심각해요.

임현진 가끔씩 싸이월드를 보면 굉장히 추억에 젖어서 내가 옛날에 이렇게 살았구나 싶어요.

윤성혜 이처럼 디지털 풋프린트는 디지털 공간에서 내가 남긴 발자국들을 말합니다. 내가 디지털에 남겨 놓은 발자국이 현진님처럼 추억여행을 하는 데 도움이 되기도 하지만, 또 어떤 상황에서는 발목을 잡기도 하죠. 최근에는 채용을 할 때 디지털에 남겨 놓은 흔적을 찾아보기도 한다는 얘기도 들었거든요.

임현진 실제로 모 기업에서는 합격자의 SNS에서 해당 기업에 대한 부정적인 견해를 남겼던 것을 발견하고 그 사람을 합격자 명단에서 취소시켰다는 사례를 보았습니다.

윤성혜 그러니까 이제는 디지털 공간에 남겨 놓은 나의 생각이나 흔적들이 실질적으로 채용이 취소된다거나 하는 데 영향을 미칠 수 있기 때문에 그만큼 잘 관리해야 하는 필요성이 커지고 있죠.

임지영   그리고 아동 같은 경우에는 더더욱 풋프린트를 관리하는 방법을 일찍 알아야 된다는 생각이 들더라고요. 요즘에는 부모들도 주의해서 아이의 사진을 올려야 한다고 이야기하잖아요. 아이가 평소에 어디를 다니는지 너무 구체적으로 드러내면 유괴의 표적이 되기 쉽대요. 그런 면에서 풋프린트를 관리해야 하기도 하죠. 그리고 아이들은 아무 생각 없이 인터넷에 자신의 정보를 올릴 수 있잖아요. 아이들이 이걸 관리하지 못하면 그 자체가 본인을 위험에 노출시키기도 하는 거죠. 그렇게 생각하면 아이들이 디지털 풋프린트의 관리에 대해 더 빨리 알게 됐으면 좋겠다는 생각이 들더라고요.

장지은   학생들이 디지털 풋프린트에 대한 명확한 개념을 인식하고 디지털 공간에서 자신의 의견을 게시할 때보다 더 신중할 필요가 있다는 사실을 반드시 교육해야 한다고 생각해요.

슬랙티비즘 slactivism

윤성혜   저희가 디지털시민의식의 첫 번째 관점에 대해서 광범위하게 이야기를 나눠 봤어요. 저는 개인적으로 더 관심 있는 부분이 디지털시민의식을 시민의 참여가 확산되고 깊어지는 관점으로 보는 거예요. 디지털이 일상화되기 전에 시민의식은 도덕성이 많이 강조되었는데, 지금 시점에서의 디지털시민의식은 실천성이 보다 더 강조되고 있다고 해요.

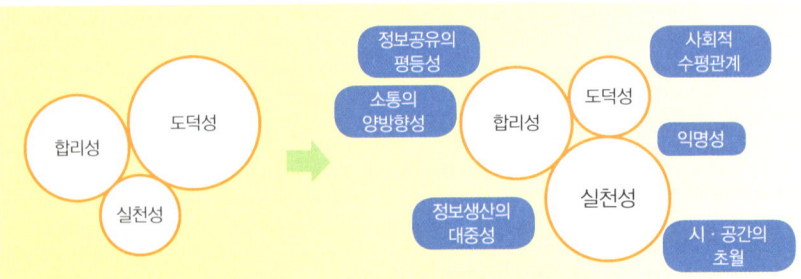

전통적 시민의식과 디지털시민의식의 비교[137]

디지털 사회는 시·공간의 초월성, 정보 공유의 평등성, 민주성, 정보 생산의 대중성 등의 특성을 가진다. 이러한 디지털 사회에서의 시민의식은 전통적인 시민의식의 속성인 합리성, 도덕성, 실천성이라는 핵심적 구성 요소를 그대로 공유하지만, 합리성과 실천성은 상대적으로 더 촉진되며, 도덕성은 상대적으로 약화되는 특성을 보인다. 즉 정보의 다양성과 양방향성, 시·공간의 초월성, 다양성 등 디지털 미디어의 특성은 합리성과 실천성을 향상시키는 역할을 할 수 있으나, 익명성과 수평적 관계 등의 특성은 도덕성을 약화시킬 가능성이 있다.

윤성혜 디지털이 누구나 적극적으로 자신의 의견을 표출할 수 있고 전달할 수 있는 창구가 되어 주잖아요. 더 나은 세상을 만들고 더 건전한 세상을 만들기 위해 디지털을 통해서 영향력을 발휘할 수 있는 거죠. 이런 부분에 대한 디지털시민교육이 필요하지 않을까라는 생각을 하고 있습니다.

임현진 맞아요. 비슷한 맥락으로 요즘에 온라인상에서 국민청원이 일상화가 된 것 같아요. 사회문제에 참여하는 건 좋은데, 진실을 제대로 확인하지 않고 무작정 참여하는 것도 문제가 있는 것 같아요. 온라인 청원이 정말 필요한 부분에 쓰여서 현안에 반영이 되어야 하는데 청원들이 무분별하게 올라가다 보니까 정말 중요한 것들을 선별해 내는 작업이 추가로 필요하게 됐죠. 이런 부분도 실천을 하는 데 있어서 고려를 해야 된다고 생각합니다.

임지영 　제가 예전부터 'DoSomething.org'라는 사이트를 눈여겨보고 있어요. 전 세계 600만 명의 아이들이 참여하고 있는 사이트인데요. 지금 살고 있는 사회에 기여할 수 있는 방법에 대한 아이디어를 올리는 거예요. 그러면 그 아이디어에 공감한 학생들이 여기에 참여를 할지 선택을 하고, 실제로 참여한 증거를 사진을 찍어서 올려요. 예를 들어서 어떤 아이가 "우리 학교에 왕따인 아이들이 많으니까 이 아이들이 화장실에 가서도 외로움을 느끼지 않도록 화장실 거울에다가 '나는 너를 응원해'라는 포스트잇을 붙여 주자"라는 프로젝트를 올리면 그것에 공감한 전 세계 아이들이 자기 학교 화장실 거울에 '나는 너를 응원해', '나는 너를 사랑해' 이런 메시지를 붙이고, 사진을 찍어서 올리는 거죠. 그러면 여러 나라들에서 같은 활동이 퍼져 나가게 돼요. 저는 이 사이트가 성장하기를 기대하면서 지켜보고 있는데요. 이것 역시 디지털 참여의 사례라고 생각합니다.

윤성혜 　좋은 사례네요.

장지은 　저도 딱 그 인증샷 이야기를 하려고 했었거든요. 최근에 플라스틱 줄이기 운동이 확산되면서 실제로 텀블러나 장바구니를 사용하는 인증샷들을 SNS에 올려요. 그러면 '해야지, 해야지' 생각만 하고 계속 실천을 미루고 있는 사람들이 그걸 보면서 '나도 해야 되겠다' 이런 마음을 갖게 되는 거예요. 이렇게 아주 작은 실천에 대한 인증샷을 올리는 것만으로도 그것이 사회에 기여를 하고 있다고 보는 거죠. 이렇게 보는 것에 대한 용어가 있죠?

슬랙티비즘
(slactivism)

인터넷을 통해 소심하고 게으르게 정치적·사회적 행동을 하는 것. 시민 참여나 집단행동을 촉진하기 위한 수단으로 소셜 미디어를 활용하는 사람들이 증가하면서 등장한 말.[139]

윤성혜 그렇죠. 슬랙티비즘(slactivism)이라는 용어가 있습니다. 슬래커(slacker)와 액티비즘(activism)의 합성어에요. 슬래커는 '게으른 사람'이라는 뜻이고요. 액티비즘은 '행동주의', 즉 직접적이고 활발한 정치적·사회적 활동이라는 뜻이죠. 길거리에서 일인 시위를 하는 것처럼 적극적인 행동이 아니라, 인터넷을 통해서 '좋아요'를 누른다든지 해시태그를 달아서 인증샷을 올린다든지 하는 소극적인 행동들, 즉 슬랙티비즘이 사회에 정말로 영향을 미치고 있다고 하는 주장들이 나오고 있어요.[138] 대표적인 슬랙티비즘의 성공 사례가 아이스버킷 챌린지거든요. 아이스버킷 챌린지를 통해 실제로 루게릭병에 대한 기금이 많이 늘어나서 정말 의미 있는 결과로 이어졌다고 평가를 하더라고요.

임지영 저는 아이스버킷 챌린지의 성공 요인 중 하나가 SNS의 중요한 기능인 다른 사람을 태그 하는 기능, '지목하기'가 아닐까 싶어요. 이게 디지털이라는 특성이 정말 잘 살아난 것이라는 생각이 들더라고요.

아이스버킷 챌린지

아이스버킷 챌린지는 루게릭병 근위축성 측색경화증에 대해 관심을 불러일으키고 기부를 장려하기 위한 캠페인이다. 이 캠페인은 머리부터 얼음물을 뒤집어쓴 사진이나 영상을 올리고, 다음 도전자 세 명을 지목하는 방식으로 이루어진다. 우리나라에서도 조인성, 원빈, 유재석 등이 참여했다. 뉴욕타임스 칼럼니스트인 니콜라스 크리스토프 Nicholas Kristof 는 아이스버킷 챌린지가 루게릭병 환자들에게 실질적인 도움이 되었는지 조사해 보았다. 조사 결과에 따르면 아이스버킷 챌린지가 유행하던 당시 조성된 기금으로 치료의 실마리를 찾기 위한 실험이 진행될 수 있었다고 한다. 일각에서는 이러한 아이스버킷 챌린지와 같은 행동을 게으른 사회 운동이라며 비판하기도 했지만, 니콜라스 크리스토프는 이런 작은 행동이라도 아무것도 하지 않는 것보다 훨씬 낫다는 것을 확인해 주었다.[140], [141]

디지털시민의식 진단하기

임지영 이쯤 되면 또 궁금한 것이 있죠. 본인의 디지털시민의식의 수준은 어떠한지?

윤성혜 저는 현진님이 굉장히 높다고 생각합니다. 어떠세요?

임현진　맞습니다. 제가 바로 프로청원러입니다. (웃음) 이제는 SNS가 발달하다 보니 사회문제에 대해서 실시간으로 소통하고, 공감하고, 정말 청원이 필요하다면 댓글도 달고, 모금이 필요하다면 참여도 하는 식으로 활동을 많이 하고 있어요. 그러다 보니 사회문제에 대해 많은 시간을 소비하고 있어서 요즘은 제 개인 일상에서 사회 활동 참여 시간이 적정한지, 이상적인 비율이 있는지 고민을 하기도 합니다.

임지영　전에는 제가 디지털시민의식의 수준이 되게 높다고 생각했거든요. 지금은 물론 사회적으로 참여하고 이런 것은 열심히 하는데, 최근 페이크 뉴스(fake news, 가짜 뉴스라고 하기도 함)를 걸러 내는 능력이 부족하다는 것을 알게 되었어요. 이게 부족하다 보니까 쉽게 속고, 속아서 참여를 또 하게 되고, 퍼뜨리는 역할을 하게 되더라고요. 그래서 디지털시민의식의 전반적인 수준은 높지만 정보의 진위를 판별하는 능력이 떨어지는 건 아닌가 하는 생각을 했어요.

> **페이크 뉴스와 미디어 리터러시**
> 페이크 뉴스를 판별해 내는 능력은 흔히 미디어 리터러시media literacy의 한 부분으로 보고 있다. 미디어 리터러시란 미디어를 책임 있게 활용하고, 미디어가 생산하는 정보와 문화를 비판적으로 이해·성찰하며, 의미 있는 정보와 문화를 생산·공유할 수 있는 능력을 말한다.[142] 관점에 따라 이러한 미디어 리터러시를 디지털시민의식의 하위 요소 혹은 선행 요건으로 보기도 한다.

윤성혜　저는 디지털시민의식이 평균보다는 높을 것 같다는 생각을 했는데, 현진님 앞에서는 작아지네요.

장지은   저는 세계시민의식 같은 경우는 꽤 많은 노력을 하고 있는 편이거든요. 최근에는 미디어 교육을 할 때 태양열로 할 수 있는 것들에 대해서도 고민을 많이 하고 있고요. 그런데 사실 저는 디지털에 대해서는 좀 약해요. 왜냐면 제가 SNS형 인간이 아니에요.

임현진   여기서 고백을 하시네요.

윤성혜   그러니까요. 소프트웨어 교육 전문가지만 SNS는 안 한다. (웃음)

장지은   저는 SNS 사용에 특별한 노력이 필요해요. SNS에 일거수일투족을 끊임없이 공유하고, SNS를 계속 확인하는 것이 성격에 안 맞아요. 사람들은 SNS를 못 보게 하면 화가 나고 스트레스를 받는다는데, 저는 이걸 오래 보면 역으로 스트레스를 받아요. 특히 다른 일에 집중하고 있으면 온통 그 생각뿐이고 SNS에 집중할 여유 시간이 잘 안 생겨요. 저는 아주 특별한 노력을 통해 SNS를 하고 있는 거예요. (웃음)

윤성혜   저는 최근에 KT 아현지사 화재 사건으로 한동안 인터넷에 접속을 하지 못했는데요. 그 계기로 제가 완전 디지털과 동화된 삶을 살고 있다고 깨달으면서, 이렇게 필수불가결한 디지털을 더 건전하게 활용해야겠다고 느꼈어요. 좋은 세상을 만드는 데 디지털이 잘 쓰였으면 좋겠습니다.

기업가정신교육

우리 모두가 가져야 할 기업가정신

#기업가정신 #앙트러프러너십 #기업가정신교육 #오해와 진실

기업가는 누구인가

윤성혜 전에 저희가 미래 일자리에 대한 이야기도 나눈 적이 있는데, 이것과 굉장히 밀접한 역량 중 하나가 기업가정신입니다. 앙트러프러너십(entrepreneurship)이라고 이야기를 하는데, 혹시 이 말이 익숙하신가요?

장지은 조금 어렵죠.

임지영 네이버나 구글에 'entrepreneurship'이라고 치잖아요? 그럼 관련 검색어에 '발음'이 있어요.

임현진 맞아요, 어려워요.

윤성혜 이게 프랑스어에서 온 말이라서 더 어렵게 느껴지는 것 같아요. 그러면 한국말로 기업가정신이라고 합시다. 일단 기업가에 대해서 이야기를 좀 해 봐야 될 것 같아요. 기업가라고 하면 떠오르는 사람이 있나요?

장지은 엘론 머스크.

임현진 저는 이건희.

장지은   스티브 잡스.

임지영   마크 주커버그.

윤성혜   그렇죠. 그런 사람들을 기업가라고 흔히들 이야기를 하죠. 그런데 사실 저는 개인적으로 스티브 잡스, 마크 주커버그, 엘론 머스크가 기업가정신의 대표적 사례라고 이야기를 하는 것에 대해서 조금 다른 생각을 가지고 있어요. 우리는 교육의 측면에서 접근을 해야 되는데, 이런 사람들을 예시로 들면서 교육을 한다면… 와닿으세요?

임현진   마치 엄청나게 창의적이고 혁신적인 성공을 이루어서 대단한 자산가가 되어야 될 것만 같은 그런 생각이 들어요.

장지은   그러니까요. 저는 기업가정신교육을 연구할 때 제일 많이 들었던 질문이 '왜 모든 학생이 기업가가 되어야 하죠? 왜 모든 학생이 창업해야 하죠?' 이 질문을 많이 받았어요. 이러한 질문은 기업가정신교육에 대한 대표적인 오해들이죠. 뒤에서 더 자세하게 이야기하겠지만 사실 기업가정신교육은 모든 학생들을 창업가로 육성하고자 하는 교육은 아니에요.

엘론 머스크 (Elon Reeve Musk)
전기차를 만드는 테슬라, 로켓과 우주선을 만드는 스페이스X Space X. 교통체증을 해소하기 위해 지하 터널을 뚫는 더 보링 컴퍼니 The Boring Company의 CEO.

이건희
삼성그룹의 회장.

스티브 잡스 (Steven Paul Jobs)
애플Apple의 창립자이자 전(前) CEO.

마크 주커버그 (Mark Elliot Zuckerberg)
페이스북Facebook의 창립자이자 CEO.

윤성혜 기업가라는 이미지가 많은 사람들이 엘론 머스크, 스티브 잡스 이런 사람들을 떠올리기 때문에 그렇게 생각을 하는 것 같아요. 사실 저는 개인적으로 기업가정신 이야기를 할 때 기업가의 사례로 저의 핵셀럽, 송은이 언니를 이야기하거든요.

임현진 성혜님의 롤모델이시죠.

윤성혜 기업가라고 하면 새로운 시도를 해서 세상에 없던 기업을 만들고, 그 기업을 큰 기업으로 키운 사람들을 떠올리게 되는데요. 사실은 CEO가 아니더라도 혁신적인 일을 시도해 보는 사람들을 기업가라고 할 수 있어요. 슘페터(J. A. Schumpeter)도 그렇게 이야기하거든요. 단순히 소유주나 경영자가 아니더라도 혁신적인 업무 수행이 기대되는 사람을 기업가라고 말할 수 있다고요.[143] 저는 기업가에 대해서 조금 더 와닿는 설명이 x축과 y축으로 역량을 구분해서 본 것이었어요. y축은 창조력과 혁신성을 의미하고 x축은 경영기술, 비즈니스 기술이에요. 이 두 개의 축을 기준으로 보면 창조력은 높은데 비즈니스 기술이 떨어지는 사람이 있을 수 있죠. 그런 사람은 발명가래요. 그리고 반면에 창조력은 떨어지고 비즈니스 기술이 높은 사람들이 있을 수 있잖아요. 그런 사람들을 관리자라고 한대요. 그런데 창조력도 높고 비즈니스 스킬도 높은 사람이 바로 기업가라고 설명을 합니다.

3. 미래교육, 무엇을 해야 할까? 193

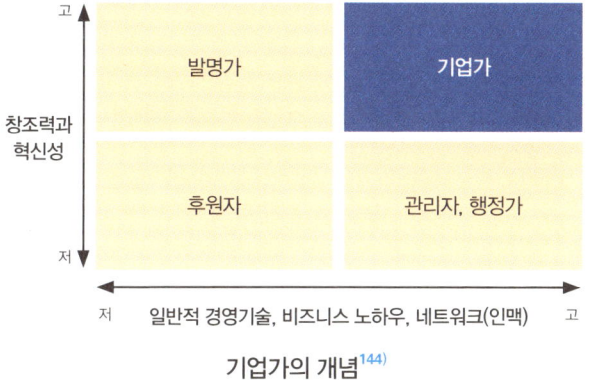

기업가의 개념[144]

윤성혜 그래서 제가 봤을 때는 송은이 언니가 창조력도 있고 비즈니스 스킬도 있다고 생각하기 때문에 기업가정신을 소개할 때 좋은 사례라고 생각해요. TV에서만 송은이 언니를 본 사람들은 이게 무슨 말인가 할 수도 있을 것 같아요. 송은이 언니가 한동안 방송에 많이 안 나오실 때 김숙 언니와 같이 〈비밀보장〉이라고 하는 팟캐스트 방송을 했었어요. 그런 것도 사실 '누가 불러주지 않아도 내가 일을 만들어서 해 보자' 하는 시도인 거거든요. 지금은 팟캐스트 방송이 워낙 많고 연예인들이 하는 방송도 많지만, 그때 당시에만 해도 연예인들이 팟캐스트 방송을 직접 만들어서 하는 경우는 드물었어요. 그런 것을 계속해서 발전시켜 나가면서, 다른 기회들도 많이 만들어 내고 있기 때문에 기업가의 좋은 사례가 아닐까 생각합니다.

송은이의 기업가정신

송은이는 김숙과 함께 2015년에 처음 팟캐스트 방송 〈비밀보장〉을 시작했다. 방송계에 남성 예능인들이 주를 이루면서 소외당하던 여성 예능인들이 '잘리지 않는' 방송을 스스로 만들기 시작한 것이었다. 송은이는 〈비밀보장〉을 시작으로 콘텐츠를 제작하는 '컨텐츠랩 비보'를 설립하고, 〈나는 급 스타다〉, 〈쇼핑왕 누이〉, 〈판벌려〉 등의 웹예능 또한 여러 편 기획·제작했다. 팟캐스트 〈비밀보장〉은 SBS라디오 〈송은이, 김숙의 언니네 라디오〉로 발전했고, KBS2 〈영수증〉, 올리브TV 〈밥블레스유〉의 출발이 되었다.[145], [146], [147]

기업가정신의 요소

윤성혜   기업가정신은 기업가가 가지고 있는 역량이에요. '정신'이라고 번역은 하지만 사실은 마인드만 이야기하는 게 아니거든요. 왜냐하면 entrepreneur-ship이니까. 그렇죠? 시민의식 이야기할 때도 마찬가지였잖아요. citizen-ship을 '시민'의식'이라고 얘기하지만 사실은 마인드뿐만 아니라 지식, 스킬, 태도, 행동을 포괄하는 역량이라고 말씀드렸는데, 기업가정신도 마찬가지에요. 기업가정신도 다양한 요소들을 아우르는 개념이거든요. 기업가정신의 요소, 뭐가 있을까요?

임현진   뜨거운 열정.

임지영   저는 리스크테이킹(risk-taking, 위험감수성)을 강조하고 싶어요.

장지은   대표적으로 도전 정신도 있죠.

임현진   그리고 요즘에는 사회적 책임에 대한 부분도 강조되어서 사회적 가치, 책임 의식도 중요한 것 같아요.

윤성혜   기업가정신의 요소도 사실은 굉장히 폭 넓어요. 그래서 학자들마다 이야기하는 게 굉장히 다양하고, 하나의 정답은 없는 것 같아요. 지금 말씀하신 것들이 다 기업가가 가지고 있는 역량 중에 하나가 될 수 있을 것 같아요. 그리고 창의성도 당연히 포함될 거고요. 또 뭐가 있을까요?

임지영　실패 내성(failure tolerance)도 많이 이야기하죠. 내성이라는 것에 대해서는 다들 잘 알고 있잖아요. 외부의 침입과 바이러스가 들어와도 대처해 낼 수 있는 힘이라고 이야기를 하는데요. 실패에도 미리 예방 주사를 맞듯 똑같이 내성을 키워야 된다고 생각해요. '혁신을 이룰 때는 실패가 당연히 내재될 수밖에 없다', '실패 없는 혁신은 없다'와 같은 이야기 많이 듣잖아요. 그런데 그 실패로 인해 학생들이 넘어지고 끝나 버린다면 어떻게 혁신을 이루게 할 수 있을까요? 그렇기 때문에 실패해도 견뎌 내는 힘을 가지게 하는 힘이 굉장히 중요하다고 생각해요. 그래서 제가 아까 위험감수성을 강조하고 싶다고 했는데, 위험감수성, 실패 내성 같은 것이 기업가정신에서 굉장히 중요한 부분이 되는 것 같아요.

윤성혜　동의합니다. 그리고 저는 또 한 가지 덧붙이고 싶은 게 실행력이에요. 머릿속으로 생각만 하고 실행으로 옮기지 않으면 기업가정신이라고 보기 어려워요. 그래서 실질적으로 뭔가를 만들어 낼 수 있는 것도 중요하다는 생각이 듭니다.

나의 기업가정신 진단하기

윤성혜　기업가정신의 요소들 중에 자기가 중요하다고 생각하는 것들을 이야기했는데 '그럼 나는 어떤가' 하는 이야기를 돌아가면서 해 볼까요? 나의 기업가정신은?

임현진　사실 저도 제가 기업가정신이 있는지 잘 몰랐는데 조직 생활을 하면서 제가 그런 성향이 있다는 생각을 했어요. 그리고 제가 대학원에 입학하면서 사회적 기업 창업을 위한 인큐베이팅(incubating)에 기획안이 선정되면서 짧지만 잠깐 교육을 받았었는데 그 당시에 이런 부분에 대한 훈련이 됐던 것 같아요. 중간에 사업을 접긴 했지만 관련 교육을 듣고 주변 사람들과 교류를 하면서 앞으로 이런 기업가정신을 더 발휘하면 좋겠다고 느꼈어요.

윤성혜　저는 제가 기업가정신이 정말 없는 줄 알았어요. 그래서 당연히 안정적인 조직에 들어가서, 조직 안에서 주어진 역할을 잘하는 게 저의 길이라고 생각했었거든요. 그런데 의외로 저에게 기업가정신이 있더라고요. 그래서 지금은 도전 정신을 발휘하면서 지내고 있죠. 은이 언니의 〈판벌려〉에 영감을 받아 열심히 판을 벌여 보려고 노력하고 있어요. 그런데 아직 갈 길이 멀었다는 생각이 들어요. 아직 부족하다고 생각되는 게 많죠. 위험감수성이 중요하다고 말씀을 드렸는데, 저는 아직 큰 위험은 감수하지 못하고, 작은 위험만 감수하는 수준이랄까요?

임현진　처음부터 큰 위험에 처하면 회복이 불가능할 수도 있으니까요.

장지은　저도 성혜님과 약간 비슷한데, 저는 '기업가정신이 애초에 없는 사람이다'라고 스스로 생각하면서 살았어요. 기업가정신은 나하고는 아주 거리가 멀다고 생각한 거죠. 아까 성혜님이 설명해 주신 테이블을 기준으로 보자면 저는 발명가 쪽인 거예요. 새로운 것을 만드는 걸 좋아하고, 새로워야 재미있고, 끊임없이 창조해야 행복한 편이에요. 그렇다면 제가 비즈니스 감각이 있느냐를 생각해 보면, 저는 비즈니스 감각이 전혀 없다고 스스로 생각했었거든요. 그런데 제가 기업가정신 교육을 공부하면서 보니까, 저도 기업가정신에 대한 편견이 있었던 거죠. 기업가 하면 떠오르는 그들과 나를 비교하면서 나와 전혀 다르다는 마음이었는데요. 공부하다 보니까 기업가의 역량 중에 일부는 제가 가지고 있는 것 같은 거예요. 예를 들면 저는 손익을 계산하고 이익이 되는 일을 찾아서 하는 계산적인 부분이 약하지만, 반면에 어떤 일을 처리하고 진행하는 분석적이고 분별적인 측면에서는 갖추고 있는 역량도 있다고 생각했어요. 그래서 앞으로 기업가 역량을 좀 키워 볼 수도 있겠다는 생각을 했어요.

임현진 맞아요. 그리고 모든 역량을 꼭 한 사람이 다 갖출 필요는 없고, 그것을 서로 상호 보완해 주는 협력 또는 조력자들을 만나면 되니까요.

임지영 저는 지금 여기 계신 차기 셀럽, 크리에이터, 핵인싸 이분들이 제 주변에 있는 모든 사람들을 통틀어서 가장 기업가정신을 많이 가지고 있는 사람들이라고 생각해요. 그래서인지 저도 기업가정신이라고는 전혀 없는 사람이라고 생각하고 있었는데, 계속 이 분들과 대화를 하다 보니 생각이 변하고 있어요. '이런 마인드로는 안되겠다'라는 위기감이 들고, '나도 변해야 되겠다'라는 생각이 들고, '나는 뭔가 새로운 걸 어떻게 찾아보지?', '이거를 어떻게 하면 좀 더 발전시켜 보지?' 이런 생각을 자꾸 하게 되더라고요. 마인드셋이 확실히 변하고 있긴 한 것 같아요.

임현진   이 얘기를 하면서 갑자기 드는 생각이, 다들 '나는 기업가와는 굉장히 먼 사람이라고 생각했는데'라고 말씀을 시작하셨잖아요. 여기서 우리나라 교육의 이슈를 발견했어요. 입시 위주로 교육을 하면서 학생 때 기업가정신에 대해 생각해 볼 시간적 틈을 준 적이 없는 것 같아요. 그래서 우리나라 사회나 교육 측면에서 누구나 기업가적 소양이 길러질 수 있도록 많은 변화가 필요하다는 생각을 했습니다.

기업가정신 진단하기

다음은 기업가정신을 측정하기 위해서 중소기업청에서 개발한 척도를 수정·보완하여 재구성한 것이다.[148] 자신의 기업가정신을 진단하고 싶다면, 아래의 각 문항에 대하여 현재 상태와 가장 비슷한 정도에 응답하면 된다.

번호	문항	① 매우 그렇지 않다	②	③	④	⑤ 매우 그렇다
1	원하는 일은 계획을 세우고 반드시 달성하려고 한다.	①	②	③	④	⑤
2	내가 맡은 일은 최고의 결과를 내려고 한다.	①	②	③	④	⑤
3	성공에 도전하는 것은 돈을 버는 것만큼 중요하다.	①	②	③	④	⑤
4	해야 할 일을 적극적으로 계획하고 사고한다.	①	②	③	④	⑤
5	사람들이 많이 도전하지 않는 새로운 분야를 시도해 본다.	①	②	③	④	⑤
6	오랜 시간 일을 추진할 수 있는 열정과 에너지를 가지고 있다.	①	②	③	④	⑤
7	어려운 일에 부딪힐수록 혼신의 힘을 다하여 해결하고자 한다.	①	②	③	④	⑤
8	나는 다른 사람들에게 비교적 열정적이라는 평가를 받는다.	①	②	③	④	⑤
9	문제를 해결할 수 있는 다양한 생각을 가능한 많이 해 보려고 한다.	①	②	③	④	⑤
10	일이 실패하는 이유는 노력이 부족하기 때문이라 생각한다.	①	②	③	④	⑤

11	모든 일에는 경쟁이 있을 수 있지만 노력하는 사람은 극복할 수 있다고 믿는다.	①	②	③	④	⑤
12	내 인생의 성공은 기회가 좋아서라기보다는 나의 능력에 의한 것이다.	①	②	③	④	⑤
13	성공은 열심히 일한 결과이며 운과는 별로 관계없다고 생각한다.	①	②	③	④	⑤
14	내 인생을 의도대로 진행시키기 위해서 적극적으로 계획을 수립한다.	①	②	③	④	⑤
15	본인의 노력에 따라 얼마든지 인생을 바꿀 수 있다고 생각한다.	①	②	③	④	⑤
16	내 일의 결과는 스스로 통제하고 조절할 수 있다고 생각한다.	①	②	③	④	⑤
17	나는 위험이 따르더라도 새로운 일에 도전하는 편이다.	①	②	③	④	⑤
18	경쟁 상대를 이기려면 위험을 감수해야 할 때도 있다.	①	②	③	④	⑤
19	원하는 일이라면 성공 확률이 50%일지라도 위험을 감수하고 도전할 것이다.	①	②	③	④	⑤
20	좀 더 사업을 성장시키려면 때로는 위험을 감수해야 한다.	①	②	③	④	⑤
21	자금을 차용하는 것도 비즈니스에 꼭 필요한 결정이다.	①	②	③	④	⑤
22	내 비즈니스가 성공할 것인지 또는 실패할 것인지는 확신할 수 없다.	①	②	③	④	⑤
23	불확실한 상황에서도 불안해하지 않고 잘 극복해 나가는 편이다.	①	②	③	④	⑤
24	내 사업을 위해 개인적으로 재무적인 희생을 할 수 있다. (예: 나의 월급을 적게 받는다.)	①	②	③	④	⑤
25	도전에 부딪힐 때 실패보다는 성공의 결과를 더 많이 생각하려고 한다.	①	②	③	④	⑤
26	시간이나 돈이 충분치 않더라도 흥미 있는 일은 성공할 수 있다.	①	②	③	④	⑤
27	나는 주어진 문제를 때로는 특이한 방식으로 해석한다는 평가를 받기도 한다.	①	②	③	④	⑤
28	경쟁력 있는 기업가는 항상 변화하고 도전해야 한다고 생각한다.	①	②	③	④	⑤

29	호기심이 많은 편이라 궁금한 것은 반드시 이해하고 넘어가는 편이다.	①	②	③	④	⑤
30	내 사업이 정착된다면 새로운 아이디어로 또 다른 사업을 추구하고 싶다.	①	②	③	④	⑤
31	결과를 감수하고라도 어떤 일을 처음으로 시도하려 한다.	①	②	③	④	⑤
32	나는 일을 처리하는 절차를 시스템화하려고 노력한다.	①	②	③	④	⑤
33	다소 현실적이지 못하더라도 상상력이 풍부한 사람을 더 좋아한다.	①	②	③	④	⑤
34	나는 경쟁자를 능가하는 새로운 아이디어를 계속 시도한다.	①	②	③	④	⑤
35	경영자로서 장기적인 목표에 보다 집중하고 몰입하려고 한다.	①	②	③	④	⑤
36	복잡하고 해결되지 않는 문제일수록 끈기를 가지고 시도해 나가는 편이다.	①	②	③	④	⑤
37	쉽게 할 수 있는 일보다 내 능력을 향상시킬 수 있는 도전을 좋아한다.	①	②	③	④	⑤
38	나는 비즈니스 운영에 대한 충분한 지식과 경험을 가지고 있다.	①	②	③	④	⑤
39	나는 나의 사업에 부합되는 유능한 팀을 구성할 수 있다.	①	②	③	④	⑤
40	스스로 세운 목표를 달성할 수 있는 내적인 능력이 있다고 믿는다.	①	②	③	④	⑤
41	나는 누구보다 가치 있고 역량 있는 사람이라고 생각한다.	①	②	③	④	⑤
42	나는 나 자신에 대해서 대체적으로 만족한다.	①	②	③	④	⑤
43	새로운 임무부여 시 목표를 달성할 수 있는 나의 능력을 믿는다.	①	②	③	④	⑤
44	상대방을 고무시키고 격려할 수 있는 자신감이 있다.	①	②	③	④	⑤
45	만나고 싶은 사람이 있으면 기다리기보다는 내가 먼저 가는 편이다.	①	②	③	④	⑤
46	새로운 사람을 만나는 것은 항상 즐거운 일이다.	①	②	③	④	⑤

이 척도는 기업가정신의 요소를 성취욕구, 자기통제능력, 위험감수성, 창의력, 자기효능감의 다섯 가지로 보고 있다.

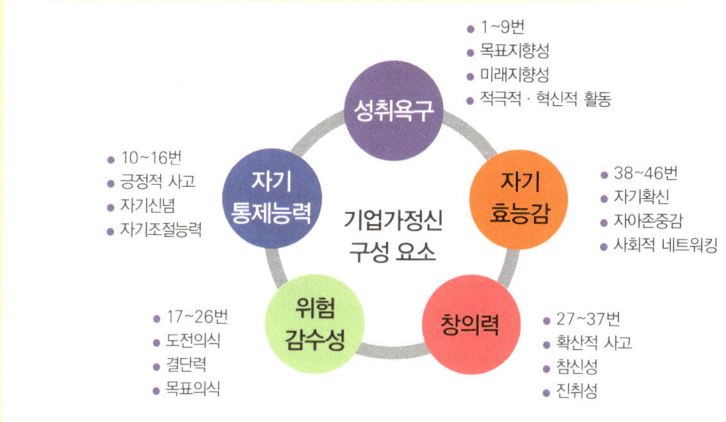

기업가정신 구성 요소[149]

- 성취욕구: 장애물을 극복하고, 자신의 능력을 발휘하고, 목표를 달성하려는 욕구로, 도전적이고 어려운 문제라도 성취해야겠다는 의지를 말한다. 위 문항들 중 1번부터 9번까지의 문항이 여기에 해당한다.
- 자기통제능력: 자기 스스로 통제하고 조절할 수 있다고 믿고 실제로 적극적으로 노력하는 것을 말한다. 어떤 일들이 운 때문에 결정되는 것이 아니라, 내가 노력함으로써 바꿀 수 있다고 믿고, 적극적으로 계획을 세우는 것이다. 10번부터 16번 문항이 이에 해당된다.
- 위험감수성: 불확실한 결과, 어떤 결과가 나타날지 예상하기 어려운 상황이지만 과감하게 도전해 보는 것이다. 17번부터 26번까지가 위험감수성 문항이다.
- 창의력: 새롭고 독창적인 것을 만들어 내는 능력으로, 27번부터 37번까지 문항이 이에 해당한다.
- 자기효능감: 자신의 능력에 대한 믿음으로, 새로운 기회를 추구하고 위험에 대처해 나갈 수 있는 원동력이 된다. 38번부터 46번까지의 문항이 자기효능감을 측정한다.

각 요소별로 응답한 점수를 평균을 산출해 보면 현재 자신의 기업가정신 수준을 가늠해 볼 수 있다. 그러나 자기평가를 통해서 산출된 점수는 절대적인 점수가 아니므로, 타인과 비교하여 해석하는 것은 무리가 있다. 다만, 다양한 요소들 가운데 어떤 요소가 강점이고, 어떤 요소가 부족한지 돌아보기 위한 기회로 삼을 수 있다. 현재 부족한 요소가 있다면 노력을 통해서 키워 나갈 수 있다.

기업가정신교육, 오해와 진실

윤성혜 지금 저희가 우리의 기업가정신을 이야기를 하면서 자연스럽게 기업가정신에 대한 오해를 다뤘어요. 기업가정신에 대한 대표적인 오해 중 하나가 'CEO가 가지고 있는 것'이라고 생각하는 것인데, 아까 현진님이 조직 내에서도 발휘를 하고 있다고 말씀하셨잖아요. 실제로 요즘에는 기업들에서 '채용을 할 때 어떤 인재들을 원하세요?'라고 물어보면 이런 얘기를 한대요. 도전 정신, 주인의식, 창의성, 열정, 실행력 이런 것들을 원한다고요. 결국 기업가정신을 원한다는 얘기인 것이거든요. 큰 조직에 한 명의 구성원으로서 들어가게 되더라도 사실은 기업가정신이 요구된다는 것이 진실입니다.

> **기업이 원하는 인재상**
>
> 2018년 대한상공회의소가 국내 매출액 상위 100대 기업의 홈페이지에 공표된 인재상을 분석한 결과, 소통과 협력 63개사, 전문성 56개사, 원칙과 신뢰 49개사, 도전 정신 48개사, 주인의식 44개사, 창의성 43개사, 열정 33개사, 글로벌 역량 31개사, 실행력 22개사 순으로 나타났다.[150]

윤성혜 그리고 또 한 가지 오해는 기업가정신은 '타고나는 것이다'라는 생각이에요. 그런데 저희가 쭉 돌아가면서 얘기해 보니 '없는 줄 알았는데 의외로 있는 것 같다', 그리고 '키워 나가는 것 같다'라고 했잖아요. 기업가정신이 타고나는 것이라기보다는 교육을 통해서, 혹은 노력을 통해서 얼마든지 향상될 수 있는 것이라고 하는 것도 강조하고 싶습니다.

장지은 또 기업가정신교육은 '모두를 CEO로 육성하는 교육이다 또는 창업가를 만드는 교육이다'라는 오해가 있죠. 이 오해가 매우 큰 것 같아요. 사실 저도 처음에 오해와 편견이 있었어요. 기업가정신교육은 창업교육과 매우 유사한 개념일 것으로 생각하면서 접근했었죠. 하지만 제가 공부하면서 보니까 '내가 학창시절에 이런 걸 배웠더라면' 이런 생각이 너무 많이 드는 거예요. 우리가 사회에 나와서 생활하면서 우리에게 꼭 필요한 필수 정보와 역량들을 기업가교육에서 굉장히 많이 육성해 주거든요. 그런데 그동안 이런 것들을 학교 안에서 잘 이행하지 않았었던 거죠. 저는 '기업가정신 교육이 학교 교육에 있었더라면 사실 나는 발명가가 아니라 기업가가 됐을지도 몰라' 이런 생각을 했었어요.

임현진 그러면 정확히 창업교육과는 어떤 점이 다른지 더 설명해주시면 좋을 것 같아요.

윤성혜 제 생각에 창업교육은 창업을 하기 위한 실제적인 준비를 하는 교육에 더 가까울 것 같고요. 만약에 창업을 준비하는 사람들 대상으로 창업교육을 하면 교육의 성과 지표로 사업자 등록을 얼마나 했는지가 관심의 대상이 될 수 있는 거죠. 물론 그게 바람직하다는 얘기는 아니지만, 창업교육의 목표는 창업을 하는 것에 두는 경우가 많습니다. 그런데 기업가정신교육은 기업가정신이라는 역량을 키워 주는 교육이에요. 기업가정신이라고 하는 역량이 꼭 창업을 할 때만 발현되는 건 아니라고 말씀 드렸잖아요. 기업가정신교육은 실제로 어떤 문제를 발견하고, 그 문제를 어떻게 해결해 갈 것인가, 그리고 그런 것들을 비즈니스로 어떻게 풀어 나갈 것인가라고 하는 총체적인 경험을 제공하는 교육이라고 생각합니다. 그래서 창업교육과는 조금 차이가 있다는 생각이 들어요.

> **기업가정신교육과 창업교육**
>
> 기업가정신교육과 창업교육의 개념적 구분에 대해서는 다양한 견해가 혼재되어 있다. 기업가정신교육과 창업교육을 일치하는 것으로 보는 경우도 있으며, 창업교육을 더 큰 개념으로, 혹은 기업가정신교육을 더 큰 개념으로 보는 견해도 있다. 기업가정신을 모든 개인에게 요구되는 역량이라고 보는 관점에 있어서는 기업가정신교육을 창업교육보다 폭넓게 이해한다.[151]

윤성혜 앞에서도 잠깐 언급했지만, CCR(Center for Curriculum Redesign, 교육과정재설계센터)에서 만든 미래학습자 역량 프레임워크가 있어요. 이 프레임워크에서는 미래학습자 역량을 지식, 스킬, 인성, 메타학습으로 구분을 하고 있어요. 그 중 지식에 현대적인 지식이 명시되어 있는데, 현대적인 지식의 대표적인 예로 기업가정신이 나와 있어요. 그래서 이것은 특정 누구에게만 필요한 게 아니라 모두가 갖추어야 하는 미래학습자 역량이라고 볼 수 있습니다.

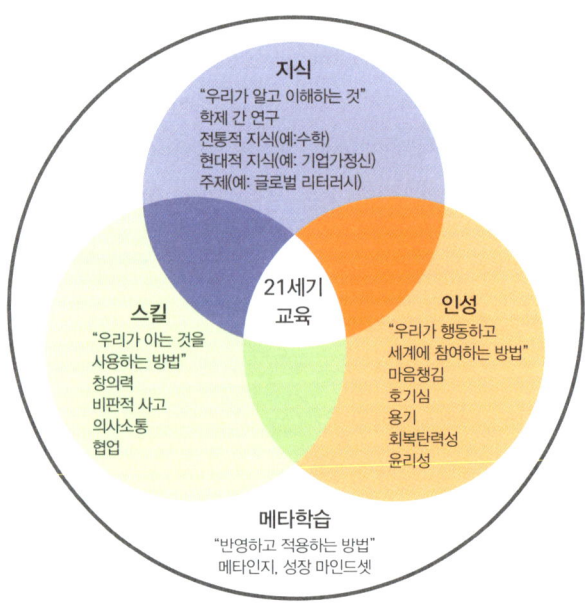

21세기 교육이 추구해야 할 4차원 미래역량[152]

윤성혜 비슷하게 우리나라 교육부도 최근에 기업가정신 교육을 강조하고 있죠. 교육부에서 기업가정신 교육을 실시하겠다고 발표를 했습니다.[153]

장지은 맞아요. 교육과정에도 넣겠다고 하죠.[154]

윤성혜 기업가정신교육이 정말 중요한 여러 가지 이유가 있는데요. 미래직업의 지형도가 바뀌는 점이 가장 대표적인 이유가 될 것 같습니다. 공포심을 조성하고 싶지는 않지만, 사실 기업의 평균 수명이 엄청나게 줄어들고 있거든요. 그러니까 '평생직장이 있을 것인가'라고 묻는다면 누구도 확답을 주기 어려워요.

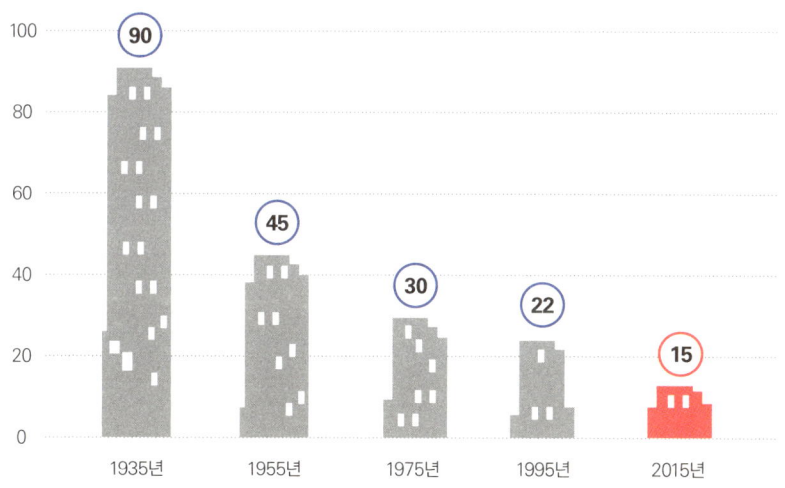

기업의 평균수명 추이[155]

윤성혜   그리고 긱 이코노미(gig economy)라는 말도 하거든요. 혹시 들어 보셨나요? 긱 경제, 긱 이코노미.

임현진   저는 처음 들었어요.

윤성혜   이제 저처럼 일하는 사람들이 많아지는 현상을 말하는 거예요. 긱이라고 하는 말은 옛날 미국 재즈바 문화에서 유래했어요. 공연을 할 때 연주자들을 정규직으로 고용해서 무대에 올리는 게 아니라, 그때그때 연주자를 뽑아서 무대에 올렸고 그걸 긱이라고 불렀어요. 이런 식으로 그때그때 프로젝트에 맞게 필요한 인력들을 구해서 쓰는 형태의 경제가 활성화 될 것이라고 해서 긱 이코노미라고 합니다.[156] 프리랜서가 많아진다는 이야기도 되겠죠. 그렇다 보니까 기업가정신이 더 중요해질 수밖에 없는 거예요. 내가 내 일자리를 스스로 창출해 내고, 또 다음 일자리를 이어가고 하는 부분에 있어서도 필요한 역량이니까요.

임지영   저는 잘 몰랐는데, 프리랜서로 일하시는 분들이 생각보다 많더라고요. 제가 성혜님을 보면서 기업가정신의 가장 큰 역량 중 하나로 셀프 마케팅을 넣어야 한다고 생각했어요.

윤성혜   그렇죠, 중요하죠. 프리랜서로 일을 할 때는 누구나 다 들어본 회사의 명성에 내가 묻어갈 수 있는 게 아니잖아요. 그렇기 때문에 나 스스로가 브랜드가 되어야 하죠. 그래서 제가 셀럽이 되려고 하는 거거든요. (웃음) 그리고 기업가정신 교육을 우리나라 교육부에서도 강조를 하고 있다 보니까, 아직 충분하다고는 보기 어렵지만 그래도 어느 정도 시도가 되고 있기는 하거든요. 대표적인 것이 청소년 비즈쿨이 있어요.

장지은   그 외에도 우리나라에서 주도적으로 기업가정신 교육을 하고 있는 곳들이 있죠, 어떤 곳들이 있죠?

임지영   기업가정신 교육이라고 검색을 하면 아산나눔재단이 많이 나오더라고요.

장지은   그리고 또 성혜님과 제가 작년에 연구했었던 한국청년기업가정신재단이 있고요.

윤성혜   그리고 저희도 좀 해 보려고요. (웃음)

장지은   열심히 하고 있습니다.

윤성혜   저희도 좋은 기업가정신 교육프로그램을 만들어서 열심히 알려 보도록 하겠습니다.

청소년 비즈쿨

초중고생을 대상으로 꿈과 끼, 도전 정신, 진취성 등 기업가정신을 갖춘 융합형 창의인재를 양성하기 위한 교육 프로그램이다.[157]

아산나눔재단

고(故) 아산 정주영 현대 창업자의 서거 10주기를 기념하여 출범한 공익재단으로, 기업가정신 교육사업, 예비 창업가를 발굴하고 창업 인프라를 지원하는 청년 창업 지원사업, 비영리 생태계를 이끌어 갈 사회혁신가 육성사업 등을 실시하고 있다.[158]

한국청년기업가정신재단

청년층의 도전 정신, 창의력, 혁신역량 등의 함양을 돕고 나아가 우리나라 기업가정신의 확산을 주도하는 플랫폼 역할을 수행하기 위해 설립된 비영리법인(재단법인)이다.[159]

04

소프트웨어 교육

사고력을 키우는 소프트웨어 교육

#소프트웨어 교육 #컴퓨팅 사고력 #코딩 교육 #SW교육

소프트웨어 교육의 개념

윤성혜 이번 주제는 소프트웨어(software, SW) 교육입니다. 소프트웨어 교육이라는 말 자체도 생경하신 분들이 있을 것 같아서 개념부터 소개를 좀 드릴까요?

임지영 저는 부끄럽지만 소프트웨어 교육을 이번에 처음 공부해 봤어요. 처음에는 소프트웨어를 어떻게 만드는지 배우는 것이라고 생각했었어요. 그런데 소프트웨어 교육이라는 것이 컴퓨터가 작동하는 방법을 배우는 것이 아니라 컴퓨터가 사고하는 방식을 바탕으로 주어진 문제를 어떻게 논리적이고 창의적으로 해결하는지를 배우는 것이더라고요.

윤성혜 최근에 워낙 소프트웨어 교육이 강조되다 보니까 저도 많은 관심을 가지고 지켜보고 있는데요. 소프트웨어 교육을 소개할 때 흥미를 유발하기 위해서 보여 드리는 영상[160]이 하나 있어요. 한때 인터넷을 휩쓸었던 영상인데, 어떤 외국인 아빠가 아이 두 명과 같이 나와요. 아빠가 아이들한테 샌드위치 만드는 방법을 글로 써 오라고 해요. 그런 다음에 아빠가 아이들이 쓴 글대로만 해서 샌드위치가 되는지를 보여 주거든요. 잼 통을 열지도 않고 통째로 막 빵에다 비비게 되는 장면들이 재미있게 나와요. 결국 소프트웨어 교육은 내가 컴퓨터에게 어떻게 명령을 내려야 효과적으로 처리할 수 있는지에 대한 것들을 알려 주는 사고력 위주의 교육이라고 하는 것이 핵심입니다.

> **샌드위치 코딩**
>
> 유튜브에서 화제가 된 아빠의 샌드위치 코딩 교육은 SBS 〈내 아이가 살아갈 로봇 세상〉에서 2018년 2월 7일 방영되었다. 아빠는 아이들에게 샌드위치를 만드는 매뉴얼을 작성하도록 지도한 뒤 작성된 매뉴얼에 따라 샌드위치를 만들어 보는 과정을 공개한 것이다. 이 과정을 통해 아이들은 절차적·논리적 사고에 대해 자연스럽게 학습한다. SBS 〈내 아이가 살아갈 로봇 세상〉에서는 샌드위치 코딩을 국내 가정에서 직접 재현해 화제가 되었다.

장지은 그래서 교육부[161]에서도 소프트웨어 교육은 '컴퓨팅 사고력(Computational Thinking, CT)을 가진 창의 융합형 인재를 육성하는 것이다'라고 정의하고 있어요. 정의에서 컴퓨팅 사고력이라는 단어가 등장할 만큼 중요한 개념이죠. 소프트웨어 교육이 사실 다양한 용어들로 불리고 있어서 한 번 정리를 하면 좋겠네요. 먼저, 프로그래밍 능력 자체에 중심을 둔 용어들이 있어요. '코딩 교육'과 '프로그래밍 교육'이라는 용어이고요. 미국에서는 '컴퓨터 과학 교육'이라고 불려요. 그리고 우리나라의 개정 교육과정에서는 '정보교육'이라는 용어로 부르고 있어요. 실제로 소프트웨어 교육도 정보교과 안에 포함되어 있죠. 초등학교에서는 '실과 교육' 안에 들어가 있죠. 영국에서는 '컴퓨팅 교육'이라는 용어를 사용해요. 이렇게 국가별로 사용하는 용어들이 조금 달라요.

윤성혜 정보교육이라고 하면 사실 기존에 있던 교과목이잖아요. 컴퓨팅 사고력을 길러 주기 위한 최근의 교육들은 소프트웨어 교육이라는 말로 표현하는 것을 가장 많이 들었던 것 같거든요. 그러면 소프트웨어 교육이라는 용어가 정확하지 않은 건가요?

장지은 학자들 간에 서로 논쟁이 있는 부분인 것 같아요. 실제로 소프트웨어 교육에서 '소프트웨어'라는 용어가 외래어이기 때문에 이것을 교과명으로 채택하는 것은 적절하지 않다는 의견이 있고요. 또한 로봇 교육이나 피지컬 컴퓨팅 교육 등을 소프트웨어 교육이라고 칭하는 것은 적절한 개념이 아니라는 논의도 있어요. 반면, 소프트웨어 중심 사회가 되고 있다는 측면에서 소프트웨어 교육이 적절하다고 주장하는 학자들도 있어요. 우리나라에서는 교과명으로는 소프트웨어 교육을 채택하는 것이 적합하지 않고, 기존의 '정보교육'을 그대로 사용하겠다는 발표가 가장 최근의 내용이에요.

윤성혜 그러면 이 소프트웨어 교육이 왜 최근에 들어서 이렇게 난리가 난 거죠?

임현진 4차 산업혁명 시대가 오면서 제조업이 굉장히 둔화되고 있죠. 2018년 11월자 뉴스를 보면 공장 가동률이 20년 만에 최저라고 해요[162]. 그런데 반대로 데이터 사이언티스트는 최고의 직업으로 꼽히고 있다고 하거든요. 정부의 예산들이 IT인력들을 양성하는 데 굉장히 많이 지원이 되고 있고, 미래 신성장 동력으로서 IT의 지식과 기술을 갖춘 인재를 육성하는 데 큰 노력을 하고 있어요. 처음에 관련 부처에서 소프트웨어에 관심을 갖고 구체적인 발전 계획안을 세운 것이 2001년부터인데, 소프트웨어 산업을 육성하면서 소프트웨어 교육 쪽으로도 발전이 되었어요. '소프트웨어 중심 사회를 구축해야 한다'는 흐름이 이어져 최근에는 소프트웨어 중심 대학까지 교육부에서 지정하고 운영하고 있죠.

윤성혜	전 세계적으로 소프트웨어는 모든 시장 경제에서 중요성이 높아지고 있어요. 2018년 글로벌 100대 기업 리스트를 봐도 소프트웨어를 중심으로 하는 기업들이 굉장히 많거든요.[163] 전통적으로는 소프트웨어 기업이 아니라고 생각되었던 제조업에도 소프트웨어가 더해지면서, 소프트웨어 없이는 살 수 없는 세상이 되고 있는 것 같아요.

장지은	그렇다면 소프트웨어 중심 사회란 무엇일까요? 소프트웨어 중심 사회에 대한 정의를 살펴보면, 소프트웨어가 사회 경제의 기본 법칙에 혁신적인 변화를 가지고 오는 것이라고 설명하고 있어요.[164] 이렇게 기존 시장이 가지고 있었던 질서에 급격한 변화를 갖고 오게 되면서 글로벌 시장을 소프트웨어가 석권하는 것을 말하죠. 소프트웨어가 어떠한 사회적인 혁신을 이뤄내고 있는지를 상세하게 설명한 기술서[165]들이 있는데요. 기술서의 모든 내용을 구체적으로 다 이야기할 수는 없지만, 얼마나 다양한 분야에 혁신이 일어나고 있는지 살펴볼 수 있어요. 기존 시장의 질서가 완전히 바뀔 것으로 전망되는 분야는 자동차, 콘텐츠, 도서, 사진, 농업, 금융, 제조업, 국방, 교육, 학문, 게임 등이 있어요.

윤성혜	없는 게 없네요.

장지은	그렇죠. '사회 전반을 소프트웨어가 혁신하고 있다'라고 이야기해도 과언이 아니에요.

사고력 교육

윤성혜 그래서 우리나라 교육부에서도 소프트웨어를 가르치는 교육을 의무화했죠. 이미 2018년도부터 순차적으로 학년별로 의무화되어 시행되고 있습니다. 소프트웨어 교육의 목적은 컴퓨팅 사고력을 키우는 것이라고 이야기하고 있어요.

장지은 컴퓨팅 사고력에 대한 우리나라 교육부의 정의를 살펴보면 '컴퓨팅의 기본적인 개념과 원리를 기반으로 문제를 효율적으로 해결할 수 있는 사고 능력'이라고 정의하고 있어요.[166] 앞서 소프트웨어 교육의 정의에서 컴퓨팅 사고력이라는 키워드가 바로 거론될 만큼 소프트웨어 교육에서 핵심적으로 육성하고자 하는 학습 성과이고, 가장 중요한 키워드죠.

윤성혜 소프트웨어 교육을 명확하게 이해하기 힘들다 보니까 많은 오해들이 있는 것 같아요. 대표적으로 학부모들이 많이 하고 있는 오해 중 하나가 소프트웨어 교육이라고 하면 '프로그래머가 되는 건가?' 이런 생각인 것 같거든요. 소프트웨어 교육을 코딩 교육이라고 이해를 하는 경우가 굉장히 많은데, 전통적으로 코딩이라고 생각했을 때의 이미지는 까만 화면에 빼곡하게 영어로 쓰는 어려운 이미지가 있다 보니 '이걸 배우면 우리 아이가 공대에 가서 프로그래머 되는 건가?'라고 생각하기도 해요.

임지영 요즘에 돌아다니다 보면 재미있는 간판들이 많잖아요. 저한테 재미있는 간판은 '유아 코딩'이더라고요.

윤성혜   엄청 많죠.

임지영   엄청 많더라고요. 정말 어디를 가도 유아 코딩이라는 게 막 붙어 있는데 안타까운 마음이 들면서 대체 어떤 내용일지 궁금하기도 해요.

윤성혜   교육부에서 강조를 하는 소프트웨어 교육은 프로그래머를 키워 내자는 뜻이 아니라 사고력 교육이고, 미래 사회를 살아가는 모든 청소년들이 다 가져야 하는 소양이라고 이야기하고 있죠.[167)]

장지은   맞아요. 그래서 저도 가장 안타까운 점이 4차 산업 혁명 시대를 살아가려면 모든 아이들이 코딩을 해야지만 이 사회에서 살아남을 수 있고, 반드시 지금 당장 가르치지 않으면 큰일 난다는 공포심을 조성하는 거죠. 저는 막연한 조급함과 공포심을 학부모들에게 강제적으로 주입하는 것이 가장 안타까워요. 하지만 전 세계적으로 유아기부터 소프트웨어 교육을 시행하는 이유는 따로 있어요. 고차원적인 사고력과 미래 사회를 위한 기본 소양을 함양할 수 있도록 지원하기 위해서죠. 하지만 학부모님들도 데이터 분석가, AI 전문가 등이 미래에 가장 유망하다고 하니까 최대한 빨리 교육시켜서 어떻게 해서든지 미래 유망 직종에 우리 아이가 종사할 수 있도록 만들어야겠다고 생각하시는 분들이 있어요.

윤성혜   굉장히 많은 걸로 알고 있어요. 소문에 들리는 바에 의하면 강남에 코딩 학원들이 엄청나게 잘 되고 있다고 하더라고요.

임현진   강남뿐만 아니라 교육열로 뜨거운 지역은 다 그렇더라고요.

장지은 계속 강조하게 되는데요. 소프트웨어 교육은 사실 새로운 고차원적 사고력을 육성해 주는 교육이거든요. 바로 컴퓨팅 사고력이죠. 성혜님이 앞서 재미있는 샌드위치를 사례를 들려주었는데요. 그 사례는 아이들에게 절차적인 사고, 논리적 사고, 그리고 명령을 넣었을 때 컴퓨터가 어떤 단계로 일을 하는지 등에 대해 가르쳐 주는 대표적인 언플러그드 소프트웨어 학습 중의 하나입니다. 이렇게 재미있게 즐기면서도 충분히 소프트웨어 학습을 할 수 있어요. 이러한 학습 후에는 모든 일을 처리할 때 그 일에 대한 순차적인 절차를 생각해 볼 수 있고, 어느 부분이 반복해서 일어나는 것인지를 찾아냄으로써 자동화할 수 있는 능력까지도 향상할 수 있고요. 이렇게 사고력을 육성하면 삶으로 확장되죠. 코딩 교육이 모든 아이를 전부 다 전문 프로그래머로 육성하기 위한 교육이 아니라는 이해가 더욱 많이 확장되면 좋겠어요.

또 이런 이야기를 하시는 분들도 있어요. 해외에서 다 하니까 분위기에 휩쓸려서 정책적으로 추진하는 것이 아니냐는 거죠. 하지만 제가 실제로 이 분야를 연구하면서 관련 분야의 학자들과 교육 현장에서 열심히 뛰고 있는 관심 있는 교사들을 만나 보면 얼마나 진지하게 소프트웨어 교육을 대하고 있는지 느낄 수 있어요. 많은 연구자들이 정말 열정적으로 지속성을 가지고 새로운 교육에 대해 연구하고 우리 아이들의 미래를 위해 진지하게 고민하죠. 조금 더 믿고 아이들의 사고력 교육을 시작해 보시면 좋을 것 같아요. 다만, 두려움, 조바심, 공포심을 유발하는 것에 현혹되지 않는 분별력을 가지는 것이 중요하고요. 우리 아이가 이 교육을 통해 유망 직종을 가지게 될 것이라는 섣부른 기대심도 조심해야 하는 부분들이죠.

윤성혜   그런 조급함의 대상으로서의 의미가 아니라 사고력을 키워 주는 교육이라는 것에 공감을 해 주시면 좋을 것 같다는 생각이 듭니다.

언플러그드 교육

윤성혜   그런데 앞서 언플러그드 활동에 대해 이야기를 잠깐 하셨거든요. 언플러그드 활동에 대해 구체적으로 더 이야기해 볼까요?

장지은   언플러그드 교육은 컴퓨터 또는 태블릿 PC의 플러그를 뽑고 하는 소프트웨어 교육입니다. 가장 대표적인 사례가 앞서 나왔던 샌드위치 만들기 같은 것이죠. 유아와 저학년을 대상으로 해외에서 활발하게 시행되고 있어요. 물론 그 이상의 연령에게도 필요하고요. 샌드위치 만들기 사례를 생각해 보시면 샌드위치를 만드는 방법을 아주 구체적으로 세분화해서 절차적으로 사고하도록 만들거든요. 그러한 사고 능력을 촉발하는 과정이 바로 컴퓨팅 사고력을 육성하는 과정인 거예요. 이렇게 컴퓨터 또는 태블릿 PC의 플러그를 뽑고도 소프트웨어 교육이 가능하다는 것이지요. 그리고 또 대표적으로 보드게임의 형식의 카드를 활용한 언플러그드 교육도 많이 시행되고 있어요.

윤성혜   그러니까 언플러그드라는 말이 '플러그를 뽑았다'라는 의미로 사용되는 것이네요. 우리가 그냥 흔히 생각하기에 소프트웨어 교육은 컴퓨터, 태블릿 PC 같은 전자기기를 써야 될 것 같은데 그것을 사용하지 않고도 컴퓨팅 사고력을 학습할 수 있다는 것이군요.

장지은   그렇죠. 우리가 컴퓨터를 켰을 때만 컴퓨팅 사고력을 육성할 수 있는 것이 아니라 플러그를 뽑고 컴퓨터가 없어도 컴퓨팅 사고력을 교육할 수 있다는 거예요. 그리고 실제로도 잠시 컴퓨터를 떠나 있을 때 해결되지 않았던 문제의 실마리가 보이기도 하죠. 조금 더 구체적인 다른 예를 들어 볼까요? 언플러그드 카드를 통해 아이들은 순차를 제일 먼저 학습해요. 명령의 순서에 따라서 컴퓨터가 움직인다는 것을 배우죠. 카드의 순서를 어떻게 배열하는지에 따라 말을 움직이게 한다든지 혹은 로봇을 움직이게 해요. 이것이 가장 대표적인 카드형 언플러그드 학습이지만, 최근에는 더욱 다양한 형태의 언플러그드 보드게임이 나오고 있어요. 또 하나 다른 예를 살펴볼게요. 우리 어렸을 때 율동을 많이 배우잖아요. 그런데 이 율동이 보면 항상 후렴구의 반복이 있거든요. 바로 그 지점을 응용한 언플러그드 학습이에요. 아이들이 먼저 가사에 따른 율동을 순차적으로 배우는 거예요. 그리고 후렴구 등에서 율동이 반복되는 구간들이 있는데, 그 반복되는 구간에서는 루프 카드를 만들어서 '거기는 이 율동을 반복해'라고 명령해요. 그런 식으로 반복하는 구간들을 찾아서 컴퓨터가 자동화시켜 주는 시스템을 이해하죠. 이렇게 간단한 어린이 율동을 가지고도 언플러그드 학습을 할 수 있어요. 실제로 이 수업 영상에서 아이들이 꺄르르 웃으면서 활동을 하는 걸 보니 참 재미있어 보이더라고요.

루프
루프 명령문을 사용하여 같은 내용을 반복하여 수행하도록 명령하는 것이다.

교육용 프로그래밍 언어
Educational Programming language, EPL

윤성혜 이제는 플러그를 꽂아서 하는 것도 소개를 해 드려야 할 것 같아요. 소프트웨어 교육을 배울 수 있는 굉장히 좋은 툴(tool)들이 최근에 많이 나왔죠.

임현진 네. 프로그래밍에 쉽고 재미있게 다가갈 수 있는 툴들이 많이 생겼어요. 먼저 스크래치(Scratch)[168]라는 교육용으로 많이 활용이 되는 프로그램이 있어요. 이 프로그램은 MIT에서 개발한 프로그램으로 아이들에게 쉽게 컴퓨팅 사고력을 전달하기 위해서 개발된 소프트웨어에요. 일반적으로 명령어들을 블록 형태로 만들어서 블록을 드래그 앤 드롭(drag and drop) 형식으로 끌어다가 놓으면 실행이 되는 툴이거든요. 그래서 굉장히 쉽고 직관적으로 사용할 수 있어요.

스크래치

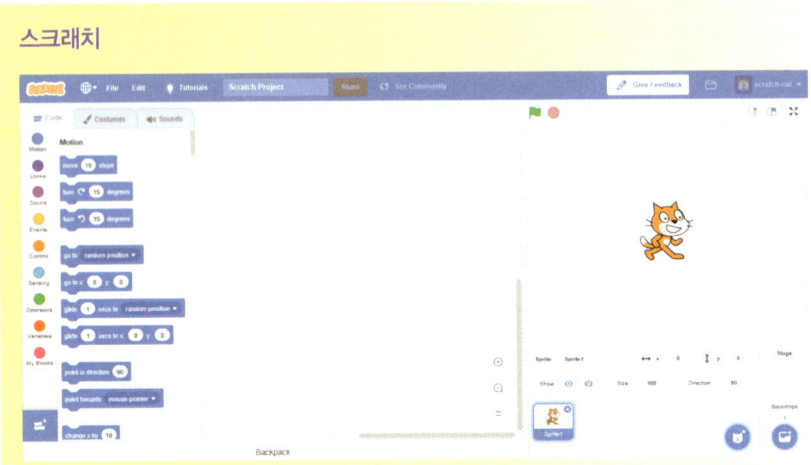

스크래치는 MIT 미디어랩Media lab의 평생유치원 그룹Lifelong Kindergarten Group에서 2005년 공식 발표한 교육용 프로그래밍 언어이다. 기존의 텍스트 코딩 방식과는 달리 블록을 맞추듯이 연결하여 코딩하는 방식이다. 초등학생부터 노인까지 누구나 무료로 이용할 수 있으며, 상호작용하는 이야기, 게임, 애니메이션, 대화형 카드를 직접 만들 수 있고, 작품을 온라인 커뮤니티에서 다른 사람들과 공유할 수 있다. 학습자들은 창의적 사고, 체계적 추론, 협동 작업을 학습할 수 있다.

윤성혜 스크래치는 우리가 기존에 생각했던 어떤 프로그래밍 툴보다 굉장히 획기적으로 쉽게 만들어 졌다고 생각해도 될 것 같아요.

임지영 저도 스크래치를 직접 해 본 적이 있는데, 한번 시도해 보시면 좋을 것 같아요. 일단 여기에 고양이 캐릭터가 하나 나오고요. 블록 형태로 된 명령어들을 하나둘씩 끌어다 연결을 하다 보면 명령어들이 만들어지는 거예요. 실행을 하면 제가 가지고 있는 귀여운 고양이 캐릭터가 앞으로 팔짝팔짝 뛰어가기도 하고요. 저는 처음에 이걸 잘못 만들었더니, 앞으로 가질 못하고 그 자리에서 계속 돌았어요. 그런 식으로 제 눈앞에서 코딩한 결과가 보여요. 그냥 마우스로 끌어다 놨을 뿐인데 이렇게 바로 구현되는 게 너무 쉽고, 재미있고, 귀엽더라고요.

장지은 흔히 아이들이 가지고 노는 레고 블록 형태처럼 생겼는데요. 이 블록들이 자석처럼 달라붙거든요. 홈이 맞지 않는 아이들은 서로 코딩이 되지 않는 블록들이에요. 그래서 직관적으로 알 수 있죠. 우리나라에서는 '엔트리'라는 유사한 프로그램을 만들었고 국내 학교에서 많이 사용하고 있어요.

윤성혜 엔트리는 컴퓨터가 없어도 모바일로 간단한 미션을 해결해 볼 수 있어요. 저는 소프트웨어 교육이 생소한 분들에게는 엔트리에 들어가서 가장 기초적인 미션 하나를 해결해 보는 것을 추천해요. 그러면 '아 이게 소프트웨어 교육이구나'라는 걸 조금 체감하시더라고요.

장지은 스크래치 플랫폼은 '공유'가 큰 핵심이에요. 다른 사람이 코딩한 결과를 '리믹스(remix)' 할 수 있거든요. 다른 사람의 코드를 모두 열람할 수 있고, 그 코드를 바로 수정해서 사용할 수 있어요. 이렇게 다른 사람의 코드를 수정해서 다른 새로운 프로그램을 만들거나 기존의 프로그램을 개선하는 것을 '리믹스'라고 해요. 스크래치에서는 리믹스 관계망을 그려 줘요. 리믹스 관계망은 누가 이 프로그램을 리믹스 했는지, 내가 리믹스한 내용을 누가 다시 리믹스 했는지에 대한 모든 관계를 그려 주는 거예요. 내 프로젝트의 리믹스 관계망은 물론이고, 내가 관심 있는 프로젝트의 리믹스 관계망을 살펴보면 아주 재미있어요. 원작자의 원작자를 찾아서 떠나 보는 여행도 재미있고요. 사람들이 이 프로젝트를 기반으로 어떤 다양하고 새로운 아이디어를 만들어 냈는지 볼 수 있죠. 또한 코드를 어떻게 개선했는지도 살펴볼 수 있어요. 이렇게 다른 사람들의 코드를 살펴보면서 유용한 팁을 얻을 수도 있어요. 내가 구현하고 싶은 것에 어려움을 겪을 때, 혹은 구현은 성공했지만, 더 쉬운 방법이 있을 것 같을 때, 고수들의 코드를 살펴보면 똑같은 내용인데 '이 친구는 이걸 이렇게 단순화해서 해결했구나', '이렇게 해결하는 새로운 방법도 있겠구나' 등의 다양한 아이디어를 얻을 수도 있고요. 문제의 원인이나 해결의 실마리를 찾기도 하죠. 이러한 모든 과정이 학습되는 것이에요.

<임현진> 맞아요. 검색창에 스크래치를 검색하시거나 주소창에 'scratch.mit.edu'를 입력하시면 한국어로 이 사이트를 이용하실 수가 있어요. 그리고 어떻게 사용하는지 튜토리얼도 제공되고, 최근에 누가 어떤 프로젝트를 올렸는지도 볼 수 있어요.

소프트웨어 교육에서의 창의력

<장지은> 스크래치 이야기가 나왔는데 레스닉(Mitchel Resnick) 이야기를 안 할 수가 없네요. 스크래치를 만드신 분이고 최근에 저서 『평생유치원』[169]이 번역되어서 나왔어요. 그 책에 한국의 에피소드가 나와요. 저자가 어느 날 아침에 일어나서 스크래치 홈페이지를 열었는데 똑같은 프로젝트 30개가 뜬 거예요. 그래서 '오류인가?', '한 사람이 뭔가 잘못 되어서 실수로 여러 번을 올렸나?' 생각을 하면서 보니까 30명의 아이디가 다 다른 거예요. 그래서 한국 교실에서 30명의 아이들이 선생님을 똑같이 따라 해서 만들었다는 사실을 알게 되었다고 해요.

<윤성혜> 튜토리얼을 한 거군요.

장지은   네. 하지만 스크래치의 기반이 되는 철학은 사용자 모두가 자신만의 창의적인 프로젝트를 만드는 것이었어요. 레즈닉은 스크래치를 창의적인 도구로 사용하기를 원했던 거예요. 물론 기본적으로 각각의 명령어 블록이 어떤 역할을 수행하는지에 대해서 배우는 시간이 필요하겠지요. 하지만 프로젝트만큼은 창의적으로 자신만의 아이디어를 구현해서 만들 수 있어야 한다는 이야기가 그의 책에 나와 있어요. 스크래치를 활용해서 창의적인 산출물을 만들 수 있어야 한다는 것이죠. 사실 이 책은 창의성에 굉장히 초점을 둔 책이거든요. 어떻게 하면 학습자의 창의성이 더욱 발현될 수 있을 것인가에 대한 끊임없는 고민이 깊숙이 담겨 있어요. 실제로 스크래치를 창의 도구로 활용한 좋은 사례들이 많이 나와 있어요. 어떤 아이는 외국인으로서 타지에서 살아가는 스토리를 애니메이션으로 만들었죠. 애니메이션을 만드는 과정에서 다양한 전문가들을 찾아가서 도움을 받아 한 편의 영화 같은 애니메이션을 완성했어요. 애니메이션이 끝나고 마지막 크레딧에 도움을 준 사람들의 이름이 잔뜩 올라가는데요. 그 어린 작은 소녀가 이렇게 창의적인 산출물을 만들고, 다양한 사람들과 소통하며 협업하고, 그것을 공유하면서 발전하고, 학습했다는 사실이 굉장히 놀랍고 감동적이었어요.

임지영   저는 소프트웨어 교육을 공부하면서 컴퓨팅 사고에 대해 새롭게 깨달은 점이 방금 하신 말씀에 녹아있는 것 같아요. 소프트웨어 교육은 사고하는 과정 속에서 창의력이 발휘될 수 있는 거죠. 그리고 다른 사람들과 함께 협력해서 산출물을 만들 수 있어요. 그런 것들이 컴퓨팅 사고의 중요한 측면들이라는 것을 배웠거든요.

피지컬 컴퓨팅 Physical Computing

윤성혜 저희가 소프트웨어 교육의 방법 중에 중요한 걸 하나 남겨 두고 있거든요. '피지컬 컴퓨팅'입니다.

피지컬 컴퓨팅

피지컬 컴퓨팅은 컴퓨터가 물리적인 실제 세계와 데이터를 통해 서로 대화할 수 있도록 하는 기술이다. 피지컬 컴퓨팅은 최근 빠르게 발전하고 있는 사물인터넷(IoT)의 기반이 되는 기술로 미래 기술에 중요한 역할을 할 것으로 전망된다.

임지영 저는 이게 제일 안 와닿더라고요. 피지컬 컴퓨팅이 대체 무엇인지.

윤성혜 피지컬이라는 말은 '물리적'이라는 거잖아요. 현실 세계에 있는, 물리적인 형태를 가지고 있는 것과 컴퓨터 프로그램이 서로 상호작용할 수 있게 만드는 것을 피지컬 컴퓨팅이라고 합니다. 최근에 피지컬 컴퓨팅을 구현해 주는 다양한 도구들이 개발되었어요.

임지영　예를 들어서 스크래치에서는 블록 형태로 명령어를 넣으면 컴퓨터 화면 안에 있는 고양이가 움직였는데, 피지컬 컴퓨팅은 명령어를 넣으면 실제로 눈앞에 있는 공이 움직인다든가 물리적인 것이 반응하는 것으로 이해했습니다.

윤성혜　저는 피지컬 컴퓨팅을 설명할 때 주로 MIT에서 개발한 '메이키 메이키(Makey Makey)'를 소개해요. 이건 지영님이 얘기한 것과는 반대인 것 같아요. 메이키 메이키는 전기가 통하는 모든 물체가 입력 장치가 되게 해 줘요. 유튜브에 영어로 'Makey Makey'를 검색하시면, 다양한 프로젝트들을 소개하는 영상이 나와요.[170] 그 영상을 수업시간에 주로 보여 주는데 반응이 정말 좋아요.

장지은　실제로 메이키 메이키는 전 세계적으로는 물론이고, 한국교육학술정보원에서 조사한 결과에 따르면 국내 학교 교육에서도 압도적 1위로 사용되는 피지컬 컴퓨팅 도구에요.[171] 일단은 초등 수준에서도 아주 쉽고 재미있게 사용할 수가 있어요. 하지만 저도 강의를 다녀 보면 대학생들이 더 좋아해요(웃음). 사실 메이키 메이키는 아두이노(Arduino)를 기반으로 만들어졌는데, 굉장히 직관적으로 쉽게 사용할 수 있도록 디자인되어 있어요. 전기가 통하는 것은 무엇이든지 연결하면 키보드의 방향키로 만들어 주죠. 이것을 응용해서 간단한 게임을 만들어서 조이스틱처럼 활용할 수 있고요. 주로 전기가 통하는 물건을 터치(touch)하면 소리를 발생하도록 만들어서, 다양한 전도성 생활용품, 과일, 식물로 전자 악기를 만들어요.

윤성혜 아두이노도 굉장히 대표적인 툴 중에 하나죠. 그런데 아두이노는 공대 학생들도 쓰더라고요? 굉장히 높은 수준까지도 구현이 가능한 거죠?

장지은 아두이노는 공학 전문가들도 아주 많이 사용하는 손바닥만 한 소형 컴퓨터예요. 활용 범위에 따라서 쉽게 배울 수 있다는 것이 장점이고요. 오픈소스가 굉장히 많이 개발되어 있어서 내가 구현하고자 하는 내용을 검색을 통해 쉽게 찾을 수 있어요. 내가 A부터 Z까지 모든 내용을 직접 코딩하지 않아도 유사한 코드를 찾아서 수정하여 사용할 수 있죠. 하지만 초등학생들에게는 조금 어려워요. 대학생들도 한 학기가 끝날 때까지 원리를 이해하지 못하는 친구들이 꽤 있어요. 그 이외에도 국내에서는 헬로긱스에서 만든 '비트브릭(bitbrick)'이라는 피지컬 컴퓨팅 도구가 있는데, 국내 학교 현장에서 아주 많이 활용되고 있어요. 또 많이 사용되는 것이 마이크로 소프트에서 만든 '마이크로비트(micro:bit)'가 있고요. 로봇 이야기를 많이 못 했는데요. 국내에서는 '햄스터' 로봇이 많이 사용되고 해외에서는 '오조봇(ozobot)'이 많이 활용되고 있어요.

아두이노

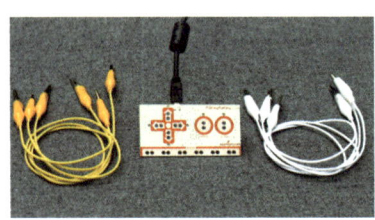

메이키 메이키

소프트웨어 교육의 방향

장지은 지금 나온 이야기들을 바탕으로 소프트웨어 교육이 나아가고 있는 방향성에 대해서 살펴볼까요? 역시 소프트웨어 교육에서 가장 중요하게 다루는 것은 컴퓨팅 사고력이죠. 더불어 창의성을 육성하는 것이 하나의 방향이에요. 이 부분은 앞에서 충분히 이야기를 다룬 것 같죠? 이것과 맥락을 같이하는 방향성이 하나 더 있는데요. 바로 소비자가 아닌 제작자가 되어 보는 교육이에요. 기존에는 어떻게 하면 소프트웨어를 잘 활용할지, 어떻게 하면 더욱 더 효과적으로 활용할지를 고민하는 교육이었다면, 현재에는 소프트웨어를 직접 개발해 보는 교육으로 변화하고 있어요. 즉, 소비만 하는 것이 아니라 직접 개발자가 되어 보는 교육인 거죠. 오바마 대통령이 '컴퓨터 게임을 하는 아이가 아니라 컴퓨터 게임을 개발하는 아이를 만들어야 된다'고 해서 한 동안 이슈가 됐었죠. 다시 말하자면 소프트웨어 교육은 활용 교육에서 개발 교육으로 가고 있다고 말할 수 있어요. 이러한 맥락은 우리가 추후에 다루게 될 메이커 교육과도 맥락을 같이 합니다. 메이커 교육에 대한 이야기는 뒤에서 자세히 다루도록 하죠.

임지영 지금 말씀하신 것을 종합해 보면 무엇인가를 분석하고 만들어 내는 것에 중점을 두는 것 같은데 다른 접근 방식도 있나요?

장지은 또 다른 하나는 소프트웨어 교육이 디지털시민교육을 바탕으로 하고 있다는 사실이에요. 올바른 디지털시민의식을 함양하도록 하는 것이 소프트웨어 교육의 큰 방향성이 되어 가고 있습니다. 소프트웨어 교육은 학습자가 세계의 시민이라는 의식을 함양하고 디지털 세상에서도 올바른 윤리 의식을 가지고 활동해야 한다는 사실에 대해 아주 중요하게 교육하고 있어요. 실제로 컴퓨팅 사고력을 측정하는 도구를 살펴보면 하위 요소에 디지털시민의식이 자리 잡고 있는 것을 보실 수 있어요.

윤성혜 소프트웨어 교육이 테크놀로지에 대한 교육이기는 하지만 큰 방향성은 결국 공동체의 건전한 발전을 위해서 소프트웨어를 만들고, 활용하고, 그리고 그 과정에서 동료 학습자와 협력하는 것, 궁극적으로 미래역량과 맥이 닿아 있다는 생각이 듭니다.

05 메이커교육

만드는 사람이 뜬다, 메이커교육

#메이커운동 #메이커교육 #메이커 스페이스 #팅커링

메이커 운동 Maker Movement

윤성혜   전 세계적으로 메이커 운동이라는 흐름이 많이 확산되고 있어요. 최근 몇 년간 굉장히 많이 성장을 해 오고 있는 부분인 것 같고요. 메이커 운동은 누구나 제작자가 될 수 있다는 운동이죠. 전문적인 훈련 과정이 필요했던 제작 기술이나 방법도 이제는 누구나 배울 수 있는 정도의 수준으로 장벽이 많이 낮아지고 있어요. 그러니까 전문가뿐만이 아니라 평범한 사람들도 뭔가를 만들어 낼 기회가 많아졌죠. 내가 만든 과정 혹은 산출물을 공유하고 나누는 흐름 자체를 메이커 운동이라고 부르고 있습니다.

장지은   맞아요. 아주 간략하게 말하자면 메이커 운동은 자신이 필요한 것을 스스로 만들고 이에 대한 결과물이나 과정을 공유하고 발전하는 흐름을 통칭하는 거예요. 이것이 가능해진 이유를 바로 '기술의 민주화'라고 말하잖아요. 기술의 민주화는 제작 도구가 매우 다양해지고, 사용이 간단하면서도, 저렴해진 덕분에 기술자나 전문가들의 영역이라고 여겼던 수많은 일들을 일반인들이 할 수 있도록 해 주었어요. 그것뿐이 아니에요. 오픈소스 운동으로 무료로 자신이 제작한 소프트웨어나 소스코드를 공개하고요. 다양한 제작 방법이나 필요한 도구의 사용법을 공유하죠. 일반인도 공개된 자료를 통해 쉽게 제작해 볼 수 있도록 지원합니다. 하지만 오픈소스를 통해 내가 이 기술을 어떻게 구현할 수 있는지 알았다고 해도, 필요한 장비가 있지 않으면 제작해 보기 어려운 때도 있잖아요. 메이커 스페이스(maker space)는 이런 점에서 큰 도움을 주죠. 준전문가들의 도움을 면대면으로 받을 수도 있고요. 메이커 스페이스에 대해서는 조금 뒤에 더 자세히 다루도록 합시다.

메이커 운동 Maker Movement [172]

메이커 운동은 오픈소스를 기반으로 한 제조업 운동으로 데일 도허티Dale Dougherty가 화두를 끌어냈다. 도허티는 미국 최대의 IT 출판사인 오라일리 미디어O'Reilly Media의 공동창업자이다. 도허티는 스스로 필요한 것을 만드는 사람들이 만드는 방법을 공유하고 발전시키는 흐름을 메이커 운동이라고 통칭했다. 이후 2005년 도허티는 〈메이크(Make:)〉 잡지를 출간하기도 했으며, 이 운동은 전 세계적으로 퍼지고 있다.

임지영   저는 이번에 메이커교육에 대해서 준비하면서 경계가 사라진다는 생각이 많이 들더라고요. 아까 지은님께서 '공유'라는 단어를 많이 사용하셨는데, 여러 가지 장비와 공간의 공유라는 것이 메이커 운동을 이루어지게 하는 중요한 기반 중의 하나인 거죠. 여러 가지 메이킹(making)을 할 수 있는 도구들을 일반인도 쉽게 사용할 수 있게 되면서 전문가만 할 수 있던 것들을 일반인도 할 수 있게 되었고요.

장지은   메이커 운동을 기반으로 자신이 직접 만든 것을 보여 주고 설명하는 축제가 있는데요. 이러한 메이커들의 축제를 메이커 페어(maker faire)라고 불러요. 실제로 메이커 페어에 가 보면 방금 지영님께서 말씀하신 것처럼 '전문가가 아니고서야 어떻게 이렇게 굉장한 걸 만들 수가 있지!' 싶은 정도의 수준 높은 것들부터 괴짜스럽고 우스꽝스러운 것, 재미나고 어설픈 작품들도 많아요. 그런데 사람들은 오히려 그런 것들에 더 열광하죠. 페어에 가보면 기술이 민주화되어서 모든 사람이 전문가처럼 할 수 있다는 느낌은 아니에요. 누구나 만들 수 있고 누구나 도전할 수 있는 페스티벌의 느낌이 강해요. 꼭 의미와 가치가 있지 않아도 무언가 내 손으로 직접 만들어 보는 것, 그 자체를 즐기는 문화이죠.

메이커 페어 maker faire [173]

오라일리 미디어는 〈메이크〉 잡지를 출간한 다음 해인 2006년 메이커 페어를 시작했다. 메이커 페어는 만드는 이들의 축제로, 메이커들이 모여서 직접 자신이 만든 것을 선보이고, 설명하는 자리이다. 메이커 페어는 캘리포니아 산 마테오에서 처음 시작되었으며 전 세계로 확대되었다. 현재 전 세계 45개국에서 연간 220회 이상 진행되고 있다. 메이커 페어는 크게 주체 기관에 따라 세 종류로 나눌 수 있다. 미국 메이커 미디어에서 직접 주관하는 플래그십 flagship 메이커 페어, 외국 지사나 파트너사에서 진행하는 피쳐드 featured 메이커 페어, 그리고 라이선스를 받아 커뮤니티가 독립적으로 조직하는 미니 mini 메이커 페어이다. 그 외 학교 단위에서 라이선스를 받아 자체적으로 운영하는 학교 메이커 페어도 있다. 메이커 페어의 대부분은 연 1회, 정기적으로 진행되고 있다.

- 플래그십: 미국 메이커 미디어 팀에서 기획 및 운영하는 메이커 페어
- 피쳐드: 오라일리 미디어의 외국 지사나 파트너사에서 진행하는 대규모 지역 메이커 페어
- 미니: 라이선스를 받아 커뮤니티가 독립적으로 조직하는 메이커 페어
- 학교: 학교에서 운영하는 메이커 페어

임지영   메이커 페어가 우리나라에서도 열리고 있는 거죠?

장지은   맞아요.

윤성혜   메이커 페어가 우리나라에서 2018년도에 일곱 번째로 열렸거든요. 일곱 번 동안 꾸준히 성장을 해 오고 있더라고요. 2018년에 있었던 7회가 가장 많은 관람객을 기록하기도 했어요.[174]

> **메이커 페어 서울**[175]
> 메이커 페어 서울은 2012년 출발한 국내 최초의 메이커 행사로 메이크 코리아에서 주최하고 있다. 메이크 코리아는 국내에 처음 메이커 운동을 소개하고 대중들에게 알리는 역할을 했다. 메이커 페어 서울은 미국 메이커 미디어 본국과 독점 계약을 통해 매년 서울에서 개최되고 있다. 현재 메이커 페어 서울은 국내 메이커 운동의 요람이자 최대 메이커 행사로 자리매김하였다.

장지은   그만큼 메이커 운동이 얼마나 발전하고 있는지를 보여 주는 사례인 것 같아요. 메이커 페어에서도 자신들의 성장 그래프[176]를 웹사이트에서 보여 주고 있는데요. 실제로 성장 그래프를 보면 매우 크게 성장하고 있다는 걸 보실 수 있어요.

윤성혜   최근에 다양한 메이커들의 사례도 보게 되는데요. 재미있는 걸 만드는 사람도 많고, 실용적인 것을 만들어서 상품화에 성공한 사례들도 있어요. 제가 재미있게 보고 있는 것 중의 하나는 유튜브 채널 '긱블(Geekble)'[177]이에요. 긱블 채널을 보시면 실용적이진 않지만 굉장히 창의적인 것들을 만들어요. 이 채널을 운영하는 사람들이 공대생들이어서 만드는 수준도 높고, '이런 걸 만들다니' 싶은 것도 많아요. 제가 최근에 재미있게 본 에피소드 중 하나는 〈어벤져스〉의 인피니티 건틀렛[178]을 만드는 에피소드예요. 스톤에서 색깔 별로 다른 불빛이 나오게 만들었더라고요.

어벤져스 인피니티 건틀렛 (Avengers : Infinity Gauntlet)

〈어벤져스 인피니티 워Avengers: Infinity War〉는 마블 스튜디오가 제작한 미국 슈퍼히어로 영화이다. 이 영화에 등장하는 건틀렛은 인피니티 스톤 여섯 개를 모아 장착할 수 있는 장갑이다. 여섯 개의 스톤을 모아 장착하면 강력한 힘을 발휘한다.

장지은 건틀렛에서 불도 나가잖아요.

윤성혜 네. 만든 완성품을 한강에 가져가서 소시지를 구워 먹는데 정말 재미있게 봤어요.

메이커 스페이스 maker space

임현진 문재인 대통령께서 2019년 1월의 업무 시작과 더불어 메이커 스페이스를 방문하셨다는 기사가 나왔어요.[179] 기사에는 정부 차원에서도 메이커 스페이스에 관한 관심이 높고, 앞으로 일자리 창출이나 신산업에 대한 혁신 동력으로서 메이커 운동에 관심을 갖고 있다는 내용도 포함되어 있었어요. 메이커 스페이스는 혁신 창업과도 연결이 되어 있는데 혁신 창업에서 큰 화두 중 하나는 도전하는 것을 격려하는 분위기를 만들어 나가는 것이죠.

장지은   메이커 스페이스라는 용어가 나왔으니 이에 관해서 이야기해 보면 좋겠네요. 메이커 스페이스는 개인이 자신의 목적에 따라 무엇인가를 직접 제작해 볼 수 있도록 개방한 공간을 말하는데요. 공간만 제공하는 것이 아니라 메이킹을 하기 위해 필요한 제작 장비, 도구, 재료 같은 것들도 제공하죠. 이 지점에서는 개인이 소유하기 어려운 장비를 공유하여 사용하고, 다양한 소재와 재료들을 대량으로 저렴하게 구매하여 공유한다는 점에서 큰 가치가 있어요. 처음에 물리적인 공간과 장비를 공유하는 것에서 출발한 메이커 스페이스는 최근 활발한 커뮤니티의 형성과 교육까지도 연결되고 있죠. 메이커들은 메이커 스페이스에서 서로 자신의 제작과정이나 지식을 공유하기 시작했고, 서로 아이디어나 의견을 주고받는 커뮤니티를 형성하게 되었어요. 그리고 자연스럽게 제작 장비나 도구를 활용하기 위한 교육이 이루어지게 되었습니다. 이런 자율적이고 개방적인 공유 공간은 일반 개인에게 다양한 도구와 재료에 대한 접근을 용이하게 했어요. 또한 교육과 커뮤니티를 지원하면서 개인 제조업의 부상을 일으키고 있죠.

윤성혜   팹랩(Fab Lab)이라는 이름으로도 불리고 있죠.

장지은   맞아요. 팹랩은 패브리케이션(fabrication)과 연구실(laboratory)의 합성어로 만들어진 용어이고요. 개념은 메이커스 페이스와 같다고 생각하면 될 것 같아요.

메이커교육의 효과

윤성혜 메이커 문화가 교육적으로 어떤 효과가 있을 것이라고 기대하는 것일까요?

임지영 본인이 뭔가를 직접 만들어 보는 과정에서 학습이 일어나는 것이 메이커교육의 본질과 맞닿아 있잖아요. 각각의 학생들이 배우고 싶어 하는 것들을 조금 더 잘 배울 수 있게 해 주고 흥미와 동기를 가질 수 있게 해 주는 학습의 개인화, 맞춤화를 가능하게 해 주는 것 같아요.

임현진 맞아요. 요즘 학생들이 시대적으로 점점 개인화되고 있는 것 같아요. 개인주의라는 말이 주는 부정적인 인식도 있지만, 개인화라는 것을 부정적으로 받아들일 필요는 없을 것 같아요. 하지만 전통적인 교육과정의 흐름으로는 개인화를 맞춰 주기가 어려운 부분이 있죠. 그런데 메이커교육을 통해서는 학생들의 자율성을 보장해 줄 수 있는 부분이 많은 것 같아요. 또한 불확실한 미래 사회를 어떻게 대처해 나갈 수 있을까를 고민하는 부분에서 메이커교육은 문제 해결 역량도 키울 수 있도록 도와줘요.

윤성혜 그리고 또 생각해 볼 수 있을 만한 것은 창의성이죠. 새로운 시도를 해 보고 새로운 걸 만들어 보는 과정을 통해서 창의성이 촉진되고 발현될 기회를 제공해 줄 수 있습니다. 그런데 사실 우리는 창의성을 너무 거창한 것으로 보는 경우가 많은 것 같아요. 저 같은 경우에도 '나는 창의성이 떨어지는 사람이야'라고 생각을 많이 해 왔거든요. 그런데 창의성을 수준에 따라서 구분을 하는 학자들이 있어요.[180] 누구나 봤을 때 '저 사람은 혁신적이고 창의적이야!'라고 하는 탁월한 창의성(eminent creativity)이 있는 반면에 우리 모두가 일상생활에서 조금씩 새로운 것들을 시도해 보는 수준의 일상적 창의성(everyday creativity)도 있는 거예요. 그런 측면에서 창의성을 생각해 본다면 메이커교육을 통해서 누구든지 창의성 발현의 기회를 가져볼 수 있는 게 아닐까요?

장지은   메이커교육에서 정말 중요한 몇 가지 핵심 키워드를 정리해 보면 좋겠네요. 그중에는 앞서 이야기가 나왔던 부분들도 많은데요. 먼저 '창의성'이 있어요. 또, '마인드셋(mindset)'이 있는데요. 메이커교육에서는 '스킬셋(skillset)'이 아닌 '마인드셋'이 중요하다는 사실이 핵심이에요. 그리고 우리가 계속 이야기했었던 '과정'과 '공유', 이런 키워드들이 메이커교육을 이야기할 때 가장 핵심이 되는 키워드들이라고 말할 수 있을 것 같아요. 여기에 부연 설명을 해 보자면, 실제로 메이커교육을 할 때 사람들이 가장 많이 하는 실수가 도구와 기술을 가르치는 데 너무 중점을 두고, 기술 중심의 교육을 하게 된다는 것이죠. 3D 프린터, 레이저 커팅기 등 고가의 장비들이 학교 또는 교육 환경에 마련되어 있어야지 메이커교육을 시작할 수 있다고 생각해요. 도구와 장비를 활용하는 데 중점을 둔 교육을 하는 것이 메이커교육의 대표적인 잘못된 사례죠. 물론 내가 만들고자 하는 것에 따라서 특정 도구를 활용해야 한다면 그 도구에 관한 기술 습득이 어느 정도는 필요하죠. 하지만 이것이 역전되어서는 안 돼요.

임현진   또 어떤 핵심 키워드가 있을까요?

장지은   학습자 스스로 자발적 흥미에 따라 개인의 관심을 기반으로 탐구 활동을 해나가는 과정에서 '자기주도성'이 필요합니다. 또한 제작과정에서 겪게 되는 여러 가지 난관에 대해서 위험을 감수하고, 실패를 극복하고자 하는 지속적인 '도전 정신'이 필요해요. 이에 더해서 메이커 문화는 실패의 원인을 찾아서 그것을 수정하고 다시 시도해 보는 일련의 과정들을 사람들과 '공유'하죠. 내가 어떠한 실패를 겪었고 어떻게 해결했는지 그 모든 과정을 공개해요. 그렇게 함으로써 다른 사람들이 유사한 작업을 할 때 크게 도움을 받아요. 아주 귀중한 참고 자료가 됩니다. '이렇게 하면 이런 종류의 오류가 생기는구나!', '이런 방법으로 다시 시도해 볼 수 있겠구나!' 하는 방식으로 새로운 아이디어를 얻거나, 문제를 찾을 수 있죠. 이러한 해결의 실마리 과정을 통해서 메이커들은 함께 학습하고 성장할 수 있는 거예요.

임현진   매년 교육부 업무보고 자료가 나오는데 2019년 올해의 키워드 중의 하나가 과정이 중시되는 교육을 강조하겠다고 나와 있더라고요.[181] 창의·혁신과 융합을 강조하고요. 메이커교육과 연결될 수 있는 부분들이 많이 있는 것 같았어요.

윤성혜   교육부에서 메이커교육을 하겠다는 이야기를 공식적으로 한 적도 있습니다. 2017년에 교육부 장관이 발표했던 자료를 보면 메이커교육을 강화하겠다는 이야기가 있었거든요.[182] 그때 소프트웨어 교육과 STEAM 교육도 같이 언급되었습니다.

STEAM교육

과학Science, 테크놀로지Technology, 공학Engineering, 예술Arts, 수학Math이 융합된 교육이다.

메이커교육의 철학

윤성혜   메이커교육의 철학을 이야기할 때 일반적으로 시모어 페퍼트(Seymour Papert)의 구성주의(constructionism)를 이야기해요. 구성주의는 교육공학을 공부한 우리에게는 행동주의, 인지주의와 더불어 익숙한 개념이죠. 장 피아제(Jean Piaget)의 구성주의는 '컨스트럭티비즘(constructivism)'인데 페퍼트의 구성주의는 '컨스트럭셔니즘(constructionism)'이라고 표현해요. 영어로는 구분되는 개념인데, 한국말로 번역할 때는 둘 다 구성주의라고 써서 헷갈리는 부분이 있어요. 어쨌든 많은 학자들이 페퍼트의 구성주의를 메이커교육의 철학으로 보고 있습니다.

장지은   먼저 페퍼트의 구성주의는 학습자가 자기 자신에게 의미 있는 것을 물리적으로 직접 만들고 경험하는 과정을 통해서 지식이 구성된다는 철학이에요.[183] 학습자 개인의 아이디어를 다른 학습자들과 공유하기 위해 실제 유형의 결과물로 만들어 내고요. 그러한 학습 과정에서 학습자는 자신이 어떤 개인적인 관심이 있는지 혹은 내재적 호기심이 있는지 발견하고, 또 다른 새로운 지식 구성을 위한 활동으로 연결하죠. 이렇게 페퍼트의 구성주의는 실제 세계에서 유형의 물건을 만들면서 학습하는 것이 매우 효과적이라고 주장했어요.

윤성혜   피아제의 구성주의와 페퍼트의 구성주의는 학습자 개개인이 나름대로의 지식을 구성해 나간다고 보는 측면에서는 공통점이 있어요. 하지만 피아제의 구성주의보다는 페퍼트의 구성주의가 한 발 더 나가서 무엇인가를 실제로 만들어 보는 것을 통해서 학습이 가장 잘 이루어진다고 하는 개념이 포함되어 있어요.

장지은　학습자 중심적으로 학습이 이루어진다는 지점에서는 공통점이 확실히 있는 것 같아요. 사실 페퍼트의 구성주의는 기존 피아제의 구성주의를 기반으로 발전되기도 했고요.

윤성혜　네. 그리고 페퍼트는 저번에 지은님께서 말씀하셨던 레스닉의 스승이시죠?

장지은　네. 실제로 레스닉의 저서 『평생유치원』[184]에서도 페퍼트의 철학이 많이 거론되어 있어요.

임현진　기존의 구성주의의 방향성이 러닝 바이 두잉(Learning by Doing, LBD), 즉 실행에 의한 학습이었다면 페퍼트가 주장하는 것은 러닝 바이 메이킹(Learning by Making, LBM), 즉 만드는 것을 통한 학습이라고 볼 수 있어요. 두 개념의 차이를 생각하면 러닝 바이 메이킹이 더 쉽게 와닿을 수 있을 것 같네요.

장지은　직접 해 보는 경험을 통해 효과적인 학습이 일어난다는 철학이 최근에 나온 개념은 아니잖아요. 그런데 요즘 메이커 교육에서는 이러한 개념을 응용해서 러닝 바이 메이킹, 즉 스스로 만들어 보는 경험을 통해 효과적인 학습이 일어난다고 주장해요. 간략하게 LBM이라고 부르기도 하고요. DIY(Do It Yourself)가 DIT(Do It Together)로 발전한 것과 유사하죠. 학습자들은 개인의 흥미에 따라 만들기를 시작하지만, 공유를 통해 함께 성장하는 거예요. 이 이야기는 뒤에서 조금 더 자세하게 다루도록 하죠.

메이커교육과 유사한 교육들

윤성혜 만들기 자체는 누구에게나 추억이 있어요. 그런 측면에서 호모 파베르(Homo Faber)라고 이야기를 하거든요. 호모 파베르는 도구적 인간이라는 뜻인데, 사람들은 물건을 만들고 만드는 데 도구를 사용하는 본능이 있다는 거예요.[185] 그런데 메이커 운동이 최근 들어서 이렇게 높은 관심을 받는 이유는 이런 본능에 기술의 민주화가 더해진 결과가 아닐까 싶어요. 그런 측면에서 DIY와 메이커를 구분하는 이유가 있을까요?

장지은 DIY는 말 그대로 '너 스스로 뭔가를 만들어 보라'는 개념이에요. 메이커교육의 근간이 되었고, DIY 또한 스스로 만드는 즐거움을 추구했죠. 그러나 메이커교육은 여기서 더 발전해서 두 잇 투게더(Do It Together, DIT)의 개념을 기본으로 하고 있어요. 공유를 통해 '함께' 만들어 가는 것이죠. 또 더욱 발전한 점이 있어요. DIY를 검색해 보시면 주로 만드는 주제나 재료가 정해져 있는 경우가 많아요. 방법을 알려 주고 정해진 방법에 따라 스스로 만들어 보는 것이죠. 예를 들어 '서랍장 스스로 만들기', '액세서리 스스로 만들기'처럼 말이에요. 메이커교육은 거기서 더 발전해서 개인이 스스로 새로운 아이디어를 떠올리고 주제와 재료도 스스로 선정해요. 내가 무엇을 만들고 싶은지부터 스스로 고민하는 거죠. 스스로 창의적으로 설계하고 제작 과정을 통해 원리를 더욱 깊이 깨우치고요. 공작 교육 보다 창의적이고, 자기주도적으로 만들어 나가는 거예요. 기존의 공작 교육은 만들기 주제, 재료, 방법 이런 것들이 어느 정도 정해져 있고 그것에 관한 기술을 습득하기 위한 도제식 교육이 대부분이었어요. 하나하나 절차에 따라서 물리적인 산출물로 만들어 보는 직접적인 경험을 강조했고요. 반면 메이커교육은 원리를 파악해서 창의적으로 설계하고 고안해 내는 것에 더욱더 중점을 두고 있어요.

임현진   네. 그래서 DIY를 생각하면 흔히 생활용품 가구 만드는 것을 떠올리실 것 같아요. 메이커교육에서 지향하고 있는 메이커는 단순히 무엇인가를 만드는 것이 아니라, 사고를 깊이 있게 만들고 자신이 생각한 것들을 확장하고 협동하는 것이 중요한 의미라고 할 수 있어요.

장지은   남은 숙제가 하나 더 있는데요. '이것을 내가 왜 만드는가?'에 관한 것이에요. 이것이 사회적으로 가치가 있어야 하는가, 혹은 없어도 되는가는 아직도 학자 간에 논쟁이 있어요. 사회적이거나 실제적인 문제를 찾아서 해결해야 한다는 의견이 기존 교육학자들이 가지고 있었던 철학에 기반한 주장이에요. 반면 메이커 문화와 철학은 반드시 사회적 가치에 기반하지 않아도 좋다는 거죠. 그냥 관심과 흥미가 있는 그 무엇이어도 좋다는 관점이 있어요. 그저 재미있고, 우스꽝스러운 장난감도 좋고요. 스스로 만드는 것 자체에 대한 즐거움을 느끼고 자신의 흥미와 관심을 찾아가는 것이 우선시되죠.

| 윤성혜 | 쓸모가 없어도 괜찮다!

| 장지은 | 그렇죠. 그런데 사람들이 유사한 관점에서 궁금해하는 것들이 있어요. 앞서 다루었던 "공작교육과 메이커교육은 뭐가 다르지?"와 더불어서 "STEAM교육이랑 뭐가 다르지?", 그리고 "코딩 교육에서도 계속 메이커교육을 이야기하던데 위계가 어떻게 되는 거지?" 이런 궁금증들이 생기는 것 같아요. 그래서 DIY와의 차이점 이야기가 나온 김에 그걸 한 번 정리해 보면 좋을 것 같네요.

| 윤성혜 | 같은 교육 프로그램인데 이것을 메이커교육이라고 할 수도 있고, 소프트웨어교육이라고 할 수도 있고, STEAM교육이라고 할 수도 있는 사례가 많아요. 현상적으로는 굉장히 중첩된 부분이 많은 것 같아요.

| 장지은 | 맞아요. 그래서 더 헷갈리기도 하고요. STEAM교육은 사실 메이커교육의 바탕이 돼요. 메이커교육에서 무언가를 직접 만들어보기 위해서는 융합적인 지식과 사고가 필요하거든요. 메이커교육의 저변에 이미 STEAM교육이 깔려 있지만, 서로 조금 다른 곳에 중점을 두고 있다고 말할 수 있을 것 같아요. STEAM교육은 과학적인 현상을 기반으로 그 원리를 이해하는 데 중점을 둔다면, 메이커교육은 무엇인가를 직접 구상해서 제작해 보는 데 중점을 두죠. 그래서 STEAM교육에서는 메이킹이 반드시 들어가야 하는 것이 아니고, 심지어 산출물이 없는 경우도 있어요. 체험 활동도 STEAM교육에 포함되죠. 하지만 그런 것을 메이커교육이라고 부르지는 않는다는 거예요. 메이커교육은 유형의 산출물을 실제로 제작해 보면서 그 과정 안에서 학습이 일어난다는 관점에서 STEAM교육과 차이가 있다고 이야기할 수 있어요.

윤성혜   그런데 물리적인 산출물을 만드는 것이 아니어도 메이커교육이라고 보는 관점도 있더라고요. 디지털 산출물, 예를 들어서 모바일 앱을 만들어 본다든가 하는 것들이요. 개념적으로는 디지털 산출물도 메이커의 범위로 볼 수도 있을 것 같아요.[186]

장지은   실제로 학자 간에 메이커교육과 코딩 교육에 대한 명확한 구분은 아직도 논쟁 중에 있어요. 물리적인 산출물이 없이 앱, 게임 등의 소프트웨어를 개발하는 것을 메이커교육으로 봐야 하는가에 대한 논의죠. 어떤 학자는 코딩 교육의 범주 안에서 메이커교육을 이야기해요. 실제로 우리나라에서도 코딩 교육 또는 소프트웨어 교육과정 안에 메이커 교육과정이 들어 있는 사례들이 매우 많아요. 반대로 이야기하는 학자들도 있어요. 메이커교육의 범주 안에서 일부의 코딩 교육을 이야기하고, 메이커 교육은 코딩교육의 범주 안에서 논의하면 안 된다는 관점이죠. 메이커교육은 반드시 코딩이 필요한 것이 아니고, 학습자의 관심에 따라 일부 코딩을 이용해서 뭔가를 만들 수도 있다는 개념이에요.

윤성혜   저의 관점은 사실 후자에 가까워요. 어떤 목적으로 뭔가를 만들고 싶은데 그걸 구현하기 위해서 고민을 하다 보니 코딩이 필요할 수 있잖아요. 어느 하나가 일방적으로 다른 것을 포함하는 관계는 아닐 수도 있겠다는 생각이 드네요.

장지은   위계를 정하기는 어려울 것 같아요. 다만 서로 공유하는 기본적 가치들이 있죠. 또 각기 중요하게 생각하는 핵심 가치들이 다르고요.

윤성혜   서로 겹치는 부분이 굉장히 많은 유사한 개념들이지만, 각각이 서로 다른 데 초점을 두고 있다고 이해하면 어떨까요?

장지은   네. 이렇게 다양한 학습 개념이 발생하게 된 핵심적 가치가 있다는 사실을 잘 이해하시면 될 것 같아요.

메이커교육 모형과 팅커링 tinkering

윤성혜   그러면 메이커 교육을 어떻게 할 수 있을지 설명하는 모형에 대해 이야기해 보면 좋을 것 같아요. 최근 굉장히 다양한 모형들이 나오고 있어요. 그중에 한 가지가 TMSI 모형이에요.[187] 팅커링(Tinkering), 만들기(Making), 공유하기(Sharing), 개선하기(Improving)의 앞 글자를 딴 것입니다. 만들기, 공유하기, 개선하기는 익숙한 단어인데, 팅커링은 좀 생소하실 것 같아요.

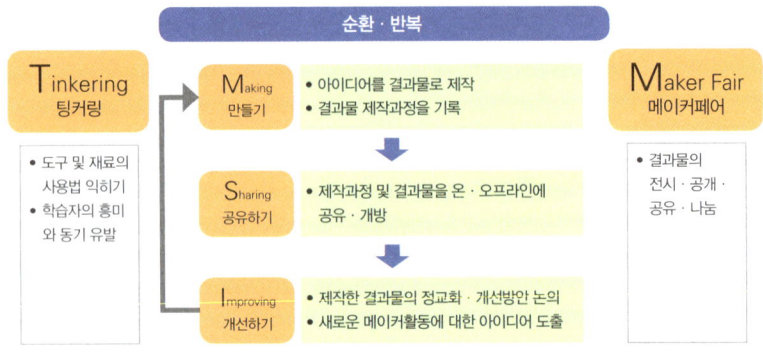

TMSI(Tinkering, Making, Sharing, Improving) 모형[188]

임현진 팅커(Tinker)라는 단어의 고유 뜻으로는 땜질한다는 의미가 있어요. 땜질을 한다는 의미가 확장되어서 무엇인가를 소소하게 고쳐 쓴다는 의미로 발전되었어요. 또는 작은 것들을 만들어 보는 활동을 의미하게 되었죠. 대단하고 거창한 것을 만들어 내는 것보다는 소소하게 도전 정신으로 이것저것 만들어 본다는 의미로 이해할 수 있습니다.

장지은 그래서 팅커링은 초기에 부품이나 다양한 재료들을 탐색하고 역할을 알아보는 시간을 갖는 것에서부터, 제작의 전 과정에서 무언가를 만들기 위한 작은 변화들과 시도들을 이야기하기도 해요. 다양한 재료를 손으로 만지면서 촉감을 느끼고, 재료의 특성에 따라 부착 방법을 테스트해 보고, 탄성이 생기는지, 잘 떨어지는지, 강력하게 부착되는지, 불에 타는지 등 스스로 계속 만져보고 만들어 보면서 적용하는 작은 변화의 과정들이죠.

윤성혜 TMSI 메이커교육 모형에서 팅커링이 제일 먼저 나오는 이유는 이렇게 소소하게 뭔가 만들어 보는 경험을 하면서 메이킹 도구 또는 재료에 친숙해지고, 만들기에 좀 더 익숙해진다는 의미라는 생각이 들어요. 그리고 이 과정을 통해 만들기 자체에 동기가 생기게 되고요. 이런 이유로 팅커링이 첫 단계로 제시되고, 이후에 만들고, 공유하고, 개선하는 과정들을 반복함으로써 메이커교육이 이루어질 수 있어요.

임지영 계속 이야기를 듣다 보니 팅커링이 정말 중요한 단계라는 생각을 하게 되네요.

장지은   팅커링은 메이커교육 모형에서 하위 요소들을 논의할 때 가장 중요하게 거론되는 부분이에요. 대부분의 메이커교육 모형에 팅커링 과정이 포함되어 있고, 다른 모형들과 가장 차별성을 보이는 부분이기도 하고요. 하지만 모형에 따라서 메이커 교육의 모든 과정에 팅커링이 들어가기도 하고 맨 앞에 들어가기도 해요.[189]

교육에서 메이커 스페이스의 활용

윤성혜   그렇다면 메이커교육을 실행하기 위해서 다양한 시설이나 공간이 필요하지 않을까라는 생각을 하게 되죠. 국내 인근 지역의 메이커 스페이스를 검색하고 싶으시면 메이크올 사이트[190]에 들어가시면 돼요. 이곳에서 메이커 스페이스를 지역별로 검색하실 수 있고, 필요한 장비가 있는 메이커 스페이스를 검색하는 것도 가능하고요. 직접 한 번 방문해 보시는 것도 좋을 것 같아요.

임현진   그리고 교육 프로그램도 운영되고 있어서 기기 사용법도 배우실 수 있으니까 전문가가 아니더라도 얼마든지 사용하실 수 있습니다.

장지은   실제로 제가 필요한 장비가 있어서 메이크올 사이트에서 검색을 통해 인근 메이커 스페이스에 방문한 적이 있어요. 사이트에 들어가면 어떤 수준의 장비를 갖추고 있는지 상세하게 나와요. 하지만 장비의 사용은 안전의 문제가 있기 때문에 필수적인 교육을 이수해야 사용할 수 있는 경우가 대부분이에요. 이런 경우에는 교육 시간을 잘 확인해 보시면 좋겠죠.

임현진 학교 단위로 자체적으로 메이커 스페이스를 만드는 곳들도 있죠. 서울대학교도 메이커 스페이스를 만들었고, 공학이 중요시되는 대학들은 메이커 스페이스를 조성하고 있어요. 초등학교에서도 메이커 스페이스를 만들었다는 기사를 봤어요. 서울에 있는 사립 초등학교인데 최대한 학생들이 정규교과 내에서 메이커교육 활동을 할 수 있도록 노력을 기울인다고 해요. 교내에 메이커 스페이스를 비롯해서, 코딩 랩, 디자인 랩, 팹랩 등 다양한 공간을 조성했다고 하고요. 교사들이 적극적으로 메이커 스페이스를 활용할 수 있도록 메이커교육 교사 연구회를 별도로 운영할 수 있도록 지원한다고 합니다.[191]

임지영 저는 이 기사에서 재미있게 읽었던 부분이 학습자 토론 및 회의와 전시를 위한 메이커 콘퍼런스장도 같이 갖추고 있다는 부분이었어요. 메이커 교육에서 자기가 만든 것을 공유하고, 발표하는 과정을 통해서 또다시 학습이 일어나는 것이 중요하다고 하잖아요. 그래서 메이커 스페이스에서도 그러한 기능을 갖추는 것이 중요하다는 것을 엿볼 수 있었어요.

장지은 맞아요. 그래서 일반적으로 메이커 스페이스를 이야기할 때 제작 장비, 제작 도구, 소재 및 재료를 메이커 스페이스의 구성 요소로 많이 거론했었는데요. 최근 트렌드는 이에 더해서 커뮤니티 구성과 교육 프로그램 운영이 크게 강조되고 있어요. 그리고 아까 이야기한 것처럼 지역사회와의 연계 프로그램들까지도 확장되고 있고요. 하지만 학교 안에 메이커 스페이스를 설치하는 것은 여유 공간이 확보되어야 하니 많은 어려움이 있었죠. 비용 문제로 고가의 장비를 구축하기도 쉽지 않았고요. 그래서 최근에는 학교 인근 지역의 메이커 스페이스와 연계하는 시스템을 구축하고 있어요. 제가 최근에 해외 학회에서 유럽의 사례 발표를 들은 적이 있는데요. 학교 또는 동아리에서 지역의 메이커 스페이스를 탐방하거나 연계 교육 프로그램을 운영하는 내용이었어요. 인근 지역 학교의 학생들이 스케줄 표에 따라서 매주 메이커 스페이스를 방문해서 그곳에서 메이커 교육을 시행하죠. 참 좋은 정책인 것 같았어요.

임지영 확실히 그게 최신 트렌드인 거 같아요. 제가 몇 년 전 책을 봤을 때는 대부분 특정 대학에서 만든 메이커 스페이스를 보여주는 것들이 많았어요. 그런데 최근 자료들을 보면 공공도서관이나 구청 같은 지역사회에서 공유하는 메이커 스페이스 같은 것들이 나오더라고요.[192), 193)] 최근에 등장한 개념이지만 빠르게 적용되고 있는 상황인 것 같아요.

윤성혜 그리고 제가 해외 메이커교육 책들을 좀 찾다 보니까 사서(librarian)를 위한 메이커 스페이스라는 책도 있더라고요.[194)] 메이커 스페이스가 별도의 공간으로 만들어지는 경우도 있지만, 박물관, 미술관, 공공도서관 등에서 일부 공간을 할애해서 메이커 스페이스를 조성하는 경우도 많아요. 특히나 도서관에서 메이커 스페이스가 운영되면 사서들이 메이커교육에 관여하기도 하는 거죠.

임현진 그런데 3D 프린터 같은 경우는 소리가 좀 시끄럽잖아요. 도서관에서 공부하는 사람들에게 방해가 안 되도록 해야 하지 않을까요?

윤성혜 앞에서 말한 책을 보면 메이커 스페이스를 조성하는 단계가 있더라고요. 1) 1회성 워크숍이나 활동을 개최하는 단계, 2) 메이커 모임이 정기적인 프로그램에 참여하는 단계, 3) 공간에 메이커 재료를 두고 활용할 수 있도록 하는 단계, 4) 전용 공간에 약간의 소음과 연기를 허용하는 단계(3D 프린터와 레이저 커터 허용), 5) 목공, 금속 가공 등 대규모 활동이 일어날 수 있도록 장소를 옮기는 단계와 같이 세부 단계가 있어요.[195] 그래서 각각의 환경에 맞는 수준까지 메이커 스페이스를 조성해 볼 수가 있는 것이죠.

샌프란시스코 공공 도서관의 메이커 스페이스

도서관에서 메이커 스페이스를 조성한 사례로 샌프란시스코의 공공도서관이 있다. 샌프란시스코 공공도서관은 13~18세 청소년들이 디지털 기술을 탐색하고 개발할 수 있도록 지원하는 복합 문화예술 공간인 더 믹스The Mix를 만들었다. 더 믹스는 전통적인 도서관과 같이 책과 자료를 제공할 뿐만 아니라, 3D 프린터, 재봉틀, 등이 갖춰진 메이커 스페이스를 포함하고 있으며, 다양한 워크숍 프로그램이 운영된다.[196]

윤성혜　한편으로는 메이커교육을 시도하려고 하는 선생님들 입장에서 학교에도 공간이 없고, 메이커 스페이스가 근방에 없으면 메이커교육을 못 하는 걸까라고 생각하실 것 같아요. 그런 측면에서 다양한 시도들이 있는데요. 메이커 버스(maker bus)라는 것이 있더라고요. 버스에다가 다양한 장비들을 실어서 다니는 거예요. 메이커교육 체험을 하고 싶은 학교로 찾아가는 거죠.[197]

장지은　그리고 메이커 트롤리(maker trolley)도 있어요. 바퀴 달린 수납함인 트롤리에 칸칸마다 1층에는 공구 장비들, 2~3층에는 공작이 쉬운 다양한 소재와 재료들을 담아요. 학습자들이 필요한 재료와 공구에 따라 트롤리를 자유자재로 밀고 당기면서 이용하는 거죠. 학교 단위에서는 메이커 트롤리를 아주 많이 이용하는 것 같더라고요.

윤성혜 그리고 훨씬 더 간소화된 메이커 박스(maker box)를 이용하는 사례도 있었어요. 메이킹과 관련된 도구와 재료들을 수납 박스에 넣어서 들고 다니면서 수업에 활용하는 거죠.[198]

장지은 사실은 메이커교육을 하기 위해서 반드시 고가의 장비가 있어야 하는 건 아니거든요. 그런 장비가 없이도 충분히 메이커교육을 할 수 있어요. 메이커교육의 출발은 실생활에서 접하기 쉬운 재료를 추천해요. 자르고, 오리고, 붙이기 쉬운 그런 가벼운 재료들도 먼저 시작하면 좋을 거예요. 실제로 뭐 하나를 만들더라도 그것을 바로 플라스틱으로 가공하여 만들거나 3D 프린터로 출력하는 것이 아니라, 하드 막대, 골판지, 빨대, 종이 등을 활용해서 일단 프로토타입(prototype)을 만들어 보는 과정을 중요하게 생각하거든요. 그래서 메이커교육을 시행하려면 거대한 장비가 있어야 가능한 것처럼 생각하기보다는 일상생활에서 흔히 접할 수 있는 여러 가지 재활용품 등을 활용하시면 좋을 것 같습니다. 그리고 하나 팁을 드리자면 서울디자인재단에서 운영하는 서울새활용플라자에서 재활용 가능한 여러 가지 물품들을 다 분해해서 색깔 별로, 소재 별로 분류해 두고 있어요.[199] 거기서 필요한 색깔의 소재를 골라서 구입할 수 있어요. 메이커교육을 시작하는 분들에게 정말 유용한 공간이 될 것 같아요.

프로토타입 (prototype)

국내에서는 시제품으로 번역하여 사용하기도 한다. 상품화하기에 앞서서 제품의 성능을 검증하거나 개선하기 위해서 최소한의 핵심 기능을 넣어 제작하는 모델을 말한다.

06 K-12 미래학교 사례

미래학교를 위한 새로운 도전들
#미래학교 #오레스타드고등학교 #스테렌보쉬초등학교
#참자람교실 #거꾸로캠퍼스

덴마크: 오레스타드 고등학교

윤성혜 이번에는 미래역량을 키우기 위한 다양한 시도들이 이루어지고 있는 세계의 여러 학교들을 소개해 드리려고 합니다. 유럽부터 가 볼까요? 덴마크도 교육으로 유명한 나라죠. 덴마크의 오레스타드 고등학교에 대해 이야기해 보려고 하는데, 이 학교는 공간이 굉장히 특이해요. 우리나라의 학교들의 이미지를 생각해 보면 어떤가요?

임현진 네모난 학교.

임지영 네모난 교실.

장지은 네모난 책상.

윤성혜 네모난 창문. 제가 교육 공간에도 관심이 많거든요. 전통적인 학교 공간을 떠올려 보면 복도가 하나 있고 복도에 교실들이 연결되어 있잖아요. 그 구조가 산업시대 학교의 특징이에요. 이런 학교를 교도소에 비유해요. 교도소랑 구조가 똑같거든요.

장지은   이러한 교도소와 같은 구조를 판옵티콘(panopticon)이라고 불러요. 일종의 감옥 건축양식을 말하는데, 그리스어로 모두를 뜻하는 'pan'과 보는 것을 의미하는 'opticon'을 합성한 것이라고 해요. 이러한 건물의 구조는 소수의 감시자가 모든 사람을 감시할 수 있는 형태를 말하는 것이고요. 우리의 학교 모습은 이러한 구조를 보이고 있어요.

윤성혜   이렇게 전통적인 학교는 많은 사람들을 효율적으로 관리할 수 있는 형태로 되어 있는데, 덴마크의 오레스타드 고등학교는 벽이 없이 통으로 큰 공간이 있고 천장도 굉장히 높아서 개방적이에요. 그래서 이 학교는 건축으로 유명한 학교이기도 한데, 이 공간에서 운영되는 교육 프로그램도 독특해요. 절반은 전통적인 형태의 교실 수업을 하고요, 나머지 절반은 열린 공간에서 프로젝트 기반 학습 형태로 진행돼요. 예를 들어 학생들이 '영화를 만들어 보자' 같은 프로젝트를 진행하는 형태로 운영되고 있다고 합니다.[200]

오레스타드 고등학교 공간[201]

장지은   실제로 사람들이 이 학교에 학습 공간을 보기 위해서 견학을 하러 많이 간대요. 방금 성혜님이 말씀해 주신 것처럼 공간이 혁신적으로 잘 만들어져 있거든요. 전체 공간에 원형과 나선형을 잘 이용해서 개방적이고 연결 주의적인 형태를 잘 보여 주는 공간으로 설계했어요. 교실, 홀, 계단도 원형으로 만들었고요. 한 가지 더 재미있는 것은 교육 공간에 미래 기술을 적용해서 교실 벽이 움직이게 한다거나, 단순한 영상 프로젝션 방식을 벗어나 다양한 멀티미디어 디스플레이를 학습 현장에 잘 고려해서 설계했다고 해요.

윤성혜   여기는 우리나라 기준으로 하면 고등학교예요. 3년짜리 프로그램을 살펴보면 필수 과목도 있고, 선택 과목도 있어요. 필수 과목으로는 덴마크어, 영어, 제2외국어, 역사, 고전, 물리, 체육, 예술, 수학, 종교, 사회과학이 있고[202] 선택 프로그램을 스터디 프로그램이라고 하는데, 자연과학, 사회과학, 언어, 예술 관련 프로그램들이 있어요.[203] 그리고 이 오레스타드 학교의 교육 방법이나 철학은 '아쇼카'의 '체인지 메이커'와 같은 접근을 하고 있다고 되어 있어요.[204] 아쇼카 재단이라고 들어 보셨어요? 비영리 재단으로 체인지 메이커, 즉 창의적인 아이디어를 바탕으로 해서 사회에 긍정적인 변화를 만들어 내는 사람들을 선정해서 지원을 해 줘요. 아쇼카 재단에서 체인지 메이커 교육 프로그램도 많이 나오고 있어요.[205] 한국에서는 김범수 카카오 의장이 이 재단에 기부를 했다고 하더라고요.[206] 이런 체인지 메이커를 키우는 교육이 오레스타드 학교의 철학, 인재상인 것이죠. 아쇼카의 체인지 메이커는 우리나라의 K-12 교육 현장에서도 핫한 이슈예요. 체인지 메이커 교사 연구회가 활발하게 운영이 되어서 사례집이 책으로 나오기도 했고요.[207] 저희가 시민교육, 기업가정신에 관심을 갖는데, 체인지 메이커는 여기에서 더 나아가 사회적 기업가정신에 가깝습니다. 우리 공동체에 긍정적인 변화를 이끌어 낼 수 있는 창의적인 아이디어를 생각해 내는 것들에 초점이 맞추어진 교육이에요. 예를 들어 오레스타드 학생들이 미디어에 대해서 학습을 하다가 아일랜드의 작은 마을을 방문해 이 지역 사람들과 인터뷰를 해서 지역의 이슈를 끌어내는 다큐멘터리를 만든다거나 하는 것이죠.

네덜란드: 스테렌보쉬 초등학교

임지영   유럽의 또 다른 사례를 이야기해 볼 수 있을 것 같아요. 독일의 예나 대학이라는 곳에서 1924년에 '예나플랜(Jena Plan)'이라는 것이 만들어졌다고 합니다. '예나'라는 이름 때문에 한국과 관련된 것처럼 느껴지지만, JENA로 쓰는 예나에요. J를 Y로 발음하는 유럽식 발음이죠. 혁신학교를 이야기하다가 갑자기 1924년으로 되돌아가네요. 예나 플랜의 중요한 특징은 학년, 학급의 구별을 없애는 거예요. 지금까지 살펴본 여러 혁신학교의 공통점이 학년의 구분이 없다는 것이었잖아요? 예나플랜에서도 1, 2, 3학년을 합치고, 4, 5, 6학년을 합치는 방식의 학교 조직안을 내놓았다고 해요. 그리고 학생들이 여러 가지 경험을 해 볼 수 있도록 학습을 재설계하자는 것이 이 조직안의 핵심이었다고 합니다. 네덜란드에서 예나플랜을 따라 세워진 학교가 네덜란드 스헤로트헨보스(s-hertogenbosch)라는 곳의 스테렌보쉬 초등학교입니다. 네덜란드 사람들은 덴보스라고 부른다고 해요.

임현진   이 네덜란드의 스테렌보쉬 초등학교는 프로젝트 기반으로 학습하는 것이 큰 특징입니다. 학생들이 그날 어떻게 공부를 할지 작성한다고 해요. 이번 주에 교과목을 어느 정도 학습할지 뿐만 아니라 만약 프로젝트를 한다면 얼마나 완수할지 개인별로 목표를 적게 한다고 해요.[208] 또 어떤 특징이 있죠?

임지영   교사들에게 행정 업무는 전혀 하지 않게 하고 수업에만 집중하도록 한다고 합니다.

임현진 어쩌면 이 학교는 네덜란드에서는 특별한 학교가 아니라고 할 수 있다고 하는데 저희에게는 혁신적으로 느껴지네요. 그리고 네덜란드 정부는 학교에서 교과서를 구매하는 데 드는 모든 비용을 지원하지만 교과서 개발과 관련한 법이나 규제가 없고 교사들이 교과서를 자율적으로 활용한다고 해요.[209] 미래 사회에 대처하기 위한 교육은 내용의 시의성도 중요한데, 국정 교과서는 제작에 시간이 오래 걸리다 보니 교과서로 과거의 것을 배우게 된다는 것이죠.

우리나라: 참자람 교실

윤성혜 우리나라에서도 많은 시도들을 하고 있는데요, 이제 한국에 대한 이야기도 해 볼까요?

임현진 지금 전국에서 혁신학교에 대해서 많이 연구를 하고 있고, 연구학교나 시범학교들도 생기고 있어요. 그중에서 대구 교육청에서 2020년 개교를 목표로 '참자람 학교'라는 새로운 학교를 준비하고 있다고 해요. 일단 시범적으로 2018년 8월 처음으로 중학생 1학년을 대상으로 30명 정도 모집을 했대요. 하나의 교실을 만들어서 융합교육을 하면서 한 학기를 보내도록 하는데, 예를 들어 국어, 영어, 수학, 정보 교과를 융합해서 환경이라는 주제로 한 학기를 진행한다고 해요. 밖에 나가서 체험도 해 보고 학생들이 프로젝트를 기반으로 작품을 만들어 보는 것이죠. 이 외에도 인상 깊었던 점은 학생들이 하루 일과를 공감 시간으로 시작한다고 해요. 요즘 사회적으로 타인에 대한 이해가 부족하고, 공감과 배려 능력이 부족하고, 정서적으로 불안정하다 보니 흉악 범죄로 이어지기도 하잖아요. 그런데 학교에서 공감을 배울 수 있도록 해서 인성적인 측면을 강조하면서도, 교육에서 중요한 내용을 놓치지 않는 것이죠. 그리고 체조 UCC가 있는데, 학생들이 '참자람 체조'라는 것을 만들어서 체조로 하루를 시작한다고 해요.[210]

임지영   학생들이 어떤 체조를 할지 직접 만들어서 한다고 해요.

임현진   지덕체를 함양하는 전인적인 교육을 보여 주는 것이죠. 그리고 모둠별로 앉아서 서로의 생활과 생각을 공유한대요. 서로에 대해 공감하는 시간을 보내도록 하는 것이죠. 그리고 성찰 시간이 있는데, 하루 동안 자신의 배움과 생활을 성찰하고 일기를 씁니다. 그리고 '로드 스콜라'라는 프로그램이 있어요. 자기주도적 진로 설계 프로그램인데, 학생들이 1박 2일 정도 진로 탐색 여행을 떠나서 관련 장소를 탐방하고 전문가들을 만나면서 진로에 대한 비전을 세우는 프로그램이라고 해요.[211] 그 1박 2일의 여행 전후도 총체적으로 진로 설계에 대한 준비를 하는 프로그램으로 이해할 수 있어요. 이렇게 참자람 교실은 단지 교과에 대한 학습뿐만 아니라, 나와 공동체에 대한 학습, 그리고 미래에 대한 준비가 총합적으로 이루어지는 시도라고 할 수 있어요. 제가 생각했던 완벽한 교육의 형태라는 생각이 들었어요. 시범 연구를 통해서 잘 정착이 되고 전국적으로 확산이 되었으면 하는 바람이 있습니다.

장지은   '로드 스콜라'라는 이름이 무슨 뜻인지 찾아봤더니 참 멋진 의미를 담고 있더라고요. 길 위의 학교라는 뜻으로 길 위에서 배우고 성장하는 학교라는 의미를 담고 있어요. 실제로 사회와 현장에서 학습이 이루어진다는 것이죠.

임현진   그리고 참자람 교실에서는 교사에 의해 강의식으로 진행하는 수업이 없다고 합니다. 학생들의 자율적인 토론을 기반으로 수업이 진행된다고 해요. 그래서 교사는 촉진자로서 코칭을 하는 방식으로 커리큘럼을 운영하는 것이죠.

장지은   그런데 수업을 전혀 하지 않으면 기초학력 문제에 대한 고민이 여전히 남아 있겠어요.

임현진   다행히 초등교육 과정을 마친 중학교급부터 시작이 되는 것이잖아요. 그래서 기초학력에 대한 우려는 확실히 적을 것 같아요. 잘 정착이 되면 이러한 형태의 학교를 세우는 것으로 이어질 수 있다고 하니 좋은 사례가 되면 좋겠다는 생각이 들어요.

임지영   같은 이유에서 저도 참자람 교실이라는 시스템이 우리나라에 잘 정착되면 좋겠다고 생각해요. 이것은 어떤 특정한 학교가 아니라 대구 학습지원센터에서 열리는 교실이잖아요.[212] 스스로 지원한 학생들이 한 학기 정도 수업을 듣고 그 다음에는 자신의 학교로 돌아가는 시스템이고, 만약에 여기서 더 공부를 하고 싶으면 그다음 학기에 또 공부를 할 수 있다고 해요. 참자람 교실에서 공부를 했던 학기는 실제로 한 학기 이수로 인정이 된대요. 우리나라에서는 어떤 학교가 혁신학교로 지정될 경우 아직 학부모들의 반대가 많다고 해요.[213] 그런데 한 학기 정도 정말 좋은 수업이란 무엇인지 경험해 보고 본인의 학교로 돌아가는 시스템이라서, 좋은 교육을 전파시키는 모델이 될 수 있을 것이라고 생각해요. 이 모델의 성공을 응원하고 있습니다.

우리나라: 거꾸로 캠퍼스

윤성혜 참자람 학교가 최근의 사례라면, 비교적 몇 년 동안 운영되고 있는 사례도 있어요. 우리나라의 거꾸로 캠퍼스라고 하는 곳인데요. 이곳은 비인가형 고등학교이고, 미래교실 네트워크에서 운영을 하고 있어요. 일반 공립학교 선생님이셨던 많은 분들이 뜻을 함께해 운영하고 있더라고요. 입학 조건은 중학교 3학년에서 고3 정도이고, 수업 방식은 지금까지 소개해 드렸던 많은 학교들과 같이 주제 중심으로 이루어진다고 해요. 어떤 교과목 안에 단원별로 구분되어 있는 것이 아니라 진짜 세상 속의 주제를 중심으로 수업이 이루어지고, 예술, 스포츠, 소프트웨어 관련된 주제들이 운영되고 있어요. 그리고 독특한 이름의 프로젝트를 하는데, 이름은 '사상 최대 수업 프로젝트', 줄여서 '사최수프'라고 부릅니다. 학생들이 실제 세상의 문제를 발견해서 해결하는 식으로 이루어지고 있는데, 흔히 이야기하는 문제 중심의 수업, PBL(Project-Based Learning) 방식으로 이루어지고 있습니다.[214]

미래학교의 방향에 대한 고민
: 에듀테크를 사용해야 미래학교는 아니다

임지영 다시 외국 사례이지만, 마지막으로 이야기해 볼 사례가 있어요. 앞에서 이야기한 스트렌보쉬 초등학교 근처에 노더리흐트라는 학교가 있습니다. 그 학교도 아이패드를 학생들에게 다 나눠 줬어요. 아이패드로 동영상을 직접 촬영해서 편집하고, 무엇이든 직접 다 만들어 보고 경험해 볼 수 있게 한다고 하더라고요. 그런데 아이패드를 준다는 것만 특징은 아니라고 해요.

윤성혜 맞아요. 노더리흐트 학교의 사진을 보면서 생각한 것이 있어요. 우리나라 학부모님들이 많이 걱정하는 부분이 스마트폰 디바이스 위주로만 학습을 하다 보면 '자연을 멀리하는 건 아닐까?' 하는 부분이잖아요. 그런데 이런 학교들을 보니까 자연에 대해서 공부하고 밖으로 나가는 것도 똑같이 강조하고 있는 것 같아요. 학생들이 실제로 밖에 나가서 곤충도 잡고 이런 활동들도 적극적으로 하네요.[215]

장지은 우리가 논의하고 있는 미래교육 학교 중에는 테크놀로지나 IT 산업을 기반으로 하는 학교들이 많잖아요. 그런데 완전히 반대의 혁신학교들도 있어요. 예를 들어 숲 학교 같이 아이들이 교과과정 이런 것을 떠나서 자연과 하나가 되어 자연에서 뛰어놀면서 일어나는 학습을 중요시하는 학교예요. 자연을 통한 학습이 정해진 교육과정을 강의식으로 전달하는 것보다 더욱 효과적이라는 가치를 담고 있어요. 저는 두 가지 방향이 미래사회에 모두 중요하다고 생각해요. 새로운 기술을 교육환경에 적용하고 활용하는 것과 자연을 통해 배우는 것 모두 학교 교육이 나아가야 하는 중요한 방향이죠.

Chapter 04

〈미인〉이
전하는 메시지,
미래교육
인사이트

01. <미인>이 전하는 메시지, 미래교육 인사이트
02. <미인>의 한마디

01 〈미인〉이 전하는 메시지, 미래교육 인사이트

　미래교육이라는 단어가 최근 들어 많은 사람의 입에서 오르내리고 있습니다. '도대체 미래교육이 무엇인가'라는 생각이 들기도 했을 것입니다. '미래'는 그 누구도 예측할 수 없는 만큼, 정답도 없습니다. 미래교육도 정답이 아니라 가장 나은 방법을 찾아 나가는 과정 그 자체일지도 모릅니다. 우리가 만들어 가는 미래교육에 대해 네 명의 〈미인〉들이 여러 가지 주제로 이야기를 펼쳐 보았습니다. 지금까지 펼쳐 놓은 이야기들은 하나의 정답을 찾기 위한 것은 아니었습니다. 다만 이 과정에서 여러 방법을 관통하는 몇 가지 핵심을 발견했습니다. 저희가 도출한 미래교육의 핵심 키워드는 *#건전한 공동체, #배움의 즐거움, #학습의 의미, #테크놀로지와 교육*입니다.

#건전한 공동체

장지은　미래 시대를 대비하는 교육으로 많은 사람은 새로운 기술을 가르치는 것에 치중합니다. 하지만 더욱 중요한 것은 올바른 윤리 의식을 가지고 건전한 시민으로 성장하는 것이죠. 그래서 저희는 미래교육의 첫 번째 핵심 가치로 '건전한 공동체'를 선택했어요. 최근 디지털 세상은 4차 산업혁명을 기반으로 초연결 사회로 향하고 있어요. 그에 따라서 더 많은 윤리적 진통을 겪고 있고요. 우리는 미래교육을 통해서 무엇보다 먼저 건전한 시민으로 성장할 수 있도록 교육해야 한다고 생각해요. 공동체는 가정, 학교, 국가, 세계, 그리고 디지털 안에서도 이루어 나갈 수 있어요.

윤성혜 　맞습니다. 미래교육은 무엇보다도 우리 사회가 혼자 잘 사는 사회가 아니라, 더불어 잘 사는 사회가 되는 데 힘을 써야 할 것 같아요. 지금까지의 교육이 가지는 가장 큰 문제 중 하나가 바로 과잉 경쟁이었다는 생각이 드는데요. 이제는 경쟁보다는 협력이 더 중요한 가치라는 것을 강조하고 싶습니다. 이런 부분을 세계시민교육과 디지털시민교육에 대한 주제에서 주로 논의를 했었죠. 건전한 공동체의 일원이 되도록 하는 것, 공동체 발전을 위해 협력할 수 있는 사람을 키워 내는 것이 미래교육이 힘써야 할 가장 중요한 목표 중에 하나가 아닐까 싶습니다.

임지영 　그런데 제가 다른 사람들과 '협력'에 대해 이야기할 때 꼭 나왔던 말이 있어요. 바로 "협력은 어려워요"라는 말이에요. 협력은 당연히 어렵죠. 다양한 성격과 이해관계를 가진 사람들이 함께 공동의 목표를 달성해 나간다는 것이 어떻게 쉽겠어요? 학자들이 이야기하는 협력이란 개인을 포기하고 공동체를 우선하라는 폭력적인 의미가 아니에요. 공동체 안에서 수많은 상호작용을 통해 개인의 성장과 공동체의 성장이 함께, 순환적으로 이루어지는 것이 궁극적인 의미의 협력이라고 보고 있어요.[216]

윤성혜	개인의 개성과 다양성을 존중하면서도 건강한 공동체성을 유지하는 것이 꼭 필요하다는 생각이 들어요.

장지은	최근에 많은 분야에서 윤리 의식을 다시 강조하고 있어요. 기술의 발전에 따라 세계의 다양한 인종이 실시간으로 커뮤니케이션할 수 있게 되었고, 세계시민교육과 디지털시민교육은 서로 끈끈한 관계가 되었죠. 이러한 환경에서 윤리적인 행동 외에도 학습자들은 변화를 촉진하는 작은 실천을 해 나갈 수 있어요. 전 세계적으로 공유와 공감의 문화는 빠르게 확산되고 있고요. 디지털 네이티브인 학습자들은 작게는 가정에서부터 출발해서 학교와 지역 사회 또는 세계를 구성하는 일원으로서 실천하는 주체로 성장할 수 있어요.

윤성혜	결국 윤리는 과거–현재–미래를 관통하는, 변하지 않는 가치인 것 같아요.

임지영	덧붙여, 협력을 연구하는 학자들은 협력의 가치가 n분의 1로 일을 나누어서 개인의 부담을 줄이는 데 있다고 보지 않아요. 오히려 협력은 개인들에게 가해지는 부담을 더 키우고, 심지어 때로는 개인이 혼자 작업하는 것이 '성과'의 측면에서 더 나을 때도 있다고 보기도 하죠.[217], [218] 그럼에도 불구하고 미래교육에서 협력을 이야기하는 이유 중 한 가지는 '함께할 때에만 창출되는 새로운 가치'라고 생각됩니다. 어떻게 보면 협력이란 공동체 구성원의 갈등과 지나친 경쟁보다는 조화와 융합을 만들어 낸다는 점에서도 중요하지만, 결국 우리 공동체가 공유하는 지식, 태도, 스킬을 함께 쌓아 나가고 발전시키는 과정 그 자체를 의미하는 것이죠.[219] 그래서 세계시민교육과 디지털시민교육에서 협력은 1차적으로는 건전한 공동체의 일원으로서 갖는 태도이고, 궁극적으로는 공동체 전체의 발전을 이끌어내는 원동력이 되겠죠. 어쩌면 조금 어려운 마무리일 수도 있겠네요.

윤성혜   조금 어렵지만, 그래도 가장 중요한 키워드 아닐까요? 우리 책에서 비록 자세히 다루지는 못했지만, 저는 최근 체인지 메이커(change maker)라는 개념에도 관심을 갖고 있는데요. 우리가 사는 사회를 보다 나은 세상으로 만들기 위한 실천을 하는 사람들을 체인지 메이커라고 합니다. 미래를 살아갈 아이들이 보다 나은 세상을 만드는 데 필요한 역량을 가지고 사회로 나간다면 얼마나 좋을까요?

임현진   근시안적인 사고를 탈피해서 더불어 살아가는 법을 배우며 공동의 이익을 추구하는 삶을 사는 것이 당장 개인의 이로움만을 추구할 때보다 더 큰 혜택을 누릴 수 있게 해 주죠. 요즘 시대의 키워드로 '지속 가능한 미래'가 자주 언급되는데 환경 문제나 경제 발전에만 해당되는 얘기는 아니라고 생각합니다. 앞으로의 미래인재들이 건전한 공동체의식과 협력 역량을 기반으로 현재 우리가 당면한 문제와 과제들을 해결해 나간다면 지속 가능한 미래를 넘어 지금보다 더 살기 좋은 세상이 펼쳐질 것이라고 생각합니다.

#배움의 즐거움

임현진 일반적인 지식과 기술의 수준으로는 전문성을 인정받기 어려운 시대가 도래하고 있어요. 현재의 일자리를 인공지능이 대체하면서 벌써부터 체감되는 문제인데 이에 대한 해법으로 세분화와 전문화가 제시됩니다.[220] 사실 예전에는 낮게 평가되던 소위 말하는 '오타쿠', '덕후'라는 표현이 이제는 '덕업일치'라고 하여 특정 분야의 전문가로 인정받아 새로운 영역을 개척하여 성공하는 사례도 많이 나타나고 있어요. 일명 덕업일치를 이룬 분들의 얘기를 들어 보면 본인이 좋아하고 즐겼기 때문에 끊임없이 그 분야를 탐구하며 몰입할 수 있었다고 합니다. 일찍이 공자께서도 "知之者不如好之者, 好之者不如樂之者(지지자불여호지자, 호지자불여락지자)"라는 말씀을 남기셨어요. 어떤 사실을 아는 사람은 그것을 좋아하는 사람만 못하고, 좋아하는 사람은 즐기는 사람만 못하다는 뜻이죠. 배움에 있어서 가장 최상의 단계는 그것을 즐기는 경지에 이르는 것을 의미합니다. 따라서 지금의 교육이 나아가야 할 방향이라고 한다면, 학생들이 갖고 있는 관심사는 모두 다르겠지만 건설적인 방향으로 관심 분야를 설정하고, 그 분야를 즐기고 지속적인 열정을 담아 전문가로 성장할 수 있도록 기반을 만들어 주는 것이 중요하다고 할 수 있습니다.

장지은 사람은 자기가 좋아하는 일을 할 때 더 열심히 하고 더 오래 일할 수 있게 되죠. 자기가 관심 있는 일을 할 때 더 많은 동기를 부여받고요. 간단한 명제인 것 같지만 그동안 우리는 이것을 학교 교육에 도입하지 못했어요. 최근 이러한 개념을 교육 현장에 도입하고자 하는 활발한 움직임이 있어요. 학습자들은 자신이 무엇을 학습할 것인지, 어떻게 학습할 것인지, 누구와 함께할 것인지 모든 것을 스스로 결정하고 학습해 나갑니다. 교수자들은 퍼실리테이터로서 학습자들 스스로 자신의 관심사를 찾고 재능을 발굴하고 자신의 능력을 믿고 발전시켜 나갈 수 있도록 도와줘요. 올바른 지원과 격려를 받은 학습자들은 자신의 흥미와 관련된 융합적 지식을 탄탄하게 구축해 나갈 수 있어요. 그러한 과정은 궁극적으로 자기주도 학습(self-directed learning) 경험을 쌓을 수 있도록 지원하고요.

임지영 자기주도성은 사실 미래역량으로 보기도 하는 중요한 개념인데, 이 개념에서 빼놓을 수 없는 부분이 스스로 시작하기(self-initiation)이에요.[221] 자기주도적 학습자와 그렇지 않은 학습자 간의 차이는 처음 학습이라는 행위가 일어나는 순간부터 일어나죠. 누군가가 시켜서 하는 것이 아니라 스스로 선택했기 때문에 학습을 시작하는 것이고, 그렇기 때문에 중간에 그만두지 않고 더 오래 학습을 지속해 나간다고 해요. 자기주도 학습 이론의 기초를 마련한 말콤 노울스(Malcolm S. Knowles)는 이것을 "타인의 도움이 있든지 없든지 간에 개인이 스스로 선택하고 실행하는 것"이라고 표현하기도 했어요.[222] 정말 좋아하는 것이라면 누가 뭐라고 해도 시도해 보고, 문제가 생겨도 해결해 보려고 하잖아요? 그래서 지은님 말처럼 미래교육은 일방적으로 학습자에게 무엇을 하라고 시키는 것이 아니라, 자신이 좋아하는 분야를 찾을 수 있도록 도와주는 데 많은 관심과 노력을 기울이고 있죠.

윤성혜 여러분의 말을 들으니 '우리가 좋아서' 시작한 팟캐스트 방송이 이렇게 한 권의 책으로 만들어지는 과정도 떠오르는데요? 자신이 스스로 결정하고 시작한 일은 몰입을 이끌 수 있죠. 몰입의 힘은 칙센트미하이(Mihaly Csikszentmihalyi)에 의해서 많이 알려졌습니다. 몰입은 경험의 질에 직접적으로 영향을 미칠 뿐만 아니라, 미래를 준비하는 데에도 큰 역할을 한다고 해요. 칙센트미하이의 연구는 몰입을 더 자주 경험하는 학생들이 미래에 대해 더 낙관적으로 여긴다는 것을 보여 주기도 했습니다.[223] 그렇다면 우리는 어떻게 학습 장면에서 더 많은 몰입을 느낄 수 있도록 해 줄 수 있을까요?

임지영 '몰입'이라는 단어를 미래교육에서 이야기할 때 VR과 AR을 빼놓을 수 없죠. 몰입 경험을 제공하는 테크놀로지의 대표적인 사례라는 점을 VR&AR 편에서도 이야기했었어요. 가상과 실제의 경계가 허물어지면서 현실의 범위가 굉장히 확대되는 것이 바로 VR&AR이었어요. 그런데 저는 몰입이 반드시 테크놀로지가 있어야만 구현되는 것은 아니라는 점도 이야기해 보고 싶어요. 사실 칙센트미하이가 이야기한 몰입이란 주의집중이 최대치로 높아져서 몰입의 대상에 완전히 빠져드는 무아지경의 상태를 이야기하는 것이고, 그러한 몰입은 개인이 분명한 목표를 가질 때, 또 목표가 적당히 도전해 볼 만한 난이도일 때 일어난다고 하거든요.[224] 결국 학습자들이 좋아하고 즐거워하는 영역에서 분명한 본인의 목표를 가지고 도전할 수 있는 환경을 만들어 주는 것이 몰입의 조건이라는 것이에요. 미래교육에서는 굉장한 테크놀로지들이 반드시 필요할 것 같지만, 학습자가 어디에 즐거움을 느끼는지, 스스로 분명한 목표를 세우도록 어떻게 도움을 주어야 하는지, 그러한 목표를 달성해 가는 과정에서 어떻게 '적당한' 도전감을 줄 수 있는지에 대한 깊은 고민이 꼭 필요하다고 생각됩니다.

장지은 칙센트미하이가 완전 몰입 상태를 이야기했다면, 발달 심리학자인 에디스 액커만(Edith Ackerman)은 몰입과 성찰을 반복하는 순환 과정을 이야기했어요. 이것을 뛰어들고 물러나기(diving-in and stepping-out)의 과정이라고 표현했는데요.[225] 완전한 몰입 이후에 한걸음 물러서서 자신의 학습을 되돌아보는 과정이에요. 성찰을 통해 학습자는 새로운 전략을 세우거나 또 다른 아이디어를 만들고, 다음의 도전을 계획할 수 있어요. 몰입과 성찰은 반복되는 과정으로 학습자들이 배움에 대한 끊임없는 열정을 가질 수 있도록 도와줍니다. 지영님이 말씀하신 '적당한' 도전감에 대해서 해답을 제시한 학자들도 있어요. 시모어 페퍼트는 초보자도 쉽게 시작할 수 있도록 하는 '낮은 문턱'과 시간이 지남에 따라 점점 더 복잡한 프로젝트를 수행하도록 하는 '높은 천장'을 주장했어요.[226] 이에 더해서 미첼 레스닉은 개인 관심사에 따라 다양한 유형의 프로젝트를 지원하는 기술로 '넓은 벽'을 추가했습니다.[227] 이렇게 학습이 자신의 관심과 흥미에 따라 출발하면 학습자가 더 열정적으로 몰입하여 지식을 구성해 나갈 수 있도록 해 주죠. 성찰과 도전이 반복적으로 더해지면 학습자는 더욱 큰 동기를 부여받고, 학습은 더욱더 의미 있어집니다.

#학습의 의미

윤성혜 미래교육이 창의성이나 행복과 같은 키워드를 강조하다 보니, '마냥 놀게 하는 것이 아닌가', '기초학력이 점점 더 저하되고 있는 현실은 어떻게 볼 것인가' 하는 비판들이 있는 것 같아요. 이런 측면에서는 어떻게 생각하시나요?

임지영 특히 K-12에서 시도되는 새로운 학교들의 경우에 이런 문제들이 두드러지기도 했죠. 저도 기초학력이라는 부분은 절대 간과해서는 안 되는 문제라고 생각해요. 하지만 새로운 교육이 아이들을 '마냥 놀게 하는 것'이라는 시각은 너무 기성세대의 관점일 수도 있지 않을까요? 우리가 Z세대, 디지털 네이티브에 대해 이야기했었죠. 그리고 요즘 세대의 인간을 호모 루덴스(homo ludens), 즉 놀이하는 인간이라고도 하는데,[228] 인간에게 자연스럽게 내재된 '놀이'의 본능이 Z세대, 디지털 네이티브들에게는 디지털 테크놀로지를 통해 더 강화되는 것일 수도 있어요. 디지털 이주민에게는 '놀이'로 보이는 많은 것들이 사실상 디지털 네이티브들에게는 '학습'일 수 있다는 관점의 차이는 인정할 필요가 있지 않을까요?

장지은 디지털 네이티브의 학습자들은 스스로 놀이를 통해 학습해 나간다고 하죠. 지식을 주입하거나 전달하는 교육에서 스스로 지식을 구성해 나가는 방식으로 학습이 발전하고 있어요. 많은 연구자가 어떻게 하면 학습자 스스로 지식을 구성해 나갈 수 있을까 고민했고, '놀이'에서 그 해답을 찾았어요. 스스로 학습해 나간다는 측면에서 '자율'을 강조했고요.[229] 하지만 이러한 자율을 위해 규율이 없어야 한다거나 놀이학습 때문에 기초학력이 저하된다는 것은 학습자 중심의 교육법에 대해 잘못 이해하는 것이에요. 지식을 구성해 나가는 주체는 학습자이고 학습자의 관심사에 따라 지식이 구성되어 가는 것은 맞지만 그 안에서 공동체의 규율과 규칙이 존재하죠. 학습자들의 자율성은 공동체의 규율이 지켜지는 것 안에서 보장됩니다. 또한, 일부의 사람들은 학습자들에게 기초지식을 가르치는 행위가 학습자 스스로 지식을 구성해 나가는 미래교육 방식이 아니며, 이는 올바르지 않다고 여깁니다. 하지만 이것은 학습자 중심 교육의 대표적인 오해이죠.[230] 올바른 학습자 중심의 교육은 학습자들이 스스로 자신이 프로젝트와 관심사를 완성할 수 있도록 기초 교육을 적절하게 지원해 줘요. 자신의 프로젝트를 스스로 완성하기 위해서는 다양한 분야의 기초 지식이 요구되고 학습자들은 단순한 놀이가 아니라 더욱 고차원적인 사고를 촉진하는 지식을 습득해 나가죠.

윤성혜 미래교육에서 창의성이나 행복과 같은 키워드를 유독 강조하는 이유는 어쩌면 지금까지의 교육이 이런 부분들을 덜 강조해왔던 것에 대한 일종의 반작용이 아닐까 하는 생각이 들어요. 과거 교육의 한계를 언급하면서 창의성과 재미를 주장한다고 해서, 지식을 기억하는 것이 완전히 쓸모없다는 이야기를 하는 것은 아니라고 생각합니다. 실제로 영역 지식이 창의성에 영향을 미친다고 보고한 연구도 있어요.[231, 232] 어느 정도의 지식 습득은 여전히 유효합니다. 미래교육에서의 담론은 '앞으로 한 발 더 전진하자'는 것이지, 과거가 다 의미가 없다는 것이 아니라는 말씀을 드리고 싶네요.

임현진 맞아요. 지금은 시험을 볼 때처럼 정답을 완벽히 쓸 정도로 지식을 인출해 낼 수는 없지만, 제 머릿속 어딘가에 저장되어 있어서 제 사고의 근간이 되고 있다고 생각해요. 무엇보다도 특정 분야의 전문가로 성장하기 위해선 그 분야의 기초 지식부터 차곡차곡 쌓아 올려야 모래성처럼 무너지지 않을 수 있죠. 하지만 같은 내용을 공부하더라도 전통적인 단순 암기 교육의 효과가 얼마나 미약한지 지금 이 책을 읽으시는 독자 분들도 충분히 느끼실 것이라 생각합니다. 저희가 학교를 다녔던 6차에서 7차 교육과정을 떠올려 보면, 정말 배워야 할 것이 많았고 외워야 할 것도 많았어요. 고백하건대 그때 열심히 공부를 했어도 지금은 하나도 기억이 나지 않는 지식들이 대부분이에요. 그런데 아직도 선명히 기억나는 몇 가지 지식들이 있어요. 노래로 만들어서 외웠던 조선시대 왕의 순서나 주기율표 같은 것들이죠. (웃음) 그 지식들을 머릿속에 집어넣기 위해 재밌게 만들었던 노력들이 아직까지 빛을 발하고 있어요.

임지영 사실 저희도 미래교육에 대한 '지식'에 '인사이트'를 더해서 이야기하는 것 아니겠어요? 미래교육도 그런 것 같아요. 지식이 중요하지 않다는 것이 아니라, 지식의 범위가 매우 크고, 빠르게 변화 발전하기 때문에, 각자가 필요로 하는 지식을 효과적으로 습득하고 문제 해결에 적용할 수 있도록 교육해야 한다는 것이죠. 거기에 우리처럼 '인사이트'를 찾아낼 수 있도록 하는 역량이 더해진다면 금상첨화고요. (웃음)

윤성혜 그래서 메타학습이 중요한 것 같아요. 엘빈 토플러(Alvin Toffler)가 "21세기의 문맹자는 글을 읽고 쓸 줄 모르는 사람이 아니라 배우고, 잘못 안 것을 버리고, 다시 배우는 법을 모르는 이들이다"라고 말했다고 하죠. 이제는 어떻게 학습하는지를 배우는 것(learning how to learn), 바로 메타학습이 중요합니다. 이제 우리는 끊임없이 변화하는 시대를 살게 되었고, 필연적으로 평생 배워야 하거든요.[233] 학교에서 새로운 지식을 학습하는 방법, 그리고 그 안에서 인사이트를 발견할 수 있는 능력, 또 놀이하듯 학습을 즐기는 것을 배운다면 미래사회를 살아가는 큰 힘이 될 거예요. 학교 밖에서 새로운 것을 학습해야 할 때는 MOOC와 같은 것들이 도움이 되겠죠.

장지은 맞아요. 메타학습은 학습자가 스스로 학습 내용, 방법, 시기 등을 통제할 수 있도록 힘을 키워 줘요. 그리고 바로 그러한 지점이 고차원적 사고를 촉진하는 과정이라고 볼 수 있을 것 같아요. 자신이 스스로 필요하다고 느끼는 기초 지식을 적시에 학습해 나가면서 더욱 창의력이 촉발되고, 내가 관심 있는 주제이기 때문에 놀이하듯이 재미있게 학습해 나갈 수 있죠. 그래서 학습자는 학습하는 과정 자체를 즐길 수 있게 되고요. 기초학력과 기본지식 또한 학습자의 반복적 성찰과 단계적 도전에 따라 융합적으로 구축해 나갈 수 있고요. 학습에 대한 자율과 규율 또는 체계는 어느 한쪽에 치중되기보다는 올바른 균형을 찾는 것이 미래교육의 핵심이 될 것 같아요.

#테크놀로지와 교육

윤성혜 마지막으로 테크놀로지, 특히 디지털 테크놀로지와 교육의 만남에 대해서 정리해 보면 어떨까요? 테크놀로지가 미래교육 담론을 이끌어 가는 가장 큰 동력이기도 하니까요. 저는 테크놀로지와 교육의 관계를 '테크놀로지를 교육에 활용하는 것'과 '테크놀로지에 대한 교육'이라는 두 가지 관점에서 정리해 볼 수 있다고 생각합니다. 전자의 대표적인 예로는 VR&AR 활용 교육과 디지털교과서 등이, 후자의 대표적인 예로는 소프트웨어 교육과 디지털시민교육 등이 있죠. 그런데 이 구분은 이해를 쉽게 하기 위해서 개념화한 것이고, 최근에는 그 경계가 점점 흐려지고 있는 것 같아요. 이를테면 메이커교육이나 기업가정신 교육에서 실제적인 문제 해결이나 과제를 위해서 디지털 테크놀로지를 학습하기도 하고, 또 학습을 통해 역량을 키워 가는 과정 안에 테크놀로지의 활용이 자연스레 녹아들기도 하니까요. 그만큼 테크놀로지가 삶과 교육 현장에 깊숙이 들어오고 있기 때문입니다. 교육을 위해서, 혹은 교육의 대상으로 디지털 테크놀로지를 바라볼 때, 우리는 어떤 관점을 가져야 할까요?

임지영 먼저 교육을 위해 테크놀로지를 사용하는 것에 대해 이야기해 볼까요? 저는 테크놀로지의 역할이 두 가지로 구분된다고 생각해요. 테크놀로지가 없을 때에도 할 수 있었지만 불편했던 것을 도와주는 역할과, 테크놀로지가 없을 때에는 할 수 없었던 새로운 경험을 제공하는 역할이죠. 예를 들어 과거에도 종이나 실체화된 산출물로 학습 포트폴리오를 만들 수 있었지만 정리나 보관이 불편하기도 하고, 다른 사람들에게 공유하기도 어려웠었죠. 그런데 e-포트폴리오가 개발되면서 모든 학습 자료, 산출물 등을 보다 쉽게 저장, 관리하고 공유할 수 있게 되었어요. 이것이 테크놀로지가 학습을 도와주는 역할이라면, 새로운 경험을 제공하는 역할의 가장 대표적인 예로는 VR&AR 활용 교육이 있죠. 직접 경험할 수 없는 바닷속, 우주, 나노 단위의 세계까지 실감으로 경험하면서 학습할 수 있게 해 주니까요. 그런데 이와 같은 테크놀로지의 역할은 학습을 설계하는 사람에게 중요한 시사점을 준다고 생각합니다. 당연한 말이겠지만, '무엇을' 돕고, '어떤 새로운' 경험을 하게 할 것인가에 대한 진지한 고민이 선행되지 않으면 단순히 재미를 위한 테크놀로지라던가, 심지어는 굳이 필요하지 않은 테크놀로지가 개발될 수 있으니까요. 즉, 교육에서만큼은 교육이란, 학습이란 무엇인지에 대한 심층적인 고민이 반드시 선행되어야 하겠습니다.

임현진　테크놀로지를 교육하는 것에 대해서도 많은 의견이 나올 수 있을 것 같아요. 우선 테크놀로지의 변화 속도를 따라잡기 위해 세대 간, 계층 간의 차이가 좁혀져야 하는 것이 중요한 문제로 대두되고 있죠. 테크놀로지의 홍수 속에서 소외받는 사람들이 없어야 하는데 국가적인 차원에서 지원은 한계가 있기 때문에 사회 전체가 관심을 갖고 이 문제를 해결해야 한다고 생각해요. 최근 민간 기업에서 사회적 가치를 실현하기 위해 IT 관련 지원을 대폭 확대했다는 뉴스[234]를 접했을 때 매우 긍정적인 변화라고 생각했어요.

윤성혜 그렇네요. 정보 격차가 점점 더 벌어질 우려가 있는데, 공공과 민간이 함께 노력한다는 것은 좋은 방향성이라는 생각이 듭니다. 반면에 이후 세대들은 기성세대보다 테크놀로지를 훨씬 더 잘 습득하죠.

임현진 맞아요. 밀레니얼 세대인 학생들에게 테크놀로지를 가르치려고 하면 이미 학생들이 교사보다 더 잘 알고 있다는 말이 나올 정도니까요. 점차 테크놀로지에 대한 사용법 자체를 교육하는 것은 줄어들겠지만, 테크놀로지를 어떻게 활용할지, 나의 삶에서 어떤 영향을 줄 수 있는지 깊게 고민을 해 볼 수 있는 시간이 필요하다고 생각해요. 저희가 학창시절에 하루일과표를 작성하고 앞으로 나는 어떤 사람이 되겠다는 미래계획을 세웠던 것처럼 이제 디지털 세상에서 나는 오늘 하루 어떻게 시간을 보낼지 자연스럽게 훈련이 되어 있어야 하고 어떤 자아로 성장할 것인가를 구체적으로 그려보는 것이 점차 더 중요해질 것입니다. 저의 경우만 보더라도 온라인에 접속해서 메신저를 통해 의사소통하고 인터넷으로 뉴스를 보며 익명의 사람들과 댓글로 의견을 주고받는 시간이 더 많아지고 있거든요. 따라서 앞으로 건강한 삶을 영위하는 것의 한 부분으로 현실세계의 나와 디지털 세상에서 나의 정체성이 일치하는 것이 추가될 수 있을 것 같아요. 요즘 온라인상에서 익명성을 담보로 타인에게 더 많은 언어폭력을 행하고, 사실이 아닌 정보들이 무분별하게 공유되면서 사회를 혼란스럽게 만들고 있기 때문이죠. 이러한 맥락에서 저희가 윤리나 도덕을 하나의 교과로 배웠듯이 미래에는 디지털시민의식이 더욱 강조되어 하나의 교과로 나올 수도 있겠다는 생각을 해 봅니다.

장지은 제가 교육공학을 전공했다는 사실을 알면 많은 사람들이 제게 묻는 말이 있어요. "그래서 우리 아이는 스마트폰과 컴퓨터를 줘야 하나요? 말아야 하나요?"입니다. 이 책에서 우리는 새로운 기술에 대한 긍정적, 부정적 관점들을 다루었는데요. 어떤 사람들은 기술의 발전에 대한 부정적인 영향을 심각하게 걱정하고 부메랑 효과(boomerang effect)에 대한 우려를 표명해요. 이런 사람들을 기술 회의론자라고 부르죠. 부메랑 효과란 의도하지 않게 신기술의 부적절한 측면이 학습자들에게 노출됨으로써 부정적인 학습 효과가 오히려 증폭될 수 있다는 관점입니다. 하지만 무조건 멀리하는 것은 해답이 될 수 없어요. 디지털 네이티브 시대에서 스마트폰과 컴퓨터는 더 이상 첨단 도구가 아니에요. 또한, 디지털 테크놀로지는 사회의 모든 부분에서 점점 더 중요한 역할을 하고 있고요.

임지영 이제는 디지털 테크놀로지 없이 사는 건 아예 불가능해졌죠.

장지은 그렇다고 테크놀로지의 무분별한 사용을 방치할 수도 없죠. 새로운 기술을 무작정 학습 환경에 도입하고자 하는 기술 예찬론자들도 있어요. 교실을 최첨단 기술로 무장하고 모든 새로운 기술을 학습에 도입해 오롯이 학습자의 단기적 흥미와 참여를 향상하는 것에만 집중하고요. 오히려 이러한 무분별한 도입 방식은 장기적 관점에서 학습자의 고차원적인 사고를 육성하지 못하죠.

윤성혜 그런 접근은 잠시 동안의 신기효과(novelty effect)에만 그칠 뿐, 실망만 안겨 주게 될 수도 있어요. 새로운 테크놀로지에 대한 큰 기대를 품었는데 '해 보니까 결국은 별것 없더라'라고 하는 거죠.

장지은   디지털 도구로 무엇을 하느냐가 가장 중요합니다. 학습 내용과 주제에 따라 가장 적합한 지원 도구를 잘 선별해야 해요. 홉스(Renee Hobbs)는 부메랑 효과에 대한 우려를 줄이는 방안으로 신기술의 중요성을 바르게 인식하고, 유용한 방법으로 즐겁게 사용하도록 성찰하는 교수학습 전략을 권고했어요.[235] 디지털 기술의 올바른 사용법을 교육한다면 신기술이 제공하는 학습 지원의 가능성은 분명히 존재해요. 디지털 기술의 올바른 사용은 학습자들의 잠재력을 발굴하고 창의적인 사고와 표현법을 개발하는 새로운 지원 도구가 될 수 있을 겁니다.

02 〈미인〉의 한마디

*미래를 예측하는 가장 좋은 방법은
미래를 창조하는 것이다.*

차기설립 윤성혜의 미래교육 인사이트

미래는 그 누구도 정확히 예측할 수 없습니다. 미래는 결국 우리 모두가 현재에 하는 행위들이 모여 만들어 내는 것이니까요. 미래에 대해서 막연하게 두려워할 필요는 없지만, 마음 편히 낙관해서도 안 됩니다. 지금 우리가 어떻게 하느냐가 미래를 결정합니다. 우리 모두가 미래를 창조하는 책임 있는 주체로, 더 나은 미래교육을 위해 함께 힘을 모은다면 좀 더 행복한 미래를 우리 손으로 만들 수 있을 것이라고 생각합니다.

크리에이터 장지은의 미래교육 인사이트

다가올 미래사회를 준비하는 교육은 '기술의 학습'이 아닌 '인간의 학습'에 중점이 있습니다. 또한, 끊임없이 변화하는 지금의 시대는 아이, 성인, 노인 할 것 없이 모두가 학습해야 하는 시대입니다. 따라서 모든 인간의 학습이 보다 더 의미 있고, 시대 적응적이며, 효과적으로 일어날 수 있도록 준비해야 할 것입니다. 저를 비롯한 모든 독자들이 더 좋은 삶을 만들어 나가는 주체이자 미래사회의 학습자로서 실천적인 발걸음을 내딛어 보면 좋겠습니다.

핵인싸 임현진의 미래교육 인사이트

미래는 어디까지 미래이기 때문에 그 누구도 정답을 내릴 수 없습니다. 하지만 모든 경우의 수를 고려하며 예측을 할 때 그 정확도는 높아질 수 있습니다. 지금부터 〈미래교육 인사이트〉와 함께 경우의 수를 하나하나씩 준비하다 보면 막연하기만 했던 미래가 어느 순간 손에 잡히고, 또 그것을 넘어서 미래를 창조하고 있는 나 자신을 발견할 수도 있지 않을까요?

요정 임지영의 미래교육 인사이트

저는 미래교육이란 문제를 해결하는 힘을 기르고, 특히 그러한 과정을 함께 해 나가는 것이 아닐까 생각해 봅니다. 누구도 분명하게 예측할 수 없는 변화의 세상에 유연하게 대처할 수 있는 역량을 키우는 것, 누구도 정답을 알고 있지 못하고 따라서 정답을 가르칠 수도 없지만, 정답을 찾아나가는 힘을 함께 기르고 고민하는 것, 그것이 바로 미래교육이 아닐까요?

"교육계의 최신 트렌드를 스피디하게 알려 드리는
〈미래교육 인사이트〉
우리 다음에도 〈미인〉 할까요?"

참고 자료 및 출처

미래인재 역량

1) Association for Educational Communications and Technology, 2018, 「A new definition for Educational Technology」, https://www.aect.org

2) Roland Berger(김정희, 조원영 역), 2017, 『4차 산업혁명 이미 와있는 미래』, 다산3.0

3) Friedman, T. L.(장경덕 역), 2017, 『늦어서 고마워: 가속의 시대에 적응하기 위한 낙관주의자의 안내서(Thank you for being late: An Optimist's Guide to Thriving in the Age of Accelerations)』, 21세기 북스

4) 〈World Economic Forum〉, https://www.weforum.org/

5) Schwab, K.(송경진 역), 2016, 『클라우스 슈밥의 제4차 산업혁명(The Fourth Industrial Revolution)』, 새로운현재

6) 박문각 시사상식편집부, 2019, 『최신시사상식 196집』, 박문각

7) Marc Prensky, 2001, 「Digital natives, digital immigrants」, On the Horizon, Vol. 9, No. 5, 1-6

8) Don Tapscott, 1998, 『Growing up digital: The rise of the Net Generation』, McGraw-Hill

9) Neil Howe, William Strauss, 2000, 『Millennials rising: The next great generation』, Vintage

10) 최인영, 2015, 「Z세대를 위한 커뮤니케이션 디자인 학문의 교육목표에 관한 연구」, 한국디자인문화학회지, Vol.21, No.3, 675-683

11) 박건형, 2018.03.02, 「"뭐든지 동영상으로" Z세대 지갑 열어라」, 조선비즈, http://biz.chosun.com/site/data/htmldir/2018/03/02/2018030200005.html

12) 백민정, 2016.01.20, 「전 세계 7세 아이들 65%는 지금 없는 직업 가질 것」, 중앙일보, https://news.joins.com/article/19441065

13) 한국기업교육학회, 2010, 『HRD 용어사전』, 중앙경제

14) 교육부, 2017, 『2015 개정 교육과정 총론 해설: 중학교』, 세종특별자치시: 교육부

15), 16) Golinkoff, R. M, Hirsh-Pasek, K.(김선아 역), 2018, 『4차 산업혁명 시대 미래형 인재를 만드는 최고의 교육(Becoming Brilliant: What Science Tells us About Raising Successful Children)』, 예문아카이브

17) 윤은주, 2015, 『교육정책네트워크 세계교육정책 인포메이션: 2016 핀란드 국가핵심교육과정 개편』, 한국교육개발원, CP 2015-02-7

18) Gratton, L.(조성숙 역), 2011, 『일의 미래: 10년 후 나는 어디서 누구와 어떤 일을 하고 있을까(The Shift: The Future of Work is Already Here)』, 생각연구소

미래대학의 모습: 미네르바 스쿨

19) 김지은, 2018.12.09, 「구글 웨이모 4단계 자율차 택시 서비스 개시....한국은?」, 뉴시스, http://www.newsis.com/view/?id=NISX20181207000049626l&cID=13001&pID=13000

20) 박영숙, 제롬 글렌, 2017, 『일자리 혁명 2030: 제4차 산업혁명이 변화시킬 업(業)의 미래』, 비즈니스북스

21) 김은영, 2018.11.28, 「이 티셔츠, AI가 디자인했다고?」, 조선일보, http://news.chosun.com/site/data/htmldir/2018/11/28/2018112800826.html

22) 조병학, 박문혁, 2017, 『2035 일의 미래로 가라: 당신의 일은 해체될 일인가, 살아남을 일인가?』, 인사이트앤뷰

23) 오로라, 2018.11.15, 「음성 인식해 학생의 언어 능력 평가... 중국서 AI 교사 등장」, 조선일보, http://news.naver.com/main/read.nhn?mode=LSD&mid=sec&sid1=001&oid=023&aid=0003410181

24) cafexapp.com, 론리플래닛 매거진, 2017.04.12, 「샌프란시스코의 무인 로봇 카페」, https://lonelyplanet.co.kr/magazine/articles/AI00000888?keyParam=articleInfoView&page=&keyType

25) 박영숙, 제롬 글렌, 2017, 『세계미래보고서 2030-2050』, 교보문고

26) 서동필, (n.d.) 청년인구 감소와 실업, 2019년 2월 9일 검색, http://kosis.kr/visual/populationKorea/futureAsPopulation/expertView.do?menuId=M21&idx=83

27) 윤슬기, 2019.02.19, 「한국판 에꼴42 '이노베이션 아카데미' 설립...소프트웨어 인재양성」, 뉴시스, http://www.newsis.com/view/?id=NISX20190212000055559&cID=14001&pID=14000

28) 김인순, 2018.09.19, 알아두면 쓸모 있는 신기한 잡, 미래일감 전망도, 전자신문, p. 34.

29) Wikipedia, "Ecole 42", https://en.wikipedia.org/wiki/42(school)

30) 네이버지식백과, "디지털 노마드", https://terms.naver.com/entry.nhn?cid=59088&docId=3580286&categoryId=59096

미래대학의 모습: 미네르바 스쿨

31), 32) 박문각 시사상식편집부, 2019, 『최신시사상식 196집』, 박문각

33) EBS, 2017.9.20, 〈다큐프라임-4차 산업혁명시대 교육대혁명(3부: 대학, 변해야 산다)〉

34), 41) KBS, 2017.12.02, 〈세상에 없던 대학 미네르바〉

35) Gonzalo Viñan, 2016.04.04, 「San Francisco start-up Minerva 'more selective than Ivy League': 16,000 apply for mainly online Minerva education as traditional college costs soar」, Financial Times, https://www.ft.com/content/7216d448-f9fb-11e5-8f41-df5bda8beb40

36) 박진용, 2017.04.06, 「미네르바 스쿨에 입학하고 싶으면 SAT 대신 나의 이야기 보여주세요」, 서울경제, https://www.sedaily.com/NewsView/1OEJJI832B

37) 김지심, 강명희, 2010, 「기업 이러닝에서 학습자가 인식한 교수실재감과 학습실재감, 학습효과의 구조적 관계 규명」, 아시아교육연구, Vol.11, No.2, 29-56

38), 39), 42) 김현진 외 7명, 2017, 「미래학교 설립·운영 모델 개발 연구」, KERIS, CR 2017-6

40) EBS, 2017, 〈미래강연 Q-교육혁명 미네르바 스쿨〉, https://youtu.be/yDtDQskrlFQ

43) 〈Keck Graduate Institute〉, https://www.kgi.edu/

44) 김수진, 2018.01.21, 「2021년 수능 치를 예비 고1 "학생 수, 대입 정원보다 적어"」, 에듀동아, http://edu.donga.com/?p=article&ps=view&atno=20180121095747876711&titleGbn=hot&page=4

45) 김병훈, 2018.12.20, 「SK엔카닷컴, 미네르바 스쿨과 협업 '나에게 맞는 차' 베타 서비스 오픈」, 아시아투데이, http://www.asiatoday.co.kr/view.php?key=20181220010012976

46) 윤석만, 남윤서, 전민희, 2018.01.12, 「하버드보다 입학 어려운 新대학 미네르바 스쿨 가보니」, 중앙일보, https://news.joins.com/article/22280329

47) 한국정보통신기술협회 (2017), 「내 손안의 표준: UHD 방송과 가상 현실」, http://www.tta.or.kr

48) Google, "Google Cardboard", https://vr.google.com/cardboard/

49) Dale, E. (1969). 『Audio-visual methods in teaching (3rd ed)』, Holt, Rinehart and Winston.

50), 65) Yoon, S., Jang, J., Lim, J., 2018, 『Evaluative Research on Virtual and Augmented Reality for Children』, EdMedia+Innovate Learning 2018, Amsterdam, Netherlands

51) 조영선, 2017, 『Why? 가상현실증강현실』, 예림당

52) Google, "Google Expeditions", https://edu.google.com/products/vr-ar/expeditions/?modalactive=none

53) Google, "Google Earth", https://www.google.co.kr/intl/ko/earth/

54) Bodekaer, M., 2015, 『This Virtual Lab will Revolutionize Science Class』, https://www.ted.com/talks/michaelbodekaerthisvirtuallabwillrevolutionizescienceclass/transcript

55) Peligood, 2018, 『장애인식개선교육, 시각장애인체험 가상현실(VR)』 최초 제작, https://youtu.be/TQWJ6HE2AIw

56) QuiverVision, 2016, "QuiverVision 3D Augmented Reality coloring apps", http://www.quivervision.com/

57) Google, "Tilt Brush", https://www.tiltbrush.com/

58) Oculus, 2016, "Quill", https://www.oculus.com/experiences/rift/1118609381580656/

59), 60) The weather channel, 2018.09.18, 〈Just What the Storm Surge from Hurricane Florence Could Look Like〉, https://www.youtube.com/watch?v=q01vSbB1o0

61), 62) Philipp, M., 2015.09.10, 『Cable-driven parallel robots – Motion simulation in a new dimension』, Innovations report, https://www.innovations-report.com/html/reports/interdisciplinary-research/cable-driven-parallel-robots-motion-simulation-in-a-new-dimension.html

63) Teslasuit, 2018, "Teslasuit Technology", https://teslasuit.io/teslasuit

64) 박해리, 2018.09.14, 「"교사가 글라스 쓰면 학생들 학습 능력 한눈에"…이러닝 코리아컨퍼런스」, 중앙일보, https://news.joins.com/article/22972541

디지털교과서

66) 교육부, 한국교육학술정보원, 2018, 『중학교 교사를 위한 디지털교과서 활용 가이드』, 한국교육학술정보원, GM 2018-9

67) Gardner, H., Davis, K.(이수정 역), 2014, 『앱 제너레이션』, 미래엔

68) 정광훈 외 4명, 2015, 『디지털교과서 활용 집단의 인터넷 활용 시간 및 중독 수준: 일반 청소년과의 비교를 중심으로』, 한국교육학술정보원, RM 2015-1

69) 서문경애 외 7명, 2009, 『디지털교과서 활용이 학생과 교사의 건강에 미치는 영향 분석 연구』, 한국교육학술정보원, RM 2009-14

70) 교육부, 한국교육학술정보원, 2017, 『2017 교육정보화백서』, 한국교육학술정보원, PM 2017-6

71), 72) 교육부, 한국교육학술정보원, 2018, 『초등학교 교사를 위한 디지털교과서 활용 가이드』, 한국교육학술정보원, GM 2018-11

플립러닝

73) 방진하, 이지현, 2014, 「플립드 러닝(Flipped Learning)의 교육적 의미와 수업 설계에의 시사점 탐색」, 한국교원교육연구, Vol.31, No.4, 299-319

74) Pintrich, P. R., Smith, D. A. F., Garcia, T., & McKeachie, W. J., 1991, 「A Manual for the Use of the Motivated Strategies for Learning Questionnaire (MSLQ)」, Washington, DC: Office of Educational Research and Improvement.

75) Kent, O., 2010, 「A theory of havruta learning」, Journal of Jewish Education, Vol.76, No.3, 215-245

76) 이효석, 2018.02.22, 「고려대 신입생, 전공 장벽 허문 토론수업 필수로 듣는다」, 연합뉴스, https://www.yna.co.kr/view/AKR20180221168400004?input=1195m

77) Flipped Learning Network (FLN), 2014, The Four Pillars of F-L-I-P™, Retrieved from, https://flippedlearning.org/definition-of-flipped-learning

78) Licorish, S. A., Owen, H. E., Daniel, B., George, J. L., 2018, 「Students' perception of Kahoot!'s influence on teaching and learning」, Research and Practice in Technology Enhanced Learning, Vol.13, No.1, 9-31, https://doi.org/10.1186/s41039-018-0078-8

79) 김세영, 문지윤, 박현경, 윤성혜, 임지영, 장지은, 조미경, 2018, 『여성친화적 교수법 가이드북: 창의적인 공학인재 양성을 위한 세 가지 교수법』, 여성공학인재 양성(WE-UP) 사업 공통연계기능

80) 도미나, 2018, 「디지털 교과서를 활용한 초등 영어과 플립러닝 방안」, 대한영어영문학회

81) 정영식, 서진화, 2015, 「스마트 교실을 활용한 '뒤집힌 교수학습모형' 개발」, 정보교육학회논문지, Vol.19, No.2, 175-186

MOOC

82) UNSECO, 「Open Educational Resources」, https://en.unesco.org/themes/building-knowledge-societies/oer

83) 한국기업교육학회, 2010, 『HRD 용어사전』, 중앙경제, https://terms.naver.com/entry.nhn?docId=2178498&cid=51072&categoryId=51072

84) 〈MIT OCW〉, https://ocw.mit.edu/about/

85) 〈KOCW〉, http://kocw.net

86) 〈MOOC〉 이지현, 2017, 「용어로 보는 IT」, https://terms.naver.com/entry.nhn?docId=3579844&cid=59088&categoryId=59096

87) 〈K-MOOC〉, http://www.kmooc.kr/

88), 92) 이병현, 2017, 「미국 MOOC 최근 운영동향을 통해 본 MOOC 역할과 K-MOOC 운영에 대한 시사점」, 교육정보미디어연구, Vol. 23, No.2, 227-251

89), 100), 104) Bonk, C. J., Lee, M. M., Reeves, T. C., Reynolds, T. H.(변호승 외 5명 역), 2016, 『MOOC와 개방교육』, 아카데미프레스

90) 하오선, 정민호, 2017, 「MOOC에 대한 대학교수 인식연구: D대학 사례를 중심으로」 교육문제연구소, Vol.30, No.1, 71-100

91), 99) 기영화, 2018, 「글로벌 MOOC의 학습형태와 한국형온라인공개강좌(K-MOOC) 학습경험분석」, 교육문화연구, Vol.24, No.3, 65-86

93) 〈Coursera〉, https://www.coursera.org

94) 〈edX〉, https://www.edx.org

95) 〈Udacity〉, https://www.udacity.com

96) 〈유다시티〉, 이지현, 2017, 「용어로 보는 IT」, https://terms.naver.com/entry.nhn?docId=3581273&cid=59088&categoryId=59096

97) 제너두, 2018, 『무크MOOC: 공짜 교육의 시대가 왔다』, 에코커뮤니케이션즈

98) 양단희, 2015, 「MOOC(Massive Open Online Course)의 근원적인 문제점들에 대한 비판적 고찰」, 한국융합학회논문지, Vol.6, No.6, 293-299

101) Luo, H., Robinson, A., Park, J. Y., 2014, 「Peer grading in a MOOC: Reliability, validity, and perceived effects」 Online Learning Journal, Vol.18, No.2, 1-14

102) 〈매치업〉, http://matchup.kr/main.do

103) 손재권, 윤원섭, 2018.10.01, 「해고도 이직도 쉬운 '고용혁신'…실리콘밸리 스타벤처 탄생 비결」, 매일경제, https://www.mk.co.kr/news/economy/view/2018/10/613041/

K-12 에듀테크 사례

105) 〈칸 아카데미〉, https://www.khanacademy.org/

106), 109), 110) 〈스티브 잡스 스쿨〉, https://www.scoolsuite.com/the-steve-jobsschool/?lang=en

107) Weller, C., 2016, 「The 14 most innovative schools in the world」, Business Insider, https://www.businessinsider.com/most-innovative-schools-in-the-world-2-2016-10

108) 장혜경, 2013.10.10, 「아이패드로 수업하는 초등학생, 그게 다는 아니다」, 오마이뉴스, http://omn.kr/4maz

111) 〈sCoolSuites〉, https://youtu.be/X7366YtErfU

112) Fadel, C., Bialik, M., Trilling, B.(이미소 역), 2016, 『4차원 교육 4차원 미래역량: 21세기 무엇을 가르치고 배워야 하는가?(Four-Dimensional Education)』, 새로온봄

113) 〈N고등학교〉, https://nnn.ed.jp/

114) 〈알트스쿨〉, https://www.altschool.com/

세계시민교육

115) 채혜선, 2018.10.02, 「신입생 전원 '다문화 학생'인 대림동 초등학교…서울 첫 사례」, 중앙일보, https://news.joins.com/article/23014898

116) 남빛나라, 2018.10.21, 「PC방 살인범 중국동포 아니다…'제노포비아' 위험수위」, 뉴시스, http://www.newsis.com/view/?id=NISX20181021000044 8876&cID=10201&pID=10200

117) Dictionary.com, 「Dictionary.com's 2016 Word of the Year: Xenophobia」, https://www.dictionary.com/e/xenophobia/

118) 여성가족부, 2015, 「국민 다문화수용성 조사 연구(연구보고 2015-55)」, 여성가족부

119), 120) 윤성혜, 강명희, 2017, 「델파이 기법을 통한 대학생용 세계시민성(Global Citizenship) 측정도구 개발」, 시민교육연구, Vol.49, No.4, 63-87

121) 안영인, 2019.01.15, 「[취재파일] 기후변화, 최악의 고농도 미세먼지 잦아진다」, SBS, https://news.naver.com/main/read.nhn?mode=LSD&mid=sec&sid1=102&oid=055&aid=0000703672

122) 천권필, 2018.04.03, 「중국길 막힌 폐플라스틱…이젠 한국으로 몰려온다」, 중앙일보, https://news.joins.com/article/22503849

123) UN, 「Sustainable Development Goals」 https://www.un.org/sustainabledevelopment/news/communications-material/

124) UNESCAP 동북아사무소, 「지속 가능발전목표(SDGs)」, http://www.un-rok.org

125) UN, 「Sustainable Development Goal 4」, Sustainable Development Goals Knowledge Platform, https://sustainabledevelopment.un.org

126) 이현희, 2017.10.12, 「'세계시민교육' 들어보셨나요?」, 교육부 공식 블로그, https://if-blog.tistory.com/7469

127) 홍재희, 2018.11.05, 「서울안천초등학교, 서울특별시교육청 지정 세계시민교육 연구학교 운영」, 더데일리뉴스, http://naver.me/56e9c8z6

128), 130) 윤성혜, 2017, 「대학생용 세계시민의식(Global Citizenship) 척도 개발」, 이화여자대학교 박사학위 청구 논문

129) 김민정, 2018.10.22, 「"자수성가·중졸, 잃을 것 없다"…정우성, '난민논란' 악플에 응수」, 이데일리, http://www.edaily.co.kr/news/read?newsId=01472726619375544&mediaCodeNo=257

131) 김정주, 조대연, 정홍인, 최지수, 성세실리아, 2018, 「중학생의 세계시민성 함양을 위한 세계시민역량 요구분석」, 중등교육연구, Vol.66, No.2, 415-437

디지털시민교육

132) 윤성혜, 2017, 「대학 교양교육으로서 디지털시민교육(digital citizenship education)의 필요성과 방향」, 교양교육연구, Vol.11, No.3, 35-62

133) UNESCO, 2017, 「Conference on digital citizenship education in Asia-Pacific outcome document」, Unpublished Conference Document

134) UNESCO, 「Digital Kids Asia-Pacific」, UNESCO report

135) 조항민, 김찬원, 2016, 『과학기술, 첨단의 10대 리스크』, 커뮤니케이션북스

136) 〈사이좋은 디지털 세상〉, https://www.digital7942.org

137) 박기범, 2014, 「디지털 시대의 시민성 탐색. 한국초등교육」, Vol.25, No.4, 33-46

138) 이정현, 2018.04.09, 「SNS '좋아요', 새로운 시대의 이타주의…세상 바꾼다」, 이데일리, http://www.edaily.co.kr/news/read?newsId=01954886619174480&mediaCodeNo=257

139) 김환표, 2013, 『트렌드 지식사전 1』, 인물과사상사

140) Kristof, N., 2015.09.03, 「Payday for Ice Bucket Challenge's Mocked Slacktivists」, The New York Times, https://www.nytimes.com/2015/09/03/opinion/nicholas-kristof-payday-for-ice-bucket-challenges-mocked-slacktivists.html

141) SBS 뉴미디어부, 2015.09.16, 「[카드뉴스] 아이스버킷 챌린지, 그 후 1년」, SBS뉴스, https://news.sbs.co.kr/news/endPage.do?newsid=N1003174602&plink=COPYPASTE&cooper=SBSNEWSEND

142) 정현선, 김아미, 박유신, 전경란, 이지선, 노자연, 2016, 「핵심역량 중심의 미디어 리터러시 교육 내용 체계화 연구」, 학습자중심교과교육연구, Vol.16, No.11, 211-238

기업가정신교육

143) 교육부, 한국연구재단, (재)한국청년기업가정신재단, 2015, 『손에 잡히는 기업가정신』, 한국청년기업가정신재단

144) Timmons, J. A.(곽원섭 역), 2001, 『새롭게 벤처 만들기』, 다해.

145) 김수정, 2018.01.26, 「팟캐스트 '송은이 김숙의 비밀보장'이 일으킨 파장」, 노컷뉴스, https://www.nocutnews.co.kr/news/4913507

146) 이승한, 2018.01.20, 「송은이, 내 꽃길은 내가 깐다」, 한겨레, http://www.hani.co.kr/arti/culture/entertainment/828607.html

147) 〈컨텐츠랩 비보〉, https://www.vivolab.tv/

148), 149) 김진수, 박재환, 최명길, 성창수, 심재후, 김용태, 2009, 「기업가정신 역량 평가지표 개발」, 중소기업청, (사)창업진흥원

150) 대한상공회의소, 2018, 「100대 기업이 원하는 인재상 보고서」, 대한상공회의소

151) 김영수, 성삼기, 2017, 「기업가정신교육의 교과내용과 방법에 관하여: HAKS모형에 기반한 모듈식 교육방안」, 상업교육연구, Vol.29, No.5, 1-30

152) Fadel, C., Bialik, M., Trilling, B.(이미소 역), 2016, 『4차원 교육 4차원 미래역량: 21세기 무엇을 가르치고 배워야 하는가?(Four-Dimensional Education)』, 새로온봄

153) 교육부, 2017, 「혁신성장의 주체는 사람, 혁신성장은 인재성장에 달려 있다: 사람중심 투자, 인재성장 지원 방안 발표」, 세종특별자치시, 교육부

154) 관계부처 합동, 2017, 「혁신창업 생태계 조성방안」

155) 이창호, 2015.10.02, 「'기업수명 15년 시대' 미래먹거리 찾아라: KISTI 유망사업아이템… 무인비행기·3D스캐너·EV용 충전시스템」, 중기이코노미, http://www.junggi.co.kr/article/articleView.html?no=11554

156) 한경 경제용어사전, "긱 경제", http://dic.hankyung.com/apps/economy.view?seq=13082

157) 창업진흥원, 2018, 「2018 청소년 비즈쿨 운영매뉴얼」

158) 〈아산나눔재단〉, http://asan-nanum.org

159) 〈한국청년기업가정신재단〉, http://www.koef.or.kr

소프트웨어 교육

160) SBS, 2018.01.07, 〈내 아이가 살아갈 로봇 세상〉, https://www.youtube.com/watch?v=I5cq54MFQCo

161), 166) 교육부, 2015, 「소프트웨어 교육 운영지침」

162) 이태훈, 2018.11.12, 「식어가는 산업엔진…공장가동률 20년만에 최저」, 한국경제 https://www.hankyung.com/economy/article/2018111139751

163) Statista, 2018, 「The 100 largest companies in the world by market value in 2018 (in billion U.S. dollars)」 https://www.statista.com/statistics/263264/top-companies-in-the-world-by-market-value/

164) 교육부, 2015, 「소프트웨어 중심사회를 위한 인재양성 추진 계획 (보도자료)」

165) Mark, A., 2011.08.20, 「Why Software Is Eating the World」, THE WALL STREET JOURNAL, https://www.wsj.com/articles/SB10001424053111903480904576512250915629460

167) 정승환, 2018, 「[카드뉴스] 아이들의 생각을 키우고 미래와 만나는 SW교육」, 교육부

168) MIT Media lab, 2015, 〈Scratch〉, https://scratch.mit.edu/

169) 미첼 레스닉(최두환 역), 2018, 『미첼 레스닉의 평생유치원』, 다산사이언스

170) Jay, S., 2012, 「MaKey MaKey-An Invention Kit for Everyone」, https://www.youtube.com/watch?v=rfQqh7iCcOU

171) 한국교육학술정보원, 2017, 「2016년 SW교육 연구학교 운영 실태에 따른 SW교육 활성화 방안」, 한국교육학술정보원, RM 2017-2

메이커교육

172) Maker Media (2004), 「Maker Faire, a Bit of History」, https://makerfaire.com/makerfairehistory/

173) Maker Media (2004), 「Faires around the world」, https://makerfaire.com/map/

174) 블로터, 2018.10.10, 「'메이커 페어 서울 2018' 종료…역대 최대 1만5천명 관람」, http://www.bloter.net/archives/321530

175) 메이크 코리아, 2017, 「메이커 페어란?」, https://makerfaire.co.kr/about/

176) Makerfaire, 「Maker Faire Growth」, https://pueblo.makerfaire.com/become-a-sponsor/

177) 긱블 Geekble, 「공학의 멋짐을 모르는 당신이 불쌍해」, https://www.youtube.com/channel/UCp94pzrtA5wPyZazbDq0CXA

178) 긱블 Geekble, 「인피니티 건틀렛으로 소시지를 구워서 먹어보았습니다」, https://www.youtube.com/watch?v=HQczkahFZQ0

179) 김경태, 2019.01.03, 「文, 새해 첫 경제일정 '메이커 스페이스' 방문」, 프라임경제, http://www.newsprime.co.kr/news/article.html?no=442158

180) 강명희, 윤성혜, 2017, 「고등학생의 사회적 지지, 메타인지, 내재적 동기, 일상적 창의성 간의 구조관계」, 사고개발, Vol.13, No.1, 1-25

181) 대한민국 청와대, 2018, 「2019년 교육부 업무보고」, http://www1.president.go.kr/GovReport2019

182) 교육부, 2017, 「혁신성장의 주체는 사람, 혁신성장은 인재성장에 달려 있다: 사람중심 투자, 인재성장 지원 방안 발표」, 세종특별자치시, 교육부

183) Papert, S., 1980, 「Mindstorms: Children, computers, and powerful ideas」, Basic Books

184) 미첼 레스닉(최두환 역), 2018, 「미첼 레스닉의 평생유치원」, 다산사이언스

185) 철학사전편찬위원회, 2009, 「철학사전」, 중원문화, https://terms.naver.com/entry.nhn?docId=387472&cid=41978&categoryId=41985

186) Halverson, E. R., Sheridan, K., 2014, 「The maker movement in education. Harvard educational review」, Vol.84, No.4, 495-504

187), 188), 198) 강인애, 김명기, 2017, 「메이커 활동(Maker Activity)의 초등학교 수업적용 가능성 및 교육적 가치 탐색」, 학습자중심교과교육연구, Vol.17, No.14, 487-515

189) 윤성혜, 장지은, 김세영, 2017, 「청소년 기업가정신 함양을 위한 메이커교육 프로그램 모형 개발」, 교육공학연구, Vol.33, No.4, 839-867

190) 한국과학창의재단, 〈대한민국 메이커 운동의 시작, 메이크올〉, www.makeall.com

191) 홍재희, 2018.10.06, 「메이커교육으로 창의적인 인재를 육성하는 서울경복초등학교」, 더데일리뉴스, http://www.thedailynews.co.kr/subread.html?uid=78488&section=sc9&section2=

192) 문화체육관광부 도서관정책기획단, 2018.10.29, 「생각한 것을 현실로, 공공도서관과 정보기술의 만남 –공공도서관 3개관 '우리 동네 창작소' 시범운영 사업 추진-」, https://www.mcst.go.kr/kor/snotice/press/pressView.jsp?pSeq=16960

193) 배민욱, 2018.11.20, 「강동구, 4차산업 청년 일자리 창출…메이커스페이스 조성」, 뉴시스 http://www.newsis.com/view/?id=NISX20181120000478175&cID=10201&pID=10200

194), 195) Burke, J., 2014, 『Makerspaces: a practical guide for librarians』, Rowman & Littlefield

196) 〈The Mix at SFPL〉, https://themixatsfpl.org/

197) 김아름, 2016, 「메이커스, 교육활동으로 메이커 문화를 확산하다」, 한국과학창의재단, https://www.makeall.com/newsletter/201611/planContents01.php

199) 〈서울새활용플라자〉, http://www.seoulup.or.kr/

K-12 미래학교 사례

200), 204) Cambridge Strategies, 「Orestad Gymnasium: Schooling Without walls」 http://www.cambridge-strategies.org/pioneers/orestad-gymnasium%E2%80%82/

201) Wikipedia, "Oerestad Gymnasium from the inside", https://en.wikipedia.org/wiki/File:OEG_indre.jpg

202) Ørestad Gymnasium, 「The Gymnasium programme (STX)」 https://oerestadgym.dk/in-english/the-gymnasium-programme-stx/

203) Ørestad Gymnasium, 「Study programmes」, https://oerestadgym.dk/in-english/study-programmes/

205) 〈아쇼카 한국〉, http://ashokakorea.org

206) 조성준, 2017.07.14, 「김범수 카카오 의장, 아쇼카 한국재단에 3년간 30억 쾌척」, 이투데이, http://www.etoday.co.kr/news/section/newsview.php?idxno=1356763

207) 최선경 외 9명, 2018, 『체인지메이커 교육: 학생 중심의 혁신적 교육 프로젝트』, 즐거운학교

208), 215) 남지원, 2018.07.16, 「[이상한 나라의 학교](9)덴보스의 '내맘대로 교실'…"학년도 숙제도, 여기는 없어요"」, 경향신문, http://news.khan.co.kr/khnews/khanartview.html?artid=201807161535001&code=940401&nv=stand&utmsource=naver&utmmedium=newsstand&utmcampaign=row2thumb

209) 김덕근, 2012, 「교과서 정책 국제 비교 연구」, 교육행정학연구, Vol.30, No.1, 257-283

210), 211) 김민지, 2018.09.28, 「"학교 가고 싶어요".. 대구 '참자람교실' 미래 수업 새지평」, 에듀프레스, http://www.edupress.kr/news/articleView.html?idxno=2850

212) 〈대구교육포털 참자람교실〉, https://www.edunavi.kr/collab/charmjaram/charmLife.do

213) 박세미, 2018.12.23, 「[주간조선] 혁신학교는 어쩌다 '불신학교'가 됐나」, 조선일보, http://news.chosun.com/site/data/html_dir/2018/12/21/2018122101983.html

214) 〈미래교실네트워크 거꾸로 캠퍼스〉, https://www.futureclassnet.org/campus.do

〈미인〉이 전하는 메시지
미래교육 인사이트

216), 219) Wenger, ETIENNE, 1999, 「Communities of Practice: Learning, meaning, and identity」, Cambridge University Press

217) Barron, B., 2003, 「When smart groups fail」, The Journal of the Learning Sciences, Vol.12, No.3, 307-359

218) Kirschner, P. A., Sweller, J., Kirschner, F., Zambrano, J., 2018, 「From cognitive load theory to collaborative cognitive load theory」, International Journal of Computer-Supported Collaborative Learning, Vol.13, No.2, 213-233

220) 안하늘, 2017.02.15, 「인공지능에 인간 대체될까?…"직업 세분화로 일자리 늘어날 수 있다"」, 아시아경제, http://view.asiae.co.kr/news/view.htm?idxno=2017021517460406176

221) 김아영, 2014, 「미래교육의 핵심역량-자기주도성」, 교육심리학회, Vol.28, No.4, 593-617

222) Knowles, M. S., 1975, 『Self-directed learning: A guide for learners and teachers』, Association Press

223) Csikszentmihalyi, M., Schneider, B.(이희재 역), 2018, 『칙센트미하이의 몰입과 진로: 청소년의 행복한 미래를 위한 진로 교육의 핵심』, 해냄출판사

224) 박성익, 김연경, 2006, 「온라인 학습에서 학습몰입요인, 몰입수준, 학업성취 간의 관련성 탐구」, 열린교육연구, Vol.14, No.1, 93-115

225) Ackermann, E., 2012, 「Perspective-taking and object construction: Two keys to learning」 In Constructionism in practice(pp. 39-50). Routledge.

226) Papert, S., 1980, 『Mindstorms: Children, computers, and powerful ideas』, Basic Books

227), 230) Resnick, M., & Robinson, K., 2017, 『Lifelong kindergarten: Cultivating creativity through projects, passion, peers, and play』, MIT Press

228) Johan Huizinga, 1955, 『Homo ludens: A study of the play element in culture』, Martino Fine Book

229) Golinkoff, R. M, Hirsh-Pasek, K.(김선아 역), 2018, 『4차 산업혁명 시대 미래형 인재를 만드는 최고의 교육(Becoming Brilliant: What Science Tells us About Raising Successful Children)』, 예문아카이브.

231) Jeon, K. N., Moon, S. M., & French, B., 2011, 「Differential effects of divergent thinking, domain knowledge, and interest on creative performance in art and math」, Creativity Research Journal, Vol.23, No.1, 60-71

232) Mayer, R. E., 2005, 「The role of domain knowledge in creative problem solving」 In J. C. Kaufman & J. Baer (Eds.), Creativity and reason in cognitive development(pp. 145-158), Cambridge University Press.

233) Fadel, C., Bialik, M., Trilling, B.(이미소 역), 2016, 『4차원 교육 4차원 미래역량: 21세기 무엇을 가르치고 배워야 하는가?(Four-Dimensional Education)』, 새로온봄

234) 조항준, 2019.04.26, 「소외계층의 디지털정보격차, 정부와 기업이 함께 해결해 나아가」, 전자신문, http://www.etnews.com/20190426000453

235) Hobbs, R., 2011, 「The state of media literacy: a response to Potter」, Journal of Broadcasting & Electronic Media, Vol.55, No.3, 419-430